新编教师口语教程

主　编　何华松　熊十华
副主编　张盛桥　杨苏立
参　编　梁枝林　易传宝
　　　　丁　璐　梅丽红
　　　　江　红

北京理工大学出版社
BEIJING INSTITUTE OF TECHNOLOGY PRESS

版权专有　侵权必究

图书在版编目（CIP）数据

新编教师口语教程／何华松，熊十华主编．－－北京：北京理工大学出版社，2020.8（2023.7 重印）

ISBN 978－7－5682－8557－5

Ⅰ．①新… Ⅱ．①何… ②熊… Ⅲ．①汉语－口语－师资培训－教材 Ⅳ．①H193.2

中国版本图书馆 CIP 数据核字（2020）第 098035 号

出版发行／	北京理工大学出版社有限责任公司
社　　址／	北京市海淀区中关村南大街 5 号
邮　　编／	100081
电　　话／	（010）68914775（总编室）
	（010）82562903（教材售后服务热线）
	（010）68948351（其他图书服务热线）
网　　址／	http：//www.bitpress.com.cn
经　　销／	全国各地新华书店
印　　刷／	涿州市新华印刷有限公司
开　　本／	787 毫米×1092 毫米　1/16
印　　张／	18.5
字　　数／	430 千字
版　　次／	2020 年 8 月第 1 版　2023 年 7 月第 5 次印刷
定　　价／	46.50 元

责任编辑／李慧智
文案编辑／李慧智
责任校对／周瑞红
责任印制／施胜娟

图书出现印装质量问题，请拨打售后服务热线，本社负责调换

前　　言

教师是人类灵魂的工程师，担负着教育人、塑造人的历史重任。口语表达是教师开展工作的主要方式和手段。一位教师的价值观念、道德水准、文化修养、知识水平、审美情趣、心理品质、思维方式等，都会在教育教学过程中，通过教师特有的口语表达形式对教育对象产生影响。教师口语是研究教师口语运用规律的一门应用语言学科，是在理论指导下，通过实践操作提升师范生发音规范性、培养师范生在教育教学过程中口语运用能力的课程，是师范类学生教师职业技能的必修课。

《新编教师口语实训教程》贯彻落实二十大精神，"全面贯彻党的教育方针，落实立德树人根本任务，培养德智体美劳全面发展的社会主义建设者和接班人"，"加大国家通用语言文字推广力度"。本教程坚持理论指导、实训主体的原则方向，根据教师教育专业和学生口语学习的要求与特点，适应学生参加普通话水平等级测试和教师资格证考试的需要，从提高学生专业技能入手，突出了课程的实用性，不仅适用于教师教育专业学生，也适用于各级各类职业学校对学生进行普通话学习、普通话水平等级测试和教师职业口语技能训练。

与同类教材相比，本书编著凸显以下特色：

1. 以德为先，课程思政有机融入。教材积极融入"课程思政"元素，坚持用社会主义核心价值观铸魂育人，使知识技能教育与职业道德、职业素养的传达相统一，形成协同效应。

2. "岗课证"融通，教学内容多元重构。教材依据国家高等职业学校教师教育专业教学标准，结合教师资格职业标准，对接小学教师岗位需求，遵循"学、考、用"一致原则和教师职业能力培养的基本规律打造"岗课证"融通教材。教材以真实工作任务及其工作过程为依据，整合序化、多元重构教学内容，科学设计学习性工作任务。教材内容分为三大学习模块，8个项目，编排科学、详略得当、顺序合理、符合认知规律。

3. 产教融合，教学结构理实一体。教材遵循职业教育和人才成长规律，重视学生职业语言能力素质素养的养成教育与能力形成训练，坚持以理论知识学习为铺垫、以口语能力形成与提高为核心、以针对性训练为载体、以指向性开放性激励性多元化考核评价为驱动、以教师职业教育和教学能力需要为导向，具有很强的针对性和适用性。教材以促进学生职业语言能力持续发展和提高为目标，注重知识传授与技能培养并重，强化知识、技能、实践三个维度有机结合与协调发展。

4. 配套丰富，教学资源内容丰富。教材依托互联网信息技术，配套建设了在线开放课程，数字资源丰富，信息化手段多样，附有网络资源、教学视频、电子课件、章节作业、赛事活动视频、参考资料等，为学习者随时随地的自主学习提供了有力保障。

全书由何华松负责审定，熊十华负责统筹和审稿。撰写人员分工如下：

何华松	绪　论
梅丽红	第一章
熊十华	第二章
杨苏立	第三章
江　红	第四章
丁　璐	第五章
张盛桥	第六章
梁枝林	第七章
易传宝	第八章

本书编写过程中，参考借鉴了不少语言专家和学者的专著及研究成果，教材的出版得到了北京理工大学出版社的大力支持和指导，在此一并表示衷心的感谢。

教材开发与建设是高等职业院校培养高素质复合型技能人才、提升师资队伍业务水平的需要，是深化课程改革和打造优势特色专业的重要保证。本教材适应时代的发展和教学的需要，在结构上做出了调整变化，真诚地希望使用本教材的广大师生对于疏漏和不当之处提出宝贵的意见和建议，以便不断充实完善。

《新编教师口语实训教程》编著组

目 录

绪 论 …………………………………………………………………………… (1)

第一章 普通话概述 …………………………………………………………… (2)

    第一节 什么是普通话 …………………………………………………… (2)

    第二节 学习与推广普通话的意义 ……………………………………… (4)

第二章 普通话语音学习与训练 ……………………………………………… (7)

    第一节 语音常识与发声技能训练 ……………………………………… (7)

    第二节 声母的学习与训练 ……………………………………………… (16)

    第三节 韵母的学习与训练 ……………………………………………… (33)

    第四节 声调学习与训练 ………………………………………………… (54)

    第五节 语流音变学习与训练 …………………………………………… (59)

第三章 朗读与朗诵技能训练 ………………………………………………… (74)

    第一节 朗读与朗诵的基本概念 ………………………………………… (74)

    第二节 朗读与朗诵的基本技巧 ………………………………………… (78)

    第三节 装饰音的处理 …………………………………………………… (87)

    第四节 不同体裁作品的朗读 …………………………………………… (92)

第四章 普通话水平测试概述 ………………………………………………… (105)

    第一节 普通话水平测试性质、对象、等级要求 ……………………… (105)

    第二节 普通话水平测试试卷构成及评分标准 ………………………… (108)

    第三节 普通话水平测试流程及注意事项 ……………………………… (110)

第五章 普通话水平测试分项指导 …………………………………………… (118)

    第一节 读单音节字测试技巧与训练指导 ……………………………… (118)

    第二节 读多音节词语测试技巧与训练指导 …………………………… (125)

    第三节 朗读作品测试技巧与训练指导 ………………………………… (128)

    第四节 命题说话测试技巧与训练指导 ………………………………… (143)

第六章　普通话水平测试常见问题及应对技巧 ……………………… (149)

  第一节　单音节字词常见的问题及应试技巧 ……………………… (149)
  第二节　双音节词常见的问题及应试技巧 ………………………… (154)
  第三节　朗读测试的常见问题与应对技巧 ………………………… (156)
  第四节　命题说话测试的常见问题与应对技巧 …………………… (161)

第七章　教师教学口语技能训练 …………………………………………… (168)

  第一节　教学口语的特点与要求 …………………………………… (168)
  第二节　主要教学环节的口语技能训练 …………………………… (174)
  第三节　教学口语在不同学科中的运用 …………………………… (203)
  第四节　教学口语运用中的因材施教 ……………………………… (210)

第八章　教师教育口语技能训练 …………………………………………… (219)

  第一节　教育口语的特点 …………………………………………… (219)
  第二节　常用教育口语基本技能训练 ……………………………… (222)
  第三节　针对不同教育对象的教育口语训练 ……………………… (235)
  第四节　针对学生群体谈话的技能训练 …………………………… (241)

附录1　现代汉语常用字表 ……………………………………………………… (251)
附录2　普通话异读词审音表 …………………………………………………… (259)

主要参考书目 ……………………………………………………………………… (289)

绪　论

著名教育家加里宁说过："教育是一种最困难的事业……教育不仅是科学事业，而且是艺术事业。"在这项伟大的事业中，教师是教学活动的主导，决定着教育教学活动的方向与进程。教师要通过自己的口语表达，给学生传授知识，培养学生能力，培育学生正确的人生观、世界观，发展学生个性。苏霍姆林斯基说："教师的语言修养在很大程度上决定着学生在课堂上的脑力劳动效率。""应该把语言修养的问题跟其他同样重要的问题一起，作为全体教师特别关心的对象。"叶圣陶说："凡是当教师的人绝无例外地要学好语言，才能做好教育工作和教学工作。"诚然，教育教学的成败，不仅取决于教师学问的多少，口语表达能力起着关键作用。它既是教师职业能力的门面，也是教师职业能力的核心。

教师"传道授业解惑"，教师的语言修养直接影响教学质量。口语能力高超，为教育教学增光添彩；口语能力低下，影响教育教学质量。许多优秀的教师，他们的教学之所以能够给学生留下终生难忘的美好印象，除其丰富的知识外，纯熟、优美的口语是一个重要的原因。在师范院校学生的试讲活动中，"准教师"们在讲台上常常发音失误、方音明显，出现手足无措、语无伦次、层次不清、口头禅不断等现象，"其言语的条理不清、逻辑不明，势必阻碍学生思维和言语的发展"，提升他们的口语表达与运用能力刻不容缓。

教师口语作为研究教师口语运用规律的一门应用语言学科，是在理论指导下培养师范生在教育教学过程中口语运用能力的课程，是师范类各专业学生教师职业技能的必修课，具有极强的实践性。良好的教师口语能力，在提高教育教学质量、激发学生创造力与思维力、为学生提供良好示范、融洽师生关系方面有着重要的意义与作用。与此同时，在二十多年普通话水平测试所积累的经验的基础上，各地都在加快普通话水平测试的改革和前进步伐。从人工测试到计算机系统辅助测试，从规范化测试到标准化测试，普通话水平测试的规格越来越高，受重视的程度也大幅度提升。教师口语课程的开设，既是时代发展进步的需要，也是师范院校加强教师职业技能训练、深化课程改革、打造优势特色专业的必然。在教师资格证国考的大背景下，教师口语会越来越受到重视。

当然，要想学好教师口语，使课堂教学生机勃勃，还得多下功夫。练好普通话是基本功，要字正腔圆、吐字清晰；学会朗读朗诵是基本技能，要语流畅达、富于美感；掌握教育教学口语特点与规律是职业要求，要活跃思维、丰富课堂。

在学习教师口语的过程中，要坚持三个结合：一是理论与实践相结合，以理论为指导，减少盲目性和随意性，以训练为中心，在反复严格的训练实践中，初步掌握教师口语的技能技巧；二是课内与课外相结合，发挥教师口语课堂教学的指导和示范作用，将课堂练习与课外自练、课程教学与其他课程、课堂教学与社团活动、课堂展示与职业实践有机融合，拓展课堂，博采众长；三是传统教学手段与现代化教学手段相结合，充分利用合理的网络资源、现代化的教学设施与平台，提升学习能力和学习效率。

第一章　普通话概述

【本章导学】

普通话是现代汉民族的共同语，地位至关重要。本章着重介绍什么是普通话以及推广普通话的意义。在学习的过程中，要注意把普通话与方言进行比较，在发音特点、用词习惯和语句组织上找到异同，为后期深入学习普通话奠定基础。同时还要结合自身的学习情况及未来的职业取向，明确学习和推广普通话的意义与作用。

【任务导入】

1. 分别用普通话和方言朗读下面的句子，体会方言与普通话的差异：

你让一让，你挡着我的道了。

我就住在那个飞机飞来飞去的飞机场附近。

卖饼了，卖饼了，十块钱四个。

2. 用普通话朗读下面的片段

青年强，则国家强。当代中国青年生逢其时，施展才干的舞台无比广阔，实现梦想的前景无比光明。全党要把青年工作作为战略性工作来抓，用党的科学理论武装青年，用党的初心使命感召青年，做青年朋友的知心人、青年工作的热心人、青年群众的引路人。广大青年要坚定不移听党话、跟党走，怀抱梦想又脚踏实地，敢想敢为又善作善成，立志做有理想、敢担当、能吃苦、肯奋斗的新时代好青年，让青春在全面建设社会主义现代化国家的火热实践中绽放绚丽之花。

——党的二十大报告《青年强，则国家强》

第一节　什么是普通话

一、普通话概述

"普通话"这个词早在清末就出现了。1902 年，学者吴汝纶去日本考察，日本人曾向他建议中国应该推行国语教育来统一语言，在谈话中曾提到"普通话"这一名称。1904 年，近代女革命家秋瑾留学日本时，曾与留日学生组织了一个"演说联系会"，拟定了一份简章，在这份简章中出现了"普通话"的名称。1906 年，研究切音字的学者朱文熊在《江苏新字母》一书中把汉语分为"国文"（文言文）、"普通话"和"俗语"（方言），他不仅提出了"普通话"的名称，而且明确地给"普通话"下了定义：各省通行之话。后来瞿秋白等也曾提出"普通话"的说法，20世纪30年代瞿秋白在《鬼门关以外的战争》一文中提出："文学革命的任务，决不止于创造出一些新式的诗歌小说和戏剧，它应当替中国建立现代的普通话的文腔。""现代普通话的新中国文，应当是习惯上中国各地方共同使用的，现代'人话'的，多音节的，有结尾的……"并与茅盾就普通话的实际所指展开争论。经"五四"以来的白话文运动、大众语运动和国语运动，北京语音的地位得到确立并巩固下来。1949年中华人民共和国中央人民政府确定现代标准汉语由国语改称普通话。

中华人民共和国成立后，语言文字规范化工作受到高度重视。1955年，全国文字改革会议和现代汉语规范问题学术会议在北京召开。这两个会议确定了现代汉民族共同语的名称、定义和标准，将它正式定名为"普通话"，意思是"普通""共通"的语言，同时从语音、词汇、语法三方面确定了普通话的内涵。普通话是现代汉民族的共同语，是现代汉语的标准语，是现代汉民族各方言区之间进行交流的工具，也是我国各民族之间进行交流的工具。

我国有56个民族，使用语言80多种，仅汉语，就分成七大方言：

①北方方言。以北京话为代表，是现代汉民族共同语的基础。北方方言分布地域最广，包括长江以北汉族居住的地区，长江以南镇江至九江的沿江地带，以及湖北（东南一带除外）、四川、贵州、云南大部分和广西、湖南的西北部，使用的人口占汉族总人口的70%以上。

②吴方言。以上海话为代表，分布地区在江苏省长江以南镇江以东（镇江不在内）和浙江省大部分。因此也称江南话或江浙话，使用人口约占汉族总人口的8.4%。

③湘方言。也称湖南话，以长沙话为代表，分布在湖南省大部分地区，使用人口约占汉族总人口的5%。

④赣方言。又叫江西话，以南昌话为代表，分布在江西省大部分地区（东北沿江地带和南部除外），使用人口占汉族总人口的2.4%。

⑤客家方言。以广东梅县话为代表，分布在广东、福建、台湾、江西、广西、湖南、四川等省，其中以广东东部和北部、福建西部、江西南部和广西东部为主，使用人口约占汉族总人口的4%。

⑥闽方言。闽方言以福州话为代表，分布在福建省，广东东部潮州、汕头一带，海南和台湾省的大部分地区，使用人口约占汉族总人口的4.2%。

⑦粤方言。也叫广东话，以广州话为代表，分布在广东、广西两省，又是香港和澳门同胞使用的方言，华侨和华裔中的很多人也使用，粤方言区拥有的人口约占汉族总人口的5%。

这七大方言下，又分为若干次方言，次方言下又有无数种土语。各种方言土语之间，难以听懂甚至无法沟通的现象比比皆是。

普通话是我们国家的通用语言。我国宪法总纲第十九条明确规定："国家推广全国通用的普通话。"2001年1月1日起施行的《国家通用语言文字法》明确了普通话作为国家通用语言的地位。

二、普通话的定义

普通话是以北京语音为标准音，以北方话为基础方言，以典范的现代白话文著作为语法规范的汉民族共同语。

普通话以北京语音为标准音，有着历史与现实的必然性。北京作为中国政治、经济、文化的中心，历史悠久。近三四百年来，北京话作为官方通用语言即"官话"，影响遍及全国。进入20世纪以来，随着电影、电视、广播、话剧等以北京话为表达语言的大众传媒及娱乐方式的普及，绝大多数中国人都接触和熟悉了北京话。因此北京语音的标准音地位，是历史形成的、社会公认的。普通话以北京语音为标准音指的是北京音系，即北京话的声母、韵母、声调系统，但不包括北京话中的一些土音成分和异读，语音系统更为规范。不能认为普通话就是北京话，北京话就是普通话，因为并不是所有的北京话都是标准的。

普通话以北方方言为基础方言，也是历史与现实使然。从夏商周一直到元明清，中国政治、经济、文化的发展，重心一直在北方。北方方言的覆盖区域最广，使用人口最多（约占汉族总人口的70%），其词汇普及全国各地。北方方言的基础方言地位，是不可动摇的。普通话以北方方言为基础方言，但排除了北方方言中一些使用范围狭小、过于土俗的词汇，还从其他方言、古代汉语、外来语中有选择地吸收有用的词汇，并不断创造新词新语来丰富自己的词汇系统。

普通话以典范的现代白话文著作为语法规范，包括如下含义：

①"典范"针对一般而言，指经得起推敲和社会公认的优秀文学作品，或具有广泛代表性的论文论著。这些著作有它的稳固性，可以把规范的标准巩固下来，便于遵循。

②强调"现代白话文"主要是与文言文、古代白话文相区别。宋元以来，用"白话"写的各种体裁的作品已非常丰富，但它与"五四"以后的白话文在语法方面已有明显的区别，现代白话文则体现了汉语发展的最新阶段和最新状态。

③普通话的语法规范选取书面语为标准，这是因为经过提炼的规范化的民族共同语的集中表现是文学语言，文学语言的主要形式是书面语言。

④普通话语法规范必须是典范的现代白话文著作中具有普遍性的一般用例，要舍弃那些个别的特殊的用例。

第二节 学习与推广普通话的意义

语言是最重要的交际工具和信息载体。在中国特色社会主义现代化建设的历史进程中，大力推广、积极普及全国通用的普通话，有利于消除语言隔阂、促进社会交往，对社会主义经济、政治、文化建设和社会发展具有重要意义。

一、推广普通话是加强素质教育的需要

第三次全国教育工作会议颁布的《中共中央、国务院关于深化教育改革全面推进素质教育的决定》对培养创新人才、全面推进素质教育提出了明确的要求。素质，是知识、能力和修养的综合反映。语言文明是人的素质最直接的体现。努力提高人们的语言道德意识，进行语言行为的道德规范，加强语言文明的建设，是社会主义精神文明和国民素质教育的重要内容。培养有理想、有道德、有文化、有纪律的社会主义公民，提高全民族的思想道德素质和科学文化素质，离不开语言文字工作。语言文字是思维表达的工具、文化知识的载体和交际能力的依托，因而是素质构成与发展的基础，是文化建设的必要条件。著名语言学家吕叔湘先生曾指出，"学好语文是学好一切的根本"。特别是到了今天的信息时代，语言文字规范更是掌握计算机语言的必要前提。对于任何学段、任何专业的学生来说，能说流畅的普通话、具有较强的语言文字能力和计算机操作能力，在求学、求职和事业竞争中就能处于优势地位。因此，推广普通话是各级各类学校素质教育的重要内容，它有利于贯彻教育面向现代化、面向世界、面向未来的战略方针，有利于弘扬祖国优秀的传统文化和爱国主义精神，有利于加强社会主义精神文明建设。

二、推广普通话是国家统一和民族团结的需要

一个国家、一个民族是否拥有统一、规范的语言，是关系到国家独立和民族凝聚力的具有政治意义的大事。

普通话的推广工作在中华人民共和国成立之初就列入了政府议事日程。20世纪50年代，国家成立了中国文字改革委员会（20世纪80年代后改为国家语言工作委员会），专门负责普通话标准的制定和普通话推广工作。毛泽东主席、周恩来总理都曾对推广普通话工作做出过重要指示。

改革开放之后，特别是进入20世纪80年代，我国的推普工作进入了一个新的阶段。1982年，我国将推广普通话工作写进《中华人民共和国宪法》："国家推广全国通用的普通话。"1998年，经国务院批准，确定每年9月的第三周为全国推广普通话宣传周。2000年第九届全国人民代表大会常务委员会第十八次会议审议通过了《中华人民共和国国家通用语言文字法》，该法明确规定："国家通用语言文字是普通话和规范汉字。""国家推广普通话，推行规范汉字。"《中华人民共和国宪法》第十九条规定："国家推广全国通用的普通话。"使用国家通用的语言文字，是每个公民应当履行的义务，也是公民具有国家意识、主权意识、法制意识、文明意识、现代意识的具体体现。

我国是一个多民族、多方言的国家，推广普及普通话不仅有利于增进我国各民族间的交流与往来，增强中华民族的凝聚力，而且有利于扩大我国在国际社会的影响。

三、推广普通话是社会各界、各领域切实工作的需要

对教育系统来说,"普通话是教师的职业语言,用普通话进行教学是合格教师的必备条件之一,是师范院校和职业学校学生的职业基本功"。对广电系统来说,使用标准、规范的语言文字,不仅关系到广播、电影、电视的实际效果,而且对全社会语言文字的规范化具有重大影响。对于企业和交通、邮电、金融、商贸、旅游等服务行业来说,推广普通话能够提高员工队伍的文化素质和整体修养,促进企业和行业的文化建设,帮助企业和行业树立良好形象,提高其经济效益和社会效益,使企业和行业更好地服务于社会。对于党政机关来说,以普通话作为工作用语是执法行为,它体现了机关工作的严肃性和规范性,有利于提高干部素质和加强机关文明建设。

由此可以看出,普通话是以汉语授课的各级各类学校的教学语言,是以汉语作为传送工具的各级广播电台、电视台的规范语言,是汉语电影、电视剧、话剧必须使用的规范语言,是我国党政机关、团体、企事业单位干部在公务活动中必须使用的工作语言,是不同的方言区以及国内不同民族之间的通用语言。大力推广、积极普及全国通用的普通话,符合全国人民的根本利益,它既是当前经济建设、文化建设和社会发展的迫切需求,也是各族人民的热切愿望,更是每个公民应当履行的义务,是公民具有国家意识、主权意识、法治意识、文明意识、现代意识的具体体现。

【口语综合实训】

朗读下面的片段,体会方言与普通话的差异,并在此基础上明确推广普通话的意义。

1. 记得一个暑假的晚上,我在奶奶家住。吃完饭,奶奶说:"我要去'大连'。"我听说要去大连,兴奋地对奶奶说:"我也要去大连。"奶奶笑着说:"只能一个人去。"我很失望,在旁边的妈妈哈哈大笑,我和奶奶疑惑不解。妈妈对我说:"奶奶说去'大连',其实是去洗脸,因为长兴方言洗脸和大连同音,所以你才会听错。"原来如此,害得我空欢喜一场。

2. 三十多年前,有一位江西农村妇女去北方城里乘公共汽车。大家都不排队,汽车靠站了,乘客都拼命往车上挤。妇女也好不容易挤上了车,驾驶员关上车门,汽车启动了。这个妇女突然大叫起来:"哎呀!我的孩子!我的孩子……"售票员就问她:"你的孩子在哪里啊?""我的孩子被门夹住了。"售票员感到很奇怪:"车门没有夹住孩子啊!"妇女用手拼命指脚下,售票员低头仔细一看,看到妇女的鞋子被车门夹住了,就马上让驾驶员停车并把车门打开,妇女捡回了自己的鞋子。售票员对她说:"这是鞋子,不是孩子啊!""是孩子,是孩子!"

原来江西许多地方都把"鞋子"说成"孩子"。

第二章　普通话语音学习与训练

【本章导学】

语音学习是口语学习的基础和前提，本章讲述了语音常识与发声技能，介绍了声母、韵母、声调的正确发音并对难点声韵调进行了辨正。学习本章的内容，需要结合方言情况进行有针对性的练习，调整发音部位与发音方法，养成普通话的发音习惯，语流中能够准确进行语流音变。

【任务导入】

请朗读下面的片段，找到方言中易混淆的发音问题，有意识地进行辨音和正音。

1. 我爱我们祖国的土地！狂风曾来扫荡过它，冰雹曾来打击过它，霜雪曾来封锁过它，大火曾来烧灼过它，暴雨曾来冲刷过它，帝国主义的炮弹也曾轰击过它。不过，尽管受了磨难，它还是默默地坚持着。一到了春天，它又苏醒过来，满怀信心地表现出盎然的生意和万卉争荣的景象。（黄药眠《祖国山川颂》）

2. 上苍不会让所有幸福集中到某个人身上，得到爱情未必拥有金钱；拥有金钱未必得到快乐；得到快乐未必拥有健康；拥有健康未必一切都会如愿以偿。保持知足常乐的心态才是淬炼心智、净化心灵的最佳途径。一切快乐的享受都属于精神，这种快乐把忍受变为享受，是精神对于物质的胜利，这便是人生哲学。（杨绛《百岁感言》）

第一节　语音常识与发声技能训练

一、普通话语音概说

（一）什么是语音

语音是由人的发音器官发出来的、具有一定意义的、能起到社会交际作用的声音，是语言的物质外壳。

（二）语音的性质

从本质上来说，语音是语言的物质基础，因此从声学的角度分析，语音具有一切声音所具有的物理基础、生理基础、社会基础,而人们发音的过程就是"发音—传递—感知"三个阶段的综合体现。

1. **生理基础**

生理基础就是发音器官。

(1) 呼吸器官

主要是肺和气管。它是发音的动力器官、活动风向箱、发动机,作用是产生气流。

(2) 振动器官

主要是喉头和声带。气流通过气管、喉头使声带颤动而发出声音。声带是可开闭的阀门,是发音体。声带松紧变化就发出高低不同的声音。

(3) 共鸣器官

主要是口腔和鼻腔。复杂的生成语音的过程主要集中在口腔中进行。

(4) 咬字器官

主要是双唇、上下牙齿、舌头。气息只有和它们的上下、开闭、圆展的变化活动结合,才能发出各种不同的声音。

2. **物理基础**

物理属性主要指音高、音长、音强、音色四个基本要素。

(1) 音高

指声音的高低。它取决于物体振动的频率,频率高声音就高,频率低声音就低。语音的高低与声带的长短、厚薄、松紧有关。音高是构成普通话声调与语调的主要因素。

(2) 音强

指声音的强弱。它由物体振动的幅度来决定,振幅大声音就强,振幅小声音就弱。语音的强弱决定于发音时气流的强弱和共鸣的程度。音强是构成普通话轻声音节和重音的因素之一。

(3) 音长

指声音的长短。它由物体振动持续的时间长短决定,持续时间长声音就长,反之则短。音长是构成重音和轻声音节的重要因素。

(4) 音色

指声音的特色——音质。它由不同的发音体、发音方法和共鸣腔体的不同形状造成。汉语语音主要依靠音色的不同来区别意义。

3. **社会基础**

用什么样的语音表达什么样的心理意义或思想,是人类约定俗成的,不是个人决定的,是在长期历史过程中形成和发展起来的。例如"xingshi"这两个音节,可以表示"形式""形势""行驶"等多种意义。如果一个人想要擅自改变词语的语音形式或者给词语赋予另外的意义,那就无法达到和他人交际的目的。由此可见,语音不是个人现象,语音的社会属性是语音的本质属性。语音的表意功能与语音的民族性、地域性密切相关。

(三) 普通话语音的特点

音节结构形式较少,音节中元音占优势,清声母多,听觉感觉清脆、响亮;声调系统比较简单，但变化鲜明，具有高低抑扬的音乐色彩；音节之间区分鲜明，使语言具有节奏感；词汇的双音节化、词的轻重格式的区分以及轻声、儿化的使用，使语言表达作用更加准确、丰富。这几方面综合起来就构成了普通话语音简单、清楚、表达力强的特点。与此同时，由于语音响亮清晰，汉字在"人机对话"方面占有明显优势。这些都是学习普通话的积极因素。

（四）普通话语音的相关概念

1. 音节　音素

音节：是语音结构的基本单位，是听觉上自然分辨的语音片段。普通话中常用的基本音节有410多个。

音素：是从音色的角度划分出来的最小单位。一个音节可以由一个或几个音素构成，汉语音节最多4个因素。普通话中有32个音素。

2. 元音　辅音

元音：是气流振动声带，在口腔中不受阻碍而形成的响亮的声音。普通话中元音有10个。

辅音：是气流在口腔中受到阻碍而发出的声音，大多不响亮。普通话中辅音有22个。

3. 声母　韵母　声调

声母：是汉语音节开头的辅音，共21个；音节开头如果没有辅音，就是零声母音节。

韵母：是汉语音节中声母后面的部分，共有39个。

声调：是汉语音节的音高变化，普通话共有4个声调。

4. 儿化　语流音变

儿化："儿"与它前面的音节结合在一起，使该音节的韵母成为卷舌韵母，从而改变这个音节的原有读音。

语流音变：由于受到相邻音节的影响，一些音节中的声母、韵母、声调会发生语音的变化。

二、发声技能训练

掌握科学的用气发声技能是教师的一项基本功。教师应当学会有效运用气息，使声带发出的声音，经过各共鸣腔体扩大音量、美化音色之后传出体外。

（一）呼吸训练

1. 掌握胸腹式联合呼吸法

扩展两肋，微收小腹，将气吸到肺底，有控制地将气流均匀、稳劲地呼出。用这种方法发声，容易产生坚实响亮的声音。

（1）闻花香练习

站立，胸部自然挺起，两肩下垂，小腹微收，从容地像闻花香一样吸气，感觉两肋渐开，气息进肺底，腰带周围胀满；控制一两秒钟，再缓缓呼出。

(2) 模拟练习

①模仿吹桌面上的灰尘。

②模仿撮起双唇吹响空瓶。

气息要均匀而缓慢地流出，呼气平稳，时间逐渐延长，达到25秒为合格。

2. **慢吸慢呼练习**

(1) 数数儿，延长呼气控制时间

吸气至八成满，然后以大约每秒一个数儿的速度数数儿：1、2、3、4……

要吸一口气数数儿，中途不换气、不补气，并保证数字之间匀速、语音规整、声音圆润集中、音高一致、力度一致；出声则出气，不出声不漏气；喉头通畅。

(2) 数葫芦

边呼气边说："一口气数不完二十四个葫芦，一个葫芦、两个葫芦、三个葫芦……"一般达到一口气能数15~20个葫芦即可。

3. **慢吸快呼练习**

慢吸快呼的正确状态：吸气之后，用一口气尽量说又快又多的话。

可以用绕口令来练习，如："吃葡萄不吐葡萄皮……"（反复）

4. **快吸快呼练习**

这种练习应注意保持慢吸"两肋打开，吸到肺底、腹壁站定"状态，只是将慢吸气改为在不经意间一张嘴的一瞬间吸气到位。

可练选快板、戏曲、曲艺说白的贯口段子。

①一帆风顺，二龙腾飞，三阳开泰，四季平安，五福临门，六六大顺，七星高照，八方来财，九九同心，十全十美，百事可乐，千事吉祥，万事如意！

②老舍剧作《龙须沟》，程疯子所唱快板儿书：

给诸位，道大喜，人民政府了不起！

了不起，修臭沟，上边儿先给咱们穷人修。

请诸位，想周全：

东单、西四、鼓楼前；

还有那，先农坛、天坛、太庙、颐和园；

要讲修，都得修，为什么先管龙须沟；

都只为，这儿脏，这儿臭，政府看着心里真难受！

好政府，爱穷人，教咱们干干净净大翻身。

修了沟，又修路，好叫咱们挺着腰板儿迈大步；

迈大步，笑嘻嘻，劳动人民又齐心。

齐努力，多做工，国泰民安享太平，享——太平！

——选自老舍剧作《龙须沟》

5. **快吸慢呼练习**

用1秒钟快速地将气吸入（口鼻同时吸），保持2秒钟，然后分别用15秒钟、20秒钟、

25秒钟、30秒钟的时间将气慢慢呼出，呼气时注意气流均匀，轻而无声。

可进行喊人练习，想象喊80~100米远的熟人，迅速抢吸一口气，然后拖长腔喊他们：

"苗——苗——"

"小——虎——"

6. 补气练习

呼气5~6秒后补气：收小腹，口鼻进气，两肋张开。

呼气时从容发声（"∨"为吸气记录）

∨ 一二三四 ∨ 五六七八 ∨

　二二三四 ∨ 五六七八 ∨

　三二三四 ∨ 五六七八 ∨

　四二三四 ∨ 五六七八 ∨

（二）共鸣控制训练

声带本身发出的喉原音是很弱的，必须借助各个共鸣腔体才能扩大音量、美化音色。掌握共鸣调节的方式，是扩大发声效率、改善声音质量的重要环节。

1. 口腔共鸣练习

唇齿贴近，提高声音亮度，发出坚实、丰满的声音。

（1）口部操的练习

提高唇舌的灵活程度。

（2）单韵母 u、e、o 练习

颈部角度适中，把声音从喉咙里"吊"出来，使声音"站得住"，体会上下贯通的感觉。

（3）声束冲击练习

发较短促的 ba、bi、bu、pa、pi、pu、ma、mi、mu 或学发汽笛的长鸣"di——"，体会声束集中冲击硬腭前部的感觉和声音的力度。

（4）放松下巴

用手扶住放松而微收的下巴，从容地发韵母 ai、ei、ao、ou，体会牙关开合咀嚼的动作。

2. 胸腔共鸣练习

颈部和脊背自然挺直，胸部自然放松，吸气不要过满，使声音浑厚、结实、有力。

（1）音高练习

有层次地爬高降低。

选一句话，在本人音域范围内，先用低调说，一级一级地升高，然后再一级一级地下降，体会胸腔共鸣的加强。

（2）低读韵母练习

放松胸部及小腹，用低音读韵母，产生声音从胸腔透出的感觉，这时的声音应该是浑厚的。

用同样的状态低读 a——a——a 音。

练习下面含有 a 的词：反叛、白发、家家、掐架。

（3）弹发音节 ha

用较低的声音弹发音节 ha，感觉声音像从胸部发出。

3. **鼻腔共鸣练习**

掌握好软腭的运动方式，使声音高亢、明亮。

（1）半打哈欠

做半打哈欠状打开牙关，提起上颌，再缓缓闭拢。

（2）口音鼻音交替练习

a——ma，a——ang

4. **三腔共鸣练习**

打开口腔，放松胸部，鼻腔畅通，有效调节控制声音，使声音富于变化。

（1）夸张四声练习

山——明——水——秀——，花——红——柳——绿——，深——谋——远——虑——。

（2）大声呼唤练习

对远处的假定目标呼唤："小——明——，等——等——我——！"

（3）绕口令练习

练习时，中间略微停顿，快速吸气，进行补气练习；放慢语速，声音洪亮，体会共鸣效应。

扁担长，短扁担，

长扁担比短扁担长半扁担，

短扁担比长扁担短半扁担。

长扁担捆在短板凳上，

短扁担捆在长板凳上，

长板凳不能捆在比短扁担长半扁担的长扁担上，

短板凳也不能捆在比长扁担短半扁担的短扁担上。

（三）吐字归音训练

音节的发音过程分为出字、立字、归音三个阶段，通过训练要做到吐字有弹性，干净利落；字字有力度，圆润饱满；字尾弱收，趋向鲜明。

1. **唇的练习**

（1）喷

喷也称作双唇后打响。双唇紧闭，将唇的力量集中于后中纵线三分之一的部位，唇齿相依，不裹唇，阻住气流，然后突然连续喷气出声，发出 p、p、p 的音。

（2）咧

将双唇闭紧尽力向前噘起，然后将嘴角用力向两边伸展（咧嘴），反复进行。

（3）撇

双唇闭紧向前噘起，然后向左歪、向右歪、向上抬、向下压。

（4）绕

双唇闭紧向前噘起，然后向左或向右做60度的转圈运动。

2．舌的练习

（1）刮舌

舌尖抵住下齿背，舌体贴住齿背，随着张嘴，用上门齿齿沿刮舌叶、舌面，使舌面能逐渐上挺隆起，口腔好像被撑开。

（2）顶舌

闭唇，用舌尖顶住左腮，用力顶，然后用舌尖顶住右腮做同样练习。

（3）伸舌

将舌伸出唇外，舌体集中、舌尖前端呈尖形，向上卷回。

（4）绕舌

闭唇，把舌尖伸到齿前唇后，向顺时针方向环绕360度，然后向逆时针方向环绕360度，交替进行。

（5）立舌

将舌尖向后贴住左侧槽牙齿背，然后将舌沿齿背推至门齿中缝，使舌尖向右侧翻。然后做相反方向的练习。

（6）舌打响

舌尖上翘，以较快速度来回弹上齿下沿。

3．打开口腔练习

注意打开幅度，提颧肌，打牙关，挺软腭，放松下巴。

| 少小离家 | 豪情壮志 | 高朋满座 | 变幻莫测 | 远走高飞 |
| 早出晚归 | 雷厉风行 | 万古流芳 | 百炼成钢 | 光辉灿烂 |

4．诗歌练习

（1）
春晓　孟浩然
春眠不觉晓，处处闻啼鸟。
夜来风雨声，花落知多少。

（2）
九月九日忆山东兄弟　王维
独在异乡为异客，每逢佳节倍思亲。
遥知兄弟登高处，遍插茱萸少一人。

【口语综合实训】

朗读下面的内容，注意气息的运用和口型的变化。

1.
七律·长征
毛泽东
红军不怕远征难，万水千山只等闲。

五岭逶迤腾巨浪，乌蒙磅礴走泥丸。

金沙水拍云崖暖，大渡桥横铁索寒。

更喜岷山千里雪，三军过后尽开颜。

2. 人生赛场上，有的人一直在拼搏之中，于是有了可喜的冠军诞生；有的人一直在坚持之中，有了落后者不气馁的执着。冠军令人羡慕，执着者令人敬佩。他们纷纷演绎了人生的精彩。

赛场上，有的人因为不能获得第一半途而废，有的人因为忍受不了竞技过程的磨砺主动放弃。急功近利者让人惋惜，怕苦怕累者让人唏嘘。他们让人们清醒淘汰的势在必然。

3. 当欢笑淡成沉默，当信心变成失落，我走近梦想的脚步，是否依旧坚定执着；当笑颜流失在心的沙漠，当霜雪冰封了亲情承诺，我无奈的心中，是否依然碧绿鲜活。有谁不渴望收获，有谁没有过苦涩，有谁不希望生命的枝头挂满丰硕，有谁愿意让希望变成梦中的花朵。现实和理想之间，不变的是跋涉，暗淡与辉煌之间，不变的是开拓。甩掉世俗的羁绊，没谁愿意，让一生在碌碌无为中度过。整理你的行装，不同的起点，可以达到同样辉煌的终点。人生没有对错，成功永远属于奋斗者。

4. 困难是一块石头，对于强者，它是铺路石，对于弱者，它是绊脚石。困难是一块磨石，把强者磨得更加坚强，把弱者磨得更加脆弱。困难是悬崖上的独木桥，强者把它当作捷径，弱者把它当作绝境。困难是火焰，强者视它为指路明灯，弱者见它逃之夭夭。困难是狂风，强者是风中的帆，弱者是风中的沙。困难是难题，强者会寻找捷径，弱者只会原地踏步。

人的一生都会遇到或多或少的波折。顺境也罢，逆境也罢，只是每个人面对困难所持有的态度和心理承受力不同而已。

挫折的大小没有什么界定，这取决于你的心理。假如你把自己遇到的困难无限地放大，那它就可能成为你人生中难以逾越的障碍；把它看小，你就有足够的信心和能力去克服和承受它。

如果把人生比喻成一辆远行的汽车，长途跋涉中难免会遇到各种各样的道路。或坎坷，或平坦，或崎岖，或故障，只要驾驶员坚忍不拔、永不放弃，就一定能到达理想中的目的地。

其实"顺境""逆境"就像一对双胞胎，会时刻出现在每个人的成长道路中。有的人觉得自己特别不幸，那是他老是盯着自己的挫折；有的人总是乐呵呵的，觉得自己特别幸运，那是他总在享受自己的快乐。

5. 有一年，一支英国探险队进入撒哈拉沙漠的某个地区，在茫茫的沙海里跋涉。阳光下，漫天飞舞的风沙像炒红的铁砂一般，扑打着探险队员的面孔。口渴似炙，心急如焚——大家的水都没了。这时，探险队长拿出一只水壶，说："这里还有一壶水，但穿越沙漠前，谁也不能喝。"

一壶水，成了穿越沙漠的信念之源，成了求生的寄托目标。水壶在队员手中传递，那沉甸甸的感觉使队员们濒临绝望的脸上，又露出坚定的神色。终于，探险队顽强地走出了沙漠，挣脱了死神之手。大家喜极而泣，用颤抖的手拧开那壶支撑他们的精神之水——缓缓流出来的，却是满满的一壶沙子！

炎炎烈日下，茫茫沙漠里，真正救了他们的，又哪里是那一壶沙子呢？他们执着的信念，已经如同一粒种子，在他们心底生根发芽，最终领着他们走出了"绝境"。

事实上，人生从来没有真正的绝境。无论遭受多少艰辛，无论经历多少苦难，只要一个人的心中还怀着一粒信念的种子，那么总有一天，他就能走出困境，让生命重新开花结果。

人生就是这样，只要种子还在，希望就在。

6. 教学是一个涉及教师与学生在理性、情感、思想上交流的过程。教师在课堂上应多关注人的情感投入，创设情境，培养情感，使课堂充满人情味。教师要塑造自我的人格魅力，要做一个充满爱心、富有人情味的教师；要对每个学生充满信心，善于捕捉学生的闪光点，多一些鼓励，多一份期待，让每个学生的潜能都得到开发，让每一个学生都体验到成功的愉悦。与此同时，教师还要创设一种宽松、和谐、民主的教学氛围，要关注学生的心理发展状态，及时帮助学生排除不良心理因素，使他们能以良好的心理状态无拘无束地表现自己，表达自己的思想、认识和情感，在一种自信、成功、创新的体验中主动学习，健康发展。

7. 第一印象是双方以后交往的依据。当人们初次见面时，相互之间很重视首先能够观察和感知到的一些特征，比如，对方的表情、体态、仪表、年龄、谈吐、礼节等，并据此形成第一印象。在日常生活中，第一印象往往影响人们对他人的认知。若形成的是正面的、良好的印象，则人们会希望继续交往、增进关系；若形成的是负面的、不好的印象，那人们会拒绝继续交往，使关系了结。

所以要利用第一印象为人际交往的成功创造条件。也就是说，当我们和人第一次见面的时候，应穿着打扮整齐、干净，谈吐自然，要真诚热情，不必过分急躁，不要通过贬低别人抬高自己，不要打击任何人、任何事，做事有礼有节，这样才有利于给人形成良好的第一印象，促进人际交往朝好的方向发展。

8. 良好的情绪情感调控能力是人际交往的一大要素，微笑则是人际交往良好的催化剂，是使人心情愉悦的最佳方法，也最能表达出一种热情而积极的处世态度。因此，人们常说："微笑是人际交往的润滑剂。"

刚刚开始时，如果你觉得对别人微笑实在有点难为情，可以先从对自己微笑开始。每天抽出十分钟时间，站在镜子面前，对着镜子里面的那个"你"微笑，平时也要"嘴巴向上翘"，同时在心里回忆一些有趣的事。一周或稍多一点时间后，你会发现自己脸上的笑容变得自然起来，也变得多起来。一段时间下来，会收到意想不到的效果。当然对别人微笑也就不再是件难事了。

9. 回顾中华民族的历史长河，无数为国家抛头颅、洒热血、无私奉献的民族英雄至今活在我们心中。古代，有南宋的岳飞，明代的戚继光、郑成功……近代以来，为了保卫国家，反抗帝国主义的侵略，更是有许多仁人志士为捍卫民族主权而慷慨就义。中华人民共和国成立以后，有很多杰出人物，如邓稼先、华罗庚、钱学森等等，他们放弃国外荣华富贵的生活，回到贫穷的祖国来，为国家的现代化建设贡献自己的力量。这些人的光辉形象和他们可歌可泣的动人事迹，永远激励着每一个中国人奋发向上！

第二节　声母的学习与训练

一、声母的概念与分类

声母，是汉字字音结构的起始部分，即音节开头的辅音。普通话共21个辅音声母。由于声母发音的过程就是气流受阻和克服阻碍的过程，发音部位和发音方法成为声母分类的主要因素。

（一）按发音部位分，21个辅音声母可分为七类

双唇音：b、p、m；
唇齿音：f；
舌尖前音：z、c、s；
舌尖中音：d、t、n、l；
舌尖后音：zh、ch、sh、r；
舌面音：j、q、x；
舌根音：g、k、h。

（二）按发音方法分，21个辅音声母可分为五类

塞音：b、p、d、t、g、k；
擦音：f、h、x、sh、s、r；
塞擦音：j、q、z、c、zh、ch；
鼻音：m、n；
边音：l。

（三）21个辅音声母还可以按照声带振动与否及气流强弱来分类

按照声带振动与否，可以分为清音和浊音两类：
清音：共有17个，b、p、f、d、t、g、k、h、j、q、x、z、c、s、zh、ch、sh；
浊音：共有4个，m、n、l、r。
按照发音时呼出气流的强弱，可以分为送气音与不送气音两类：
不送气音：共有6个，b、d、g、j、zh、z；
送气音：共有6个，p、t、k、q、ch、c。

二、普通话声母发音及辨音训练

发好声母是普通话语音准确、清晰的前提与基础。发好声母，必须掌握声母的发音部位

和发音方法。

（一）双唇音

b：双唇不送气清塞音

发音时，双唇闭合，软腭上升堵塞鼻腔通路，气流通路完全封闭，然后双唇打开，气流骤然冲出，爆发成声，声带不振动。

p：双唇送气清塞音

发音和b基本相同，只是在除阻时气流较强。

m：双唇浊鼻音

发音时，双唇闭合，软腭下降，打开气流的鼻腔通路，使气流从鼻腔流出，声带振动。

[单音节字练习]

b

八	爸	不	补	奔	帮	磅	办	般	逼
笔	币	饼	别	鳖	播	博	掰	百	败
边	辩	悲	被	保	蹦	标	表	宾	波

p

爬	帕	排	派	庞	胖	劈	脾	喷	盆
赔	配	抛	跑	泡	乒	瓶	拼	聘	泼
婆	破	彭	碰	漂	扑	普	偏	盘	盼

m

妈	麻	梅	魅	谜	秒	庙	命	闽	母
暮	磨	闷	们	萌	猛	梦	眠	勉	蔑
瞒	满	霾	买	迈	猫	茂	眸	魔	忙

[双音节词语练习]

b

保镖	必备	标本	摆布	臂膀	版本	播报	标榜
宝贝	遍布	不必	薄饼	颁布	败笔	标兵	冰雹
禀报	报表	包庇	背包	本部	板报	辩驳	褒贬

p

品牌	偏旁	批评	评判	乒乓	爬坡	泡泡	瓢泼
评聘	平铺	澎湃	偏颇	枇杷	破片	拼盘	攀爬
琵琶	匹配	平盆	婆婆	破皮	凭票	跑偏	频谱

m

麻木	秘密	密码	命名	买卖	眉毛	面膜	盲目
美妙	弥漫	民盟	美貌	茂密	渺茫	满面	埋没
门面	密谋	冒昧	美满	明媚	名目	妹妹	满目

[绕口令练习]

b

1. 八百标兵奔北坡，北坡炮兵并排跑。炮兵怕把标兵碰，标兵怕碰炮兵炮。炮兵攻打八面坡，炮兵排排炮弹齐发射。步兵逼近八面坡，歼敌八千八百八十多。

2. 北贫坡上白家有个伯伯，家里养着一百八十八只白鹅，门口种着一百八十八棵白果，树上住着一百八十八只八哥。八哥在白果树上吃白果，白鹅气得直叫："我饿！我饿！"

3. 灶上半边钵，灶下钵半边；打破半边钵，还有钵半边。

p

1. 一平盆面，烙一平盆饼，饼碰盆，盆碰饼。

2. 吃葡萄不吐葡萄皮儿，不吃葡萄倒吐葡萄皮儿。

3. 半盆冰棒半盆瓶，冰棒碰盆，盆碰瓶，盆碰冰棒盆不怕，冰棒碰瓶瓶必崩。

m

1. 有个面铺面朝南，门上挂着蓝布棉门帘，摘了蓝布棉门帘，面铺还是门朝南。

2. 白庙外蹲一只白猫，白庙里有一顶白帽。白庙外的白猫看见了白帽，叼着白庙里的白帽跑出了白庙。

3. 白猫黑鼻子，黑猫白鼻子。黑猫的白鼻子，碰破了白猫的黑鼻子，白猫的黑鼻子破了，剥了秕谷壳儿补鼻子。黑猫的白鼻子没破，就不必剥秕谷壳儿补鼻子。

（二）唇齿音

f：唇齿清擦音

发音时，上齿接近下唇，形成窄缝，软腭上升堵塞鼻腔通路，气流从唇齿间的窄缝里挤出，摩擦成声，声带不振动。

[单音节字练习]

发	罚	砝	番	烦	犯	妃	肥	废	芬
粉	份	封	冯	讽	缝	扶	府	妇	方
防	访	放	否	佛	乏	符	飞	梵	仿

[双音节词语练习]

放风	丰富	仿佛	反复	发放	非法	风帆	芬芳
伏法	吩咐	方法	夫妇	佛法	放飞	付费	非凡
霏霏	发福	复方	肺腑	防范	发愤	奋发	福分

[绕口令练习]

1. 粉红墙上画凤凰，凤凰画在粉红墙。红凤凰，黄凤凰，粉红凤凰花凤凰。

2. 化肥会挥发，黑化肥发灰，灰化肥发黑；黑化肥发灰会挥发，灰化肥挥发会发黑；黑化肥挥发发灰会花飞，灰化肥挥发发黑会飞花。

3. 粉红女发奋缝飞凤，女粉红反缝方法繁。飞凤仿佛发放芬芳，方法非凡反复防范。反缝方法仿佛飞凤，反复翻缝飞凤奋飞。

（三）舌尖前音

z：舌尖前不送气清塞擦音

发音时，舌尖抵住上齿背，软腭上升堵塞鼻腔通路，然后舌尖微微离开齿背，形成一个窄缝，气流从中挤出，摩擦成声，声带不振动。

c：舌尖前送气清塞擦音

发音的情况和 z 基本相同，只是在除阻时气流较强。

s：舌尖前清擦音

发音时，舌尖接近上齿背，形成一个窄缝，软腭上升堵塞鼻腔通路，气流从窄缝里挤出来，摩擦成声，声带不振动。

[单音节字练习]

z
砸 载 再 咱 暂 脏 资 子 字 责
贼 怎 增 憎 棕 总 纵 糟 皂 邹
走 族 最 遵 昨 左 做 组 钻 攥

c
擦 词 曹 草 糙 催 翠 皴 存 寸
粗 醋 窜 葱 丛 册 猜 财 踩 蔡
层 残 灿 搓 错 苍 藏 凑 蹿 次

s
萨 腮 赛 三 伞 散 斯 四 虽 隋
岁 孙 损 苏 色 俗 诉 梭 所 酸 蒜
嗓 僧 森 色 涩 艘 怂 宋 寺 飒

[双音节词语练习]

z
早在   走在   自在   走嘴   自尊   造作   栽赃   祖宗
走卒   总则   攒足   坐姿   在座   做作   罪责   咂嘴
再造   藏族   遭罪   最早   遭灾   钻子   曾祖   宗族

c
此次   层次   从此   猜测   采草   粗糙   催促   猜错
苍翠   璀璨   曹操   草丛   参差   残存   仓促   措辞
寸草   摧残   猜词   错层   匆促   葱翠   次次   磁层

s
收缩   送死   诉讼   送伞   琐碎   洒扫   速算   酸涩
色素   瑟瑟   随俗   嫂嫂   缫丝   飒飒   送死   四散
思索   僧俗   撕碎   三岁   瑟缩   三色   色散   宿松

[绕口令练习]

z

1. 早晨早早起,早起做早操,人人做早操,做操身体好。

2. 紫紫茄子,紫茄子紫。紫茄子结籽,紫茄子皮紫肉不紫。紫紫茄子结籽,紫紫茄子皮紫籽也紫。你喜欢吃皮紫肉不紫的紫茄子,还是喜欢吃紫皮紫籽的紫紫茄子?

3. 清早上街走,走到周家大门口,门里跳出一只大黄狗,朝我哇啦哇啦吼。我拾起石头打黄狗,黄狗跳上来就咬我的手。也不知我手里的石头打没打着周家的大黄狗,周家的大黄狗咬没咬着我的手。

c

1. 聪聪采茶,丛丛擦车,聪聪采完茶帮丛丛擦车,丛丛擦完车帮聪聪采茶。

2. 老曹餐前买雌鸡,老崔餐后买瓷器,买来才知是次品,老曹退雌鸡,老崔退瓷器。

3. 山前有个崔粗腿,山后有个崔腿粗,二人山前来比腿。不知是崔腿粗比崔粗腿的腿粗,还是崔粗腿比崔腿粗的腿粗。

s

1. 三山撑四水,四水绕三山。三山四水春常在,四水三山总是春。

2. 三哥三嫂子,借给我三斗三升酸枣子,等我明年收了酸枣子,就如数还给三哥三嫂子这三斗三升酸枣子。

3. 四是四,十是十。十四是十四,四十是四十。莫把四字说成十,休将十字说成四。若要分清四十和十四,经常练说十和四。

(四) 舌尖中音

d:舌尖中不送气清塞音

发音时,舌尖抵住上齿龈,软腭上升堵塞鼻腔通路,气流通路完全封闭,然后舌尖离开上齿龈,气流骤然冲出,爆发成声,声带不振动。

t:舌尖中送气清塞音

发音的情况和d基本相同,只是在除阻时气流较强。

n:舌尖中浊鼻音

发音时,舌尖抵住上齿龈,封闭气流的口腔通路,软腭下降,打开气流的鼻腔通路,使气流从鼻腔流出,声带振动。

l:舌尖中浊边音

发音时,舌尖抵住上齿龈,软腭上升堵塞鼻腔通路,气流从舌头的两边流出,声带振动。

[单音节字练习]

d

答	达	呆	带	胆	挡	荡	冬	堆	兑
蹲	断	舵	躲	盯	顶	丢	垫	敌	叼
道	督	肚	等	凳	德	跌	叠	兜	陡

t
它	抬	滩	坦	腾	淘	膛	掏	桃	忑
疼	题	添	挑	逃	帖	铁	厅	铜	偷
凸	湍	拖	囤	腿	坛	统	填	套	拓

n
拿	乃	奈	难	脑	讷	馁	嫩	能	泥
逆	拈	念	酿	袅	聂	您	凝	奴	弩
暖	疟	挪	诺	妞	牛	拗	农	弄	侬

l
蜡	莱	栏	懒	狼	捞	类	泪	雷	棱
里	脸	梁	撩	咧	羚	溜	笼	弄	漏
卢	吕	峦	掠	论	捋	萝	卤	璘	廊

[双音节词语练习]

d
大道	道德	地段	调度	灯带	大胆	地点	待定
当地	对待	单独	到底	断电	大地	单刀	调动
订单	低调	搭档	导弹	颠倒	点到	断定	顶端

t
探讨	天堂	铁桶	疼痛	团体	铁塔	体贴	淘汰
挑剔	体态	天台	头条	图腾	贪图	通透	偷听
抬头	坦途	探听	剔透	铁蹄	听筒	吞吐	贴题

n
南宁	年内	囡囡	那年	牛年	娘娘	奶牛	呶呶
能耐	呢喃	恼怒	农奴	泥泞	牛奶	男女	奶娘
拿捏	扭捏	难弄	难能	内难	忸怩	牛腩	袅娜

l
拉力	流利	力量	理论	浏览	联络	流量	另类
利率	来临	亮丽	磊落	留恋	劳累	立论	领略
料理	凌乱	罗列	拉链	牢笼	勒令	沦落	连累

[绕口令练习]

d

1. 调到敌岛打特盗，特盗太刁投短刀，挡推顶打短刀掉，踏盗得刀盗打倒。
2. 会炖我的炖冻豆腐，来炖我的炖冻豆腐，不会炖我的炖冻豆腐，就别炖我的炖冻豆腐。要是混充会炖我的炖冻豆腐，炖坏了我的炖冻豆腐，那就吃不成我的炖冻豆腐。
3. 东洞庭，西洞庭，洞庭山上一条藤，藤条顶上挂铜铃，风吹藤动铜铃响，风停藤定铜铃静。

t

1. 大兔肚子大，小兔肚子小，大兔比小兔肚子大，小兔比大兔肚子小。

2. 白石塔，白石塔，白石搭白塔，白塔白石搭，白塔白又大。

3. 谭家谭老汉，挑担到蛋摊。买了半担蛋，挑蛋到炭摊。买了半担炭，满担是蛋炭。老汉忙回赶，回家炒蛋饭。进门跨门槛，脚下绊一绊。跌了谭老汉，破了半担蛋。翻了半担炭，脏了木门槛。老汉看一看，急得满头汗。连说怎么办，老汉怎吃蛋炒饭。

n

1. 念一念，练一练，n、l发音要分辨，l是边音软腭升，n是鼻音舌靠前。你来练，他来念。不怕累，不怕难。齐努力，攻难关。

2. 新脑筋，老脑筋。新脑筋不学习就会变成老脑筋，老脑筋勤学习就会变成新脑筋。

3. 你能不能把公路柳树下的老奶牛，拉到牛南山下牛奶站的挤奶房来，挤了牛奶拿到柳林村，送给岭南乡托儿所的刘奶奶。

l

1. 好六叔和好六舅，借给六斗六升绿绿豆。打罢秋，接住豆，再还六叔六舅六斗六升绿绿豆。

2. 老罗拉了一车梨，老李拉了一车栗。老罗人称大力罗，老李人称李大力。老罗拉梨做梨酒，老李拉栗去换梨。

3. 南南有个篮篮，篮篮装着盘盘，盘盘放着碗碗，碗碗盛着饭饭。南南翻了篮篮，篮篮扣了盘盘，盘盘打了碗碗，碗碗撒了饭饭。

（五）舌尖后音

zh：舌尖后不送气清塞擦音

发音时，舌尖抵住硬腭前部，软腭上升堵塞鼻腔通路，然后舌尖微微离开硬腭，形成一个窄缝，气流从中挤出，摩擦成声，声带不振动。

ch：舌尖后送气清塞擦音

发音的情况和zh基本相同，只是在除阻时气流较强。

sh：舌尖后清擦音

发音时，舌尖接近硬腭前部，形成一个窄缝，软腭上升堵塞鼻腔通路，气流从窄缝里挤出来，摩擦成声，声带不振动。

r：舌尖后浊擦音

发音的情况和sh基本相同，只是声带振动。

[单音节字练习]

zh

渣	眨	斋	债	展	张	招	蜇	真	蒸
知	直	钟	粥	轴	猪	住	抓	爪	拽
专	庄	撞	锥	坠	谆	准	捉	卓	拙

ch
插 茶 钗 搀 常 厂 超 车 彻 陈
撑 痴 迟 充 抽 瞅 初 揣 川 船
串 疮 床 炊 春 唇 戳 醇 锄 豉
sh
沙 筛 色 删 善 商 烧 蛇 谁 身
声 省 湿 收 熟 手 舒 属 数 刷
衰 拴 霜 爽 水 吮 舜 说 朔 输
r
燃 冉 染 嚷 瓤 壤 让 扔 仍 人
忍 认 任 日 如 乳 汝 入 柔 肉
阮 软 若 荣 溶 惹 热 蕊 瑞 锐

[双音节词语练习]

zh
真正 正值 装置 正装 注重 郑州 挣扎 战争
珍珠 周转 住宅 主张 组织 种植 终止 茁壮
蜘蛛 转折 正在 征兆 主旨 壮志 转账 主治

ch
出场 春城 长城 乘车 朝臣 传承 拆除 出厂
抽查 长处 车程 出差 车窗 驰骋 戳穿 传唱
超车 铲除 唇齿 插翅 惆怅 沉船 惩处 蹉跎

sh
师生 试试 设施 双手 受伤 少数 收拾 事实
适时 神圣 舍身 身手 绅士 双师 身世 山神
熟睡 山水 舒适 属实 税收 首饰 书生 世事

r
柔软 仍然 若然 融入 如若 容忍 软弱 扰攘
热熔 惹人 柔弱 任人 人肉 荣辱 柔润 柔韧
扰人 荏苒 忍让 闰日 任人 忍辱 人乳 濡染

[绕口令练习]

zh

1. 知之为知之，不知为不知。不以不知为知之，不以知之为不知，唯此才能求真知。

2. 朱家一株竹，竹笋初长出。朱叔处处锄，锄出笋来煮，锄完不再出，朱叔没笋煮，竹株又干枯。

3. 锅里煮猪肉，肉里包着骨，取肉去猪骨，放上一点醋，都吃熟猪肉。

ch

1. 我吃瓜我也请你吃瓜，你喝茶你也请我喝茶。

2. 小程小陈去野炊，小程吃烧烤，小陈喝红茶。小程吃了烧烤又喝了小陈的红茶，小陈喝了红茶又吃了小程的烧烤。

3. 冲冲栽了十畦葱，松松栽了十棵松。冲冲说栽松不如栽葱，松松说栽葱不如栽松。是栽松不如栽葱，还是栽葱不如栽松？

sh

1. 山前有四十四棵死涩柿子树，山后有四十四只石狮子，也不知是山前的四十四棵死涩柿子树涩死了山后的四十四只石狮子，还是山后的四十四只石狮子咬死了山前的四十四棵死涩柿子树！

2. 石小四，史肖石，一同来到阅览室。石小四年十四，史肖石年四十。年十四的石小四爱看诗词，年四十的史肖石爱看报纸。年四十的史肖石发现了好诗词，忙递给年十四的石小四。年十四的石小四见了好报纸，忙递给年四十的史肖石。

3. 史老师讲时事，石老师读报纸。史老师时常讲时事，石老师时常读报纸。时时学时事，时时读报纸，提高思想长知识。

r

1. 任命是任命，人名是人名，任命人名不能错，错了人名错任命。

2. 然然和冉冉，都是小可人。然然肉嘟嘟，冉冉惹人爱。然然和冉冉，都是妈妈的小乖乖。

3. 夏日无日日亦热，冬日有日日亦寒，春日日出天渐暖，晒衣晒被晒褥单，秋日天高复云淡，遥看红日迫西山。

（六）舌面音

j：舌面不送气清塞擦音

发音时，舌面前部抵住硬腭前部，软腭上升堵塞鼻腔通路，然后舌面微微离开硬腭，形成一个窄缝，气流从中挤出，摩擦成声，声带不振动。

q：舌面送气清塞擦音

发音的情况和 j 基本相同，只是在除阻时气流较强。

x：舌面清擦音

发音时，舌面前部接近硬腭前部，形成一个窄缝。软腭上升堵塞鼻腔通路，气流从窄缝里挤出来，摩擦成声，声带不振动。

[单音节字练习]

j

及	即	加	价	揪	灸	菊	矩	江	酱
间	剪	金	精	捐	绝	掘	军	俊	窘
街	界	究	久	决	缴	倦	峻	英	锦

q

| 期 | 启 | 掐 | 洽 | 迁 | 浅 | 钦 | 琴 | 寝 | 沁 |
| 青 | 晴 | 锵 | 墙 | 抢 | 邱 | 屈 | 取 | 去 | 缺 |

| 阕 | 雀 | 圈 | 权 | 犬 | 券 | 裙 | 妾 | 且 | 窃 |

x

吸	系	虾	侠	仙	现	香	翔	响	修
绣	新	信	腥	型	醒	杏	虚	徐	诩
宣	癣	询	讯	薛	穴	雪	谑	歇	斜

[双音节词语练习]

j

交集	解决	经纪	积极	咀嚼	酒精	竭尽	嫁接
即将	狙击	结局	借鉴	季节	简介	奖金	晋级
倔强	绝技	江姐	军舰	惊叫	境界	竞技	接机

q

奇缺	清秋	齐全	前期	氢气	亲戚	亲情	情趣
弃权	亲切	窃取	强求	侵权	祈求	轻巧	牵强
清泉	气球	确切	缺钱	恰巧	倾情	翘起	崎岖

x

续写	消息	小学	欣喜	休息	学习	相信	学校
欣欣	形象	选项	想象	新型	写信	信箱	讯息
轩榭	休闲	小熊	瞎想	斜线	现行	显现	详细

[绕口令练习]

j

1. 尖塔尖,尖杆尖。杆尖尖似塔尖尖,塔尖尖似杆尖尖。有人说杆尖比塔尖尖,有人说塔尖比杆尖尖。不知到底是杆尖比塔尖尖,还是塔尖比杆尖尖。

2. 京剧叫京剧,警句叫警句。京剧不能叫警句,警句不能叫京剧。

3. 九月九,九个酒迷喝醉酒。九个酒杯九杯酒,九个酒迷喝九口。喝罢九口酒,又倒九杯酒。九个酒迷端起酒,"咕咚咕咚"又九口。九杯酒,酒九口,喝罢九个酒迷醉了酒。

q

1. 七加一,再减一,加完减完等于几?七加一,再减一,加完减完还是七。

2. 青草丛,草丛青,青青草里草青虫。青虫钻进青草丛,青草丛青草虫青。

3. 气球轻,轻轻气球轻擎起,擎起气球心欢喜。

x

1. 七巷一个漆匠,西巷一个锡匠,七巷漆匠用了西巷锡匠的锡,西巷锡匠拿了七巷漆匠的漆,七巷漆匠气西巷锡匠用了漆,西巷锡匠讥七巷漆匠拿了锡。

2. 辛厂长,申厂长,同乡不同行。辛厂长声声讲生产,申厂长常常闹思想。辛厂长一心只想革新厂,申厂长满口只讲加薪饷。

3. 喜欢就是喜欢,不喜欢就是不喜欢。喜欢不要假装不喜欢,不喜欢也不要勉强自己喜欢。

（七）舌根音

g：舌根不送气清塞音

发音时，舌根抵住软腭，软腭后部上升堵塞鼻腔通路，气流通路完全封闭，然后舌根离开软腭，气流骤然冲出，爆发成声，声带不振动。

k：舌根送气清塞音

发音的情况和 g 基本相同，只是在除阻时气流较强。

h：舌根清擦音

发音时，舌根接近软腭，形成一个窄缝，软腭上升堵塞鼻腔通路，气流从窄缝里挤出来，摩擦成声，声带不振动。

[单音节字练习]

g

尬	该	盖	敢	淦	钢	杠	根	艮	羹
估	故	公	供	耿	菇	股	贵	歌	格
关	馆	惯	光	犷	锅	帼	过	滚	棍

k

卡	开	楷	堪	看	糠	扛	颗	咳	渴
空	孔	控	枯	苦	裤	盔	溃	昆	困
狂	眶	肯	烤	铐	宽	款	阔	坑	块

h

蛤	孩	海	憨	韩	夯	航	巷	喝	盒
贺	黑	狠	恨	恒	横	乎	湖	虎	护
辉	婚	混	活	伙	货	还	患	猴	厚

[双音节词语练习]

g

广告	梗概	改革	桂冠	国公	规格	供稿	尴尬
肱骨	各国	骨感	搞鬼	逛逛	古怪	挂钩	谷歌
感官	高官	光棍	灌溉	钢管	公关	攻关	归功

k

开口	刻苦	科考	开阔	苛刻	空旷	坎坷	口渴
困苦	快看	慷慨	克扣	可靠	旷课	开垦	亏空
宽阔	快开	夸口	口苦	卡扣	空廊	刊刻	旷课

h

后悔	辉煌	好坏	呼唤	黄鹤	呵护	活化	环湖
缓和	汇合	花卉	皇后	划痕	行货	互换	荷花
黄昏	和好	绘画	喊话	含糊	汉化	黑虎	航海

[绕口令练习]

g

1. 小郭画了朵红花,小葛画了朵黄花。小郭想拿他的红花换小葛的黄花,小葛把他的黄花换了小郭的红花。

2. 老顾大顾和小顾,扛锄植树走出屋。漫天大雾罩峡谷,雾像灰布满路铺。大顾关注喊小顾,老顾扛锄又提树,雾里植树尽义务。

3. 哥哥弟弟坡前坐,坡上卧着一只鹅,坡下流着一条河。哥哥说:宽宽的河。弟弟说:白白的鹅。鹅要过河,河要渡鹅。不知是鹅过河,还是河渡鹅。

k

1. 哥挎瓜筐过宽沟,赶快过沟看怪狗,光看怪狗瓜筐扣,瓜滚筐空哥怪狗。

2. 苦读古书懂古通古熟古,不读古书不懂古不通古糊涂古。

3. 我听爷爷讲了一个故事,故事里有好事也有坏事。故事里的事,说是也是,不是也是。故事里的事,说不是它也不是,是也不是。

h

1. 华华有两朵黄花,红红有两朵红花。华华要红花,红红要黄花。华华送给红红一朵黄花,红红送给华华一朵红花。

2. 画上盛开一朵花,花朵开花花非花。花非花朵花,花是画上花,画上花开花,画花也是花。

3. 小华学画画,画只大青蛙。妈妈看了笑哈哈。这哪是只大青蛙,分明是只癞蛤蟆。

三、声母难点辨正与训练

学习好普通话要特别注意纠正声母发音的方音。

声母在发音的过程中存在两种常见现象:

一是普通话里的一些声母在有些方言中并不使用,而是被读为另外的方言声母。如内蒙古自治区、江西省部分地区,都把普通话中的舌尖前音 z、c、s 和舌尖后音 zh、ch、sh 一律读为舌尖前音。克服的方法是认真掌握普通话声母的发音要领,掌握相关声母的发音部位和发音方法,反复练习,从而发好这些声母。

二是方言区的人虽然说普通话,但说的是带有方言音声母的普通话,具有方言音的味道,是方言腔而不是普通话腔。如江西有些地区将一些普通话的零声母音节读为辅音声母音节。解决这类问题,需要加强普通话与方言声母的比较,找出规律,加强记忆和练习。

各地方言和普通话的声母都存在着不同程度、不同方面的差异,主要表现在:

(一) 分辨舌尖前音 z、c、s 和舌尖后音 zh、ch、sh

这两组声母在发音时成阻部位是不同的,前者是舌尖和上齿背成阻,后者是舌尖和硬腭前部成阻,学习过程中一定要注意成阻部位。

区分两者要做好如下工作:

1. 学会根据声旁进行类推

汉字构形中，形声占有很大比重，在平翘舌音字中也是如此。利用声旁的表音作用，我们可以通过记住代表字的平翘舌音来推知一批平翘舌音字。例如：

章——彰、漳、瘴、障、樟、鄣、獐、嶂、獐、嫜、璋、蟑（zh）

组——阻、租、祖、诅、俎、菹（z）

昌——倡、猖、菖、娼、鲳、唱（ch）

仓——沧、舱、苍、伧（c）

申——伸、姍、神、审、绅、呻、砷、诃、胂、妽、柛、珅、钾（sh）

叟——艘、搜、嗖、飕、锼、馊、螋、溲、螋、傁、獀、蒐、醙、鄋、醙、擞（s）

2. 记少不记多

普通话中，平舌音字少，翘舌音字多。在常用字范围内，平舌音与翘舌音的比例大体是3:7。在对应的两组平翘舌音字中，只要记住字数较少的一组发音，另一组的正确发音自然也就掌握了。例如：

z、zh 和 en 相拼合时，z 与 en 相拼只有一个"怎"字，其余都为翘舌音。

c、ch 和 eng 相拼合时，"层、曾、蹭"三个字读平舌音，其余都读翘舌音。

s、sh 和 en 相拼合时，s 与 en 相拼只有一个"森"字，其余都为翘舌音。

3. 借助声韵配合规律来分辨

例如：ua、uai、uang 这三个韵母跟声母 zh、ch、sh 相拼，不跟 z、c、s 相拼。

　　　ong 跟 s 相拼，而不跟 sh 相拼。

[单音节字对比练习]

资——支	私——施	搜——收	肃——树
睁——增	中——宗	站——暂	枕——证
找——早	成——层	散——善	刺——翅
曾——征	综——终	栽——摘	怎——阵
赐——赤	翠——捶	哲——则	彻——册
串——窜	昌——仓	债——载	脂——滋
随——谁	书——苏	身——森	说——缩
森——盛	似——视	池——词	张——脏

[双音节词语对比练习]

阻力——主力	资源——支援	栽花——摘花
鱼刺——鱼翅	从来——重来	词序——持续
搜集——收集	肃立——树立	近似——近视
赞歌——战歌	增光——争光	自愿——志愿
短促——短处	乱草——乱吵	淙淙——重重
走私——走失	丧失——伤势	自诉——自述
自学——治学	擦手——插手	散心——善心
宗旨——终止	村庄——春装	思索——失所

[平翘相连练习]

准则	沼泽	致辞	祝词	榨菜	装蒜	长孙	珠算
竹笋	住宿	插座	趁早	称赞	承载	冲刺	车次
成材	春蚕	沉思	愁思	始祖	肾脏	身材	神采
失策	顺从	疏散	神色	熟思	神似	作者	组织
遵照	在职	自主	尊称	早茶	资深	姿势	存折
彩绸	磁场	仓储	诉状	苏州	搜查	赛场	桑树

（二）分辨舌尖中浊鼻音 n 和舌尖中浊边音 l

n、l 相混淆是方言中非常普遍的现象。在南方地区及部分北方地区有 l 而没有 n，因此以 l 代替 n，如把"娘"说成"liáng"；也有些地区用 n 代替 l，如把"刘"说成"niú"等。

两者的不同在于发音方法。发 n 时气流从鼻腔通过，发 l 时气流从舌头的两边出来。发好 n、l 的关键，在于控制软腭的升降。

在普通话中，鼻音 n 的字很少，而边音 l 的字较多。区分两者可以利用汉字声旁类推法。

能用声旁类推的，如：脑、南、倪、您、聂、纽、农、宁、念、尼、奈、懦、诺、奴等；

不能类推的，如：拗、耐、尿、溺、挠、难、拟、年、腻、嫩、逆、酿、拿、牛、娘、女、闹、男等。

[单音节字对比练习]

年——联	您——邻	挪——萝	讷——乐
奈——赖	脓——隆	内——泪	恼——老
能——棱	泥——李	涅——裂	尿——廖
牛——流	难——蓝	娘——粮	宁——玲
那——辣	囊——廊	怒——录	暖——卵
女——吕	疟——掠	泥——离	闹——烙

[双音节词语对比练习]

无奈——无赖	允诺——陨落	念旧——练就
水牛——水流	女客——旅客	南天——蓝天
黄泥——黄鹂	黏结——联结	年夜——连夜
牛郎——刘郎	男女——褴褛	牛油——流油
南宁——兰陵	难住——拦住	鸟雀——了却
老农——老龙	鲇鱼——鲢鱼	河南——荷兰

[相连练习]

男女	逆流	能量	鸟林	能力	努力	年龄	奴隶
烂泥	两难	冷暖	理念	流年	留念	老牛	列宁
农历	女郎	暖流	男篮	奶酪	鸟类	嫩绿	凝练

流脑　　蓝鸟　　李宁　　龙女　　辽宁　　落难　　炼奶　　遛鸟

（三）分辨唇齿清擦音 f 和舌根清擦音 h

方音中声母 f、h 混读的现象在全国大部分地区都不同程度地存在，江西、四川、湖南、湖北、广东等地尤为严重。例如：将"胡"读为"fú"，将"发"读成"huā"等。

两者的发音部位不同。f 是唇齿清擦音，h 是舌根清擦音，要认真分辨。同时也可以采用以下的方法：

一是声旁类推法。如："逢"的声母为 f，那么可以类推出"缝、蜂、峰、锋、烽"的声母也为 f；"胡"的声母是 h，则"湖、糊、蝴、葫"的声母也是 h。

二是"记少余多法"，即相互混淆的声母，在记忆时可选择数量较少的音节记忆，剩下的自然是另外的情况了。

[单音节字对比练习]

烦——韩　　泛——汗　　房——航　　非——黑
粉——狠　　复——互　　负——护　　费——会
芳——荒　　纷——婚　　发——哈　　奋——恨
福——糊　　斧——虎　　否——吼　　冯——衡

[双音节词语对比练习]

分头——昏头　　反话——喊话　　奋战——混战
防空——航空　　飞舞——挥舞　　富丽——互利
魔幻——模范　　复学——互学　　幅度——弧度
发展——花展　　公费——工会　　浮面——湖面
开方——开荒　　纷纷——昏昏　　防盗——黄道
扉页——黑夜　　飞机——灰机　　封冻——轰动

[混合练习]

符号　　发挥　　烽火　　孵化　　合肥　　海防　　凤凰　　荒废
繁华　　愤恨　　芳华　　分行　　丰厚　　峰会　　焕发　　豪放
恢复　　合法　　花粉　　复活　　反悔　　愤恨　　绯红　　富豪
妨害　　防滑　　和服　　皇妃　　婚房　　话锋　　黄蜂　　华府
活佛　　横幅　　防寒　　反悔　　番号　　饭盒　　符合　　废话

（四）分辨舌尖前音 z、c、s 和舌面音 j、q、x

普通话中，舌尖前音 z、c、s 是不能与齐齿呼、撮口呼这两类韵母拼合的。部分方言错误地把 j、q、x 读成了 z、c、s，造成了 z、c、s 跟 i 类、ü 类的韵母相拼合，形成了"尖音"现象。例如：将"尖"读成"ziān"，将"全"读成"cuán"等。

克服方言中的"尖音"问题，首先要了解两组声母的差异。z、c、s 是舌尖前音，发音时舌尖和上齿背成阻；j、q、x 是舌面音，发音时舌面前部和硬腭前部成阻。其次，必须把握普通话中相关的声韵拼合规律，找出普通话和方言之间声韵组合的区别。一般的纠正方法是，在方言音中凡是z、c、s和齐齿呼相拼合的音节，都要将其声母改成j、q、x。

[双音节词语对比练习]

早期——骄气　　藏身——强身　　自诩——积蓄
短暂——短见　　鱼刺——语气　　桑叶——香叶
私语——西语　　杂面——荞面　　军纪——遵纪
刺激——契机　　才能——潜能　　苍白——抢白

[混合练习]

机器　金钱　精巧　奖券　尽情　技巧　吉庆　寄情
情景　奇迹　迁就　契机　起居　棋局　起劲　求解
进行　坚信　竞选　教学　家乡　继续　集训　建校
先进　细节　陷阱　衔接　下降　信件　细菌　夏季
情绪　倾斜　缺席　清晰　气息　清闲　取消　期限
心情　乡亲　学前　兴趣　相亲　限期　性情　新区

（五）分辨舌尖中浊边音l和舌尖后浊擦音r

部分地区的方言中，将普通话中声母为r的音节发成了声母为l的音节。例如：将"然"读成"lán"，将"肉"读成"lòu"等。

解决这类问题，首先要区分两者。l和r区分十分明显：从发音部位上看，l是舌尖中音，r是舌尖后音；从发音方法上看，l是边音，r是擦音。

其次要记住普通话里声母为r的常用字，不断练习。

例字：

日　染　燃　然　冉　人　任　忍　认　刃
仁　韧　妊　仍　扔　润　闰　热　若　惹
喏　软　阮　肉　柔　揉　容　融　荣　戎
溶　绒　熔　蓉　弱　让　嚷　攘　壤　冗
茸　如　入　乳　汝　儒　茹　辱　饶　绕
扰　娆　瑞　蕊　锐

[单音节字对比练习]

燃——栏　　入——录　　溶——龙　　揉——楼
融——龙　　儒——卢　　嚷——朗　　热——乐
如——炉　　弱——络　　润——论　　饶——劳
仍——棱　　软——卵　　肉——陋　　容——隆

[双音节词语对比练习]

利润——立论　　天然——天蓝　　儒家——卢家
饶命——劳命　　溶洞——龙洞　　柔道——楼道
如火——炉火　　弱点——落点　　扰人——老人
峥嵘——蒸笼　　走肉——走漏　　戎马——龙马

[混合练习]

人类	容量	锐利	扰乱	让路	蹂躏	肉类	日历
冷热	凛然	凌弱	乱扔	凉热	朗润	懒人	录入
日落	热浪	容留	染料	熔炼	热泪	认领	软肋
例如	利润	礼让	缭绕	老人	凌辱	鹿茸	连任
热烈	乳酪	绕梁	软蜡	认路	燃料	热量	瑞丽
恋人	落日	了然	腊肉	羸弱	人力	莲蓉	让利

【口语综合实训】

1. 读准下列各组词语中的声母。

胸襟　次数　调整　谈论　王朝　他们　夸张　脑袋　倔强
怎么　使命　永远　转机　品评　忙活　许久　切实　思维
变革　选种　收成　取暖　光荣　责任　下班　流露　苍蝇
卷烟　快要　翅膀　悲哀　摩擦　驯服　确定　外科　亏损
人才　奋斗　鬼子　军粮　发热　工业化　农作物　因地制宜

2. 朗读短文，标出方言中易混淆的声母。

(1) 生命如草，有荣有枯。小草的一生如人的一生，一半是阳光，一半是风雨。但每一棵草，从早晨那缕阳光到黄昏那片云霞，总在尽享岁月赋予它的时光，因为它学会了感谢生命。

(2) 不要仰望高山的雄奇，即使你是一粒微尘，忘却自我渺小，依旧可以堆砌一个星球；不要羡慕苍松的挺拔，就算你是一株小草，忘却自我平凡，仍然可以装点一方土地；不要向往大海的汹涌，纵使你是一滴雨露，忘却自我普通，还是可以滋润一片泥壤。

(3) 这世上没有一蹴而就的事情，更没有轻而易举的成功。一个生命，伟大也好，渺小也罢，要将自身的能量释放到极限，往往是在一种逆境的磨难中，脚踩遍地荆棘，身迎枪林弹雨，搭一支忘我的利箭，把坚韧的弓弯到满月的弧度，一射而出，才能超越束缚，冲破迷雾，令人夺目。

(4) "很多时候，不快乐并不是因为快乐的条件没有齐备，而是因为活得还不够简单。"

幸福是什么？

幸福不一定是腰缠万贯、高官显禄、呼风唤雨。平凡人自有平凡人的幸福，只要你懂得怎样生活，只要你不放弃对美好生活的追求，你就不会被幸福抛弃。

快乐是什么？

其实快乐是一件非常简单的事，快乐就在每个人的身边，可并不是每一个人都清楚这一点。"只有简单着，才能快乐着。"不奢求华屋美厦，不垂涎山珍海味，不追名逐利，不扮贵人相，过一种简朴素净的生活，才能感受到生活的快乐，一种外在的财富也许不如人、但内心充实富有的生活，这才是自然的生活。有劳有逸，有工作的乐趣，也有与家人共享天伦的温馨、自由活动的闲暇，还用去忙里偷闲吗？"世味淡，不偷闲而闲自来。"

"简朴生活"并不是要你放弃所有的一切。实行它，必须从你的实际出发。简单生活不是自甘贫贱。你可以开一部昂贵的车子，但仍然可以使生活简化。一个基本的概念就在于你想要改进你的生活品质而已，关键是诚实地面对自己，想想生命中对自己真正重要的是什么。

（5）鹰是王者，飞在高高的天空，俯瞰大地；狼是傲者，跑在广阔的草原上，仰首望月。又有多少麻雀、小狗在仰望、乞求着上天，感叹着命运。殊不知，世界掌握在上天手中，命运掌握在自己手里。

以前，总是渴望像鹰，在天空中自由自在地飞翔，飞上那云层，俯首看着大千世界；又渴望像狼，在草原上带领狼群奔跑，跑向天际的交界，仰头望那温柔的明月。

但事与愿违，我想飞却飞不过树高，想跑更没有狼群跟着我奔跑。看不清这世界，望不见那明月，留在眼里的只是彷徨。总是暗自质问自己为什么只是小鸟，为什么当不了雄鹰。

直到今天才突然明白，原来自己还没有长好羽毛。这才知道，以前的自己是多么的心浮气躁：只想道一步登天，麻雀变成凤凰，却不知道踏踏实实一步一步地提高；只知道上天没有给我机会，却不知道我的空想放过了多少机会。

第三节　韵母的学习与训练

一、普通话韵母发音及辨音训练

韵母，是汉语音节中声母后面的部分。发好韵母是普通话语音准确、字正腔圆的重要环节。

普通话韵母共有39个。按结构可以分为单韵母10个、复韵母13个、鼻韵母16个；按发音特点可把它们分为开口呼15个、齐齿呼9个、合口呼10个、撮口呼5个，简称"四呼"。

（一）单韵母的发音

单韵母发音的特点是口形不变，舌位不移动。普通话有10个单元音韵母，其中7个舌面元音，a、o、e、ê、i、u、ü，3个舌尖元音，-i（前）、-i（后）和卷舌元音er。

1. 舌面元音

a：央低不圆唇元音

发音时，口腔自然打开，舌位最低，舌尖约在下齿龈部位，不圆唇，软腭上升，封闭鼻腔通道，颤动声带发音。

o：后半高圆唇元音

双唇自然拢圆，舌头后缩，舌面后部隆起与软腭相对，舌位半高，软腭上升，封闭鼻腔通道，颤动声带而发音。

e：后半高不圆唇元音

发音时，双唇自然展开，其他情况与o相同。

i：前高不圆唇元音

发音时，双唇微展，舌面前部挺起与硬腭前部形成夹缝，舌尖轻抵下齿背，软腭上升，封闭鼻腔通道，同时颤动声带而成音。

u：后高圆唇元音

发音时，舌头后缩，舌面后部抬起接近软腭，双唇拢圆成一小孔，软腭上升，封闭鼻腔通道，同时颤动声带而成音。

ü：前高圆唇元音

发音时，发音情况与 i 相同，只是双唇撮圆成一小孔，比发 u 时的唇形小。

ê：前半低不圆唇元音

发音时，双唇微展，舌位半低，舌尖抵住下齿背，软腭上升，封闭鼻腔通道，舌面向前挺起与硬腭相对，颤动声带而发音。这个元音一般出现在韵母 ie、üe 中，普通话里以它做韵腹的音节只有一个。

[单音节字练习]

a

| 爬 | 骂 | 法 | 达 | 塔 | 拿 | 辣 | 扎 | 拉 | 洒 |

o

| 剥 | 博 | 鄱 | 巨 | 迫 | 泊 | 摸 | 魔 | 沫 | 佛 |

e

| 鹅 | 德 | 讷 | 歌 | 喝 | 澈 | 奢 | 则 | 测 | 瑟 |

i

| 比 | 迷 | 笛 | 梨 | 击 | 你 | 奇 | 洗 | 医 | 椅 |

u

| 步 | 普 | 扶 | 怒 | 鼓 | 湖 | 乳 | 族 | 粗 | 吴 |

ü

| 女 | 律 | 聚 | 区 | 徐 | 许 | 蓄 | 迂 | 羽 | 玉 |

ê

欸（只有这一个字）

[双音节词语练习]

a

| 爸爸 | 马达 | 发傻 | 吞咽 | 蛤蟆 | 砝码 | 发蜡 | 奔拉 |
| 打发 | 大妈 | 大厦 | 哪怕 | 拉萨 | 喇嘛 | 刹那 | 眨巴 |

o

| 伯伯 | 薄膜 | 泼墨 | 婆婆 | 陌沫 | 破没 | 摸摸 | 磨破 |
| 嬷嬷 | 馍馍 | 磨墨 | 默默 | 漠漠 | 脉脉 | 没收 | 没墨 |

e

| 特色 | 哥哥 | 割舍 | 客车 | 合格 | 折合 | 折射 | 这么 |
| 车辙 | 舍得 | 社科 | 热河 | 彻夜 | 塞责 | 色泽 | 可乐 |

i

| 笔记 | 意义 | 比例 | 戏迷 | 霹雳 | 地理 | 体力 | 离奇 |
| 礼仪 | 激励 | 基地 | 歧义 | 启迪 | 西医 | 犀利 | 习题 |

u

| 补助 | 瀑布 | 目录 | 服务 | 俘虏 | 复述 | 读物 | 图谱 |
| 辜负 | 孤独 | 糊涂 | 祝福 | 住宿 | 初步 | 数目 | 舒服 |

ü

| 龃龉 | 局域 | 聚居 | 区域 | 序曲 | 渔具 | 渔区 | 须臾 |
| 雨具 | 语序 | 寓居 | 豫剧 | 浴具 | 寓于 | 玉宇 | 絮语 |

[绕口令练习]

a

1. 门前有八匹大伊犁马，你爱拉哪匹马拉哪匹马。

2. 八只小白兔，住在八棱八角八座屋。八个小孩要逮八只小白兔，吓得小白兔，不敢再住八棱八角八座屋。

o

1. 南边来了个老伯，提着一面铜锣，北边来了个老婆儿，挎着一篮香蘑。卖铜锣的老伯要拿铜锣换卖香蘑的老婆儿的香蘑，卖香蘑的老婆儿不愿拿香蘑换卖铜锣的老伯的铜锣。卖铜锣的老伯生气敲铜锣，卖香蘑的老婆儿含笑卖香蘑；老伯敲破了铜锣，老婆儿卖完了香蘑。

2. 老伯伯卖墨，老婆婆卖馍。老婆婆卖馍买墨，老伯伯卖墨买馍。墨换馍老伯伯有馍，馍换墨老婆婆有墨。

e

1. 阁上一窝鸽，鸽渴叫咯咯。哥哥登阁搁水给鸽喝，鸽子喝水不渴不咯咯。

2. 村里有条清水河，河岸是个小山坡，社员坡上挖红薯，闹闹嚷嚷笑呵呵。忽听河里一声响，河水溅起一丈多，吓得我忙大声喊："谁不小心掉下河？"大家一听笑呵呵，有个姑娘告诉我："不是有人掉下河，是个红薯滚下坡。"

i

1. 一二三，三二一，一二三四五六七。七个阿姨来摘果，七个花篮儿手中提。七棵树上结七样儿，苹果、桃儿、石榴、柿子、李子、栗子、梨！闲来没事出城西，树木椰林有高低。一棵树结着七样果，结的是橘子、槟子、橙子、柿子、李子、栗子、梨！

2. 这边一个人，挑了一挑瓶。那边一个人，担了一挑盆。瓶碰烂了盆，盆碰烂了瓶。卖瓶买盆来赔盆，卖盆买瓶来赔瓶。瓶不能赔盆，盆不能赔瓶。

u

1. 有个小孩叫小杜，上街打醋又买布。买了布打了醋，回头看见鹰抓兔。放下布，搁下醋，上前去追鹰和兔。飞了鹰，跑了兔，洒了醋，湿了布。

2. 一块土粗布，一条粗布裤，哥哥屋里补布裤，飞针走线自己做。粗布裤上补粗布，土粗布补粗布裤，哥哥穿上粗布裤，艰苦朴素牢记住。

ü

1. 蓝教练是女教练，吕教练是男教练，蓝教练不是男教练，吕教练不是女教练。蓝南是男篮主力，吕楠是女篮主力，吕教练在男篮训练蓝南，蓝教练在女篮训练吕楠。

2. 体育委员会有个穿绿雨衣的女小吕，计划生育委员会里有个穿绿雨衣的女老李。女小吕找女老李，到底谁是穿绿雨衣的女小吕，谁是穿绿雨衣的女老李？

2. 舌尖元音

-i（前）：前高不圆唇元音

发音时，舌尖与上齿背相对，形成窄缝，气流经过时不发生摩擦，自然展唇，软腭上升，封闭鼻腔通道，同时，颤动声带而成音。这个元音只能和声母 z、c、s 相拼。

-i（后）：后高不圆唇元音

发音时，舌尖与上齿背相对，形成窄缝，气流经过时不发生摩擦，自然展唇，软腭上升，封闭鼻腔通道，同时，颤动声带而成音。这个元音只能和声母 zh、ch、sh、r 相拼。

er：央中不圆唇卷舌元音

发音时，舌位半高，舌尖卷起与硬腭相对，不圆唇，软腭上升，封闭鼻腔通道，同时，颤动声带而成音。

［单音节字练习］

-i（前）

咨　紫　疵　辞　刺　斯　死　肆　寺　嗣

-i（后）

枝　职　志　挚　痴　尺　赤　师　食　日

er

尔　饵　而　儿　耳　尔　洱　二　贰　佴

［双音节词语练习］

-i（前）

恣肆　子嗣　自此　字词　自私　此词　此次　次子
刺字　赐字　刺死　赐死　私自　思字　死字　四次

-i（后）

支持　值日　制止　失职　食指　实质　史诗　市直
事实　誓师　适时　视事　世事　逝世　日志　日食

er

儿童　儿女　儿歌　而今　儿化　而且　儿媳　儿戏
而是　儿孙　耳背　耳机　洱海　耳塞　耳语　二胡

［绕口令练习］

-i（前）

1. 小四约小石学写字，小石约小四看电视。小四不看电视只要学写字，小石不学写字只看电视。

2. 字纸里裹着细银丝，细银丝上趴着四千四百四十四个似死似不死的小死虱子皮。

-i（后）

1. 紫瓷盘，盛鱼翅，一盘熟鱼翅，一盘生鱼翅。迟小池拿了一把瓷汤匙，要吃清蒸美鱼翅。一口鱼翅刚到嘴，鱼刺刺进齿缝里，疼得小池拍腿挠牙齿。

2. 公园有四排石狮子，每排是十四只大石狮子，每只大石狮子背上是一只小石狮子，每只大石狮子脚边是四只小石狮子，史老师领四十四个学生去数石狮子，你说共数出多少只大石狮子和多少只小石狮子？

er

1. 二叔儿子拉二胡，二姨女儿练儿歌。儿歌练了十二天，二胡拉了二十年。二舅听了二胡拍拍手，二姑听了儿歌点点头。也不知是儿歌练了二十天好听，还是二胡拉了二十年悦耳。

2. 有个小孩叫小兰儿，口袋装着几个钱儿。又打醋，又买盐儿，还买了一个小饭碗儿。小饭碗儿，真好玩，红花绿叶镶金边儿，中间还有小红点儿。

（二）复韵母的发音

复韵母是由两个或三个元音复合而成的韵母，普通话里有 13 个复韵母。复韵母由三个部分组成，即韵头、韵腹和韵尾。韵腹在前的称为前响复韵母，韵腹在后的称为后响复韵母，韵腹在中间的称为中响复韵母。

1. 前响复韵母

ai

发音时，口腔自然张开，舌位由前［a］的低位向前 i 的高位移动隆起，唇形微展。

ei

发音时，双唇微展，舌尖抵在下齿背，舌位由 e 的低位向前 i 的高位移动隆起。

ao

发音时，口腔自然张开，舌头后缩，舌面由后低 a 向后半高 o 的方向抬起，唇形转为圆形。

ou

发音时，双唇拢成圆形，舌头后缩，舌面后部由 o 的半高位向后高 u 的方向抬起，唇形由大圆变成小圆。

［单音节字练习］

ai

爱　拍　买　太　改　开　海　债　晒　菜

ei

被　赔　妹　飞　内　累　雷　黑　谁　贼

ao

宝　猫　逃　闹　考　号　招　绕　早　操

ou

藕 否 透 楼 钩 厚 周 愁 肉 揍

[双音节词语练习]

ai

| 爱戴 | 白菜 | 拍卖 | 买菜 | 带来 | 奶奶 | 开采 | 海带 |
| 择菜 | 折台 | 拆开 | 灾害 | 彩排 | 彩带 | 采摘 | 外带 |

ei

| 北美 | 北飞 | 贝贝 | 蓓蕾 | 贝雷 | 贝类 | 配备 | 美眉 |
| 妹妹 | 非得 | 飞贼 | 肥美 | 肥妹 | 累累 | 黑霉 | 黑煤 |

ao

| 懊恼 | 跑道 | 抛锚 | 稻草 | 逃跑 | 牢靠 | 高傲 | 犒劳 |
| 号召 | 吵闹 | 烧烤 | 糟糕 | 早朝 | 操劳 | 草稿 | 骚扰 |

ou

| 欧洲 | 抖擞 | 豆蔻 | 狗肉 | 叩首 | 后头 | 筹谋 | 丑陋 |
| 收购 | 守候 | 售后 | 授受 | 瘦肉 | 走漏 | 走狗 | 凑手 |

[绕口令练习]

ai

1. 槐树歪歪，坐个乖乖。乖乖用手，摔了老酒。酒瓶摔坏，奶奶不怪，怀抱乖乖，出外买买。

2. 大船开，小船来，送粮船队一排排，汽笛声声催船来，喜送公粮破浪来。

ei

1. 贝贝飞纸飞机，菲菲要贝贝的纸飞机，贝贝不给菲菲自己的纸飞机，贝贝教菲菲自己做能飞的纸飞机。

2. 贝贝背水杯，水杯贝贝背。贝贝背水杯背背水杯。水杯贝贝背，贝贝背水杯。

ao

1. 隔着墙头扔草帽，也不知草帽套老头儿，也不知老头儿套草帽。

2. 东边庙里有个猫，西边树梢有只鸟。猫鸟天天闹，不知是猫闹树上鸟，还是鸟闹庙里猫。

ou

1. 忽听门外人咬狗，拿起门来开开手；拾起狗来打砖头，又被砖头咬了手；从来不说颠倒话，口袋驮着骡子走。

2. 咱村有六十六条沟，沟沟都是大丰收。东山果园像彩楼，西山棉田似锦绣。北山有条红旗渠，滚滚清泉绕山走。过去瞅见这六十六条沟心里就难受，今天瞅见这六十六条彩楼锦绣万宝沟瞅也瞅不够。

2. **后响复韵母**

ia

发音时，舌位由高迅速降至最低，舌面从前部向中央移动，唇形由扁平转为大开，i 需要发得短而轻，a 则应发得清晰响亮。

ie

发音时，舌位由高迅速降至半低，唇形由扁平转为微展，开口略增。i 需发得短而轻，e 则应发得清晰响亮。

ua

发音时，舌位由高迅速降至最低，舌面由后向中央一抖，唇形由圆形转为自然大开，u 需要发得短而轻，a 则应发得清晰响亮。

uo

发音时，舌位由高迅速降至半高，开口度逐渐增大，但始终圆唇，u 需要发得短而轻，o 则应发得清晰响亮。

üe

发音时，舌位由高迅速降至半高，唇形由圆到不圆，ü 需要发得短而轻，ê 则应发得清晰响亮。

[单音节字练习]

ia
| 俩 | 加 | 假 | 掐 | 卡 | 洽 | 下 | 虾 | 压 | 雅 |

ie
| 别 | 憋 | 灭 | 跌 | 贴 | 铁 | 孽 | 解 | 些 | 页 |

ua
| 刮 | 跨 | 夸 | 话 | 猾 | 抓 | 刷 | 耍 | 挖 | 娃 |

uo
| 多 | 拖 | 糯 | 罗 | 国 | 活 | 卓 | 说 | 若 | 昨 |

üe
| 虐 | 略 | 攫 | 缺 | 瘸 | 薛 | 穴 | 血 | 岳 | 粤 |

[双音节词语练习]

ia
| 家家 | 佳佳 | 加价 | 夹子 | 加压 | 家鸭 | 假牙 | 掐下 |
| 恰恰 | 瞎掐 | 虾子 | 下家 | 下嫁 | 下牙 | 哑哑 | 压价 |

ie
| 乜斜 | 喋喋 | 斜切 | 贴切 | 趔趄 | 接界 | 结节 | 结界 |
| 结业 | 姐姐 | 戒牒 | 铁屑 | 铁鞋 | 借鞋 | 斜街 | 爷爷 |

ua
| 呱呱 | 挂花 | 垮台 | 跨栏 | 哗哗 | 花红 | 花袜 | 滑车 |
| 划分 | 话题 | 画画 | 化学 | 瓜子 | 刷白 | 耍滑 | 娃娃 |

uo
| 脱落 | 陀螺 | 懦弱 | 骆驼 | 国货 | 过火 | 过错 | 阔绰 |
| 活捉 | 火锅 | 着落 | 硕果 | 做作 | 蹉跎 | 错落 | 错过 |

üe

| 虐待 | 决裂 | 缺略 | 缺憾 | 鹊桥 | 雀跃 | 确凿 | 确切 |
| 雪月 | 学院 | 血液 | 约略 | 悦耳 | 越野 | 月夜 | 月缺 |

[绕口令练习]

ia

1. 天上飘着一片霞，水上漂着一群鸭。霞是五彩霞，鸭是麻花鸭。麻花鸭游进五彩霞，五彩霞挽住麻花鸭。乐坏了鸭，拍碎了霞，分不清是鸭还是霞。

2. 贾家有女初出嫁，嫁到夏家学养虾，喂养的对虾个头儿大，卖到市场直加价。贾家爹爹会养鸭，鸭子虽肥伤庄稼。邻里吵架不融洽，贾家也学养对虾。小虾卡住了鸭子牙，大鸭咬住了虾的夹。夏家公公劝，贾家爹爹压，大鸭不怕吓，小虾装得嗲，夏家贾家没办法。

ie

1. 姐姐借刀切茄子，去把儿去叶儿斜切丝，切好茄子烧茄子，炒茄子、蒸茄子，还有一碗焖茄子。

2. 杰杰和姐姐，花园里面捉蝴蝶。杰杰去捉花中蝶，姐姐去捉叶上蝶。

ua

1. 一个胖娃娃，画了三个大花活蛤蟆；三个胖娃娃，画不出一个大花活蛤蟆。画不出一个大花活蛤蟆的三个胖娃娃，真不如画了三个大花活蛤蟆的一个胖娃娃。

2. 王婆卖瓜又卖花，一边卖来一边夸，又夸花，又夸瓜，夸瓜大，大夸花，瓜大，花好，笑哈哈。

uo

1. 狼打柴，狗烧火，猫儿上炕捏窝窝，雀儿飞来蒸饽饽。

2. 坡上长菠萝，坡下玩陀螺。坡上掉菠萝，菠萝砸陀螺。砸破陀螺补陀螺，顶破菠萝剥菠萝。

üe

1. 真绝，真绝，真叫绝。皓月当空下大雪，麻雀游泳不飞跃，鹊巢鸠占鹊喜悦。

2. 一群灰喜鹊，一群黑喜鹊。灰喜鹊飞进黑喜鹊群，黑喜鹊里有灰喜鹊。黑喜鹊飞进灰喜鹊群，灰喜鹊群里有黑喜鹊。

3. 中响复韵母

iao

发音时，舌尖由高迅速降至最低，然后再次升到半高；舌面先由前向后移到中央偏后的位置，再后移至 o；唇形先由扁平转为大开，再转为圆唇。

iou

发音时，舌位由高迅速降至半高，然后再次升高；舌面由前向央元音 [ə] 移动，并继续后移至 [u]；唇形由扁平逐渐拢圆。

uai

发音时，舌位由后高元音 u 向前低元音 a 方向移动，接着再向高元音 i 方向抬起。唇形转为大开，最后收拢略成扁平状。

uei

发音时，舌位由后高元音 u 开始，向前半高元音 e 方向移动，接着迅速抬起到前高元音 i 处。唇形由圆形变为半张，最后成扁平状。

[单音节字练习]

iao

表　飘　苗　雕　条　鸟　郊　敲　萧　摇

iou

丢　牛　溜　揪　救　秋　休　朽　嗅　优

uai

乖　拐　怪　快　槐　拽　摔　甩　歪　外

uei

堆　蜕　规　葵　徽　炊　水　蕊　嘴　隋

[双音节词语练习]

iao

秒表　飘摇　苗条　吊销　调料　疗效　料峭　娇小
脚镣　教条　叫嚣　巧妙　萧条　逍遥　笑料　窈窕

iou

谬论　妞妞　牛油　流油　久留　舅舅　旧友　秋游
求救　绣球　优秀　悠久　又有　优游　幽幽　幽忧

uai

揣摩　拐角　拐弯　怪诞　怀抱　怀念　坏处　快门
会计　摔跤　衰弱　率领　帅气　歪曲　外快　外事

uei

尾随　畏罪　退位　推诿　归队　回嘴　回味　悔罪
荟萃　追悔　坠毁　垂危　水位　醉鬼　罪魁　崔巍

[绕口令练习]

iao

1. 水上漂着一只表，表上落着一只鸟。鸟看表，表瞪鸟，鸟不认识表，表也不认识鸟。
2. 表慢，慢表，慢表慢半秒，拨过半秒多半秒；多半秒，拨半秒，拨过半秒少半秒。拨来拨去是慢表，慢表表慢慢半秒。

iou

1. 小牛放学去打球，踢倒老刘一瓶油。小牛回家取来油，向老刘道歉又赔油。老刘不要小牛还油，小牛硬要把油还给老刘。老刘夸小牛，小牛直摇头，你猜老刘让小牛还油，还是不让小牛还油。
2. 一葫芦酒，九两六。一葫芦油，六两九。六两九的油，要换九两六的酒。九两六的酒，不换六两九的油。

uai

1. 槐树槐，槐树槐，槐树底下搭戏台，人家的姑娘都来了，我家的姑娘还不来。说着说着就来了，骑着驴，打着伞，歪着脑袋上戏台。

2. 管会计打算盘噼里啪啦，季会计打算盘啪啦噼里，管会计、季会计齐打算盘，噼里啪啦，啪啦噼里。

uei

1. 威威、伟伟和卫卫，拿着水杯去接水。威威让伟伟，伟伟让卫卫，卫卫让威威，没人先接水。一二三，排好队，一个一个来接水。

2. 风吹灰堆灰乱飞，灰飞花上花堆灰。风吹花灰灰飞去，灰在风里飞又飞。

（三）鼻韵母的发音

鼻韵母是由一个或两个元音再加上一个辅音韵尾构成的韵母。发音时，发音器官由元音的发音状态向鼻音的发音状态过渡，鼻音成分逐渐增加，最后归到鼻音上。

鼻韵母共有 16 个，分为前鼻音韵母和后鼻音韵母两类，各 8 个。

1. 前鼻音韵母的发音

an

发音时，舌尖由下齿背抬起至上齿龈，阻塞气流，同时，软腭下垂，打开鼻腔通道，使气流转从鼻腔而出，开口度由大渐小，但不闭合。

en

发音时，舌位从半高继续升高，舌面前部抬起与硬腭前部形成阻碍，阻塞气流，同时，软腭下垂，打开鼻腔通道，使气流转从鼻腔而出。

in

发音时，舌面前部从前高元音 i 处略抬起与下齿龈形成阻碍，阻塞气流，同时，软腭下垂，打开鼻腔通道，使气流转从鼻腔而出。

ün

发音时，双唇拢圆，舌尖抬起与上齿龈形成阻碍，阻塞气流，同时，软腭下垂，打开鼻腔通道，使气流转从鼻腔而出，唇形由 ü 撮圆状逐渐松弛。

ian

发音时，舌位由前高元音 i 处向半低元音 a 处落下，接着舌尖抬起与上齿龈形成阻碍，阻塞气流，同时，软腭下垂，打开鼻腔通道，使气流转从鼻腔而出。

uan

发音时，舌位由后高元音 u 向低元音 a 方向落下，接着迅速抬起与上齿龈形成阻碍，阻塞气流，同时，软腭下垂，打开鼻腔通道，使气流转从鼻腔而出。

üan

发音时，舌位由后高元音 ü 向前低元音 a 位落下，接着迅速抬起与上齿龈形成阻碍，阻塞气流，同时，软腭下垂，打开鼻腔通道，使气流转从鼻腔而出。

uen

发音时，舌位由后高音 u 向前半高元音 e 方向移动，舌面前部迅速抬起与上齿龈形成阻碍，阻塞气流，同时软腭下垂，打开鼻腔通道，使气流从鼻腔而出，双唇由圆变为略展。

[**单音节字练习**]

an
安　班　盘　馒　帆　胆　男　蓝　侃　涵

en
本　盆　芬　嫩　跟　痕　诊　忍　怎　森

in
斌　拼　民　您　林　斤　秦　心　殷　印

ün
均　俊　裙　群　勋　循　驯　耘　陨　韵

ian
变　偏　棉　典　添　蔫　联　监　潜　鲜

uan
端　团　暖　乱　关　款　环　专　栓　湾

üan
捐　卷　圈　权　券　轩　悬　选　渊　院

uen
蹲　臀　轮　滚　捆　魂　准　闰　尊　稳

[**双音节词语练习**]

an
| 暗淡 | 翻版 | 泛滥 | 单干 | 谈判 | 难堪 | 懒汉 | 感叹 |
| 勘探 | 汗衫 | 展览 | 赞叹 | 参展 | 惨淡 | 散漫 | 完善 |

en
| 恩人 | 本身 | 门诊 | 粉尘 | 愤恨 | 根本 | 审问 | 振奋 |
| 沉稳 | 身份 | 深圳 | 深沉 | 审慎 | 沉闷 | 人文 | 认真 |

in
| 濒临 | 拼音 | 临近 | 林荫 | 金银 | 紧邻 | 近邻 | 近亲 |
| 尽心 | 亲近 | 薪金 | 辛勤 | 信心 | 音频 | 殷勤 | 饮品 |

ün
| 昏君 | 军训 | 均匀 | 逡巡 | 寻衅 | 询问 | 巡逻 | 迅速 |
| 云雾 | 允准 | 春汛 | 春运 | 韵律 | 运动 | 运用 | 匀称 |

ian
| 边沿 | 变迁 | 片面 | 绵延 | 电线 | 联翩 | 连绵 | 艰险 |
| 简便 | 检验 | 牵连 | 浅显 | 鲜艳 | 显现 | 显效 | 眼帘 |

uan

| 官宦 | 换算 | 贯穿 | 款款 | 专断 | 专款 | 专权 | 转换 |
| 转弯 | 传唤 | 酸软 | 弯管 | 顽癣 | 玩转 | 宛转 | 万贯 |

üan

| 捐躯 | 卷曲 | 隽语 | 泉源 | 全权 | 全员 | 痊愈 | 宣传 |
| 轩辕 | 渊源 | 冤屈 | 源泉 | 圆圈 | 源源 | 援军 | 园区 |

uen

| 论文 | 滚滚 | 衮衮 | 滚存 | 昆仑 | 困顿 | 馄饨 | 混沌 |
| 谆谆 | 春困 | 春运 | 蠢蠢 | 吮吸 | 村子 | 温存 | 温顺 |

[绕口令练习]

an

1. 蓝海湾，漂船帆，帆船挂着白船帆。风吹船帆帆船走，船帆带着船向前。

2. 搬木板摆木板，摆木板搬木板，摆摆木板搬木板，搬罢木板摆木板。先搬木板，后摆木板；后摆木板，先搬木板。搬木板又摆木板，块块木板搬摆完。

en

1. 小陈去卖针，小沈去卖盆。俩人挑着担，一起出了门。小陈喊卖针，小沈喊卖盆。也不知是谁卖针，也不知是谁卖盆。

2. 闷娃闷，笨娃笨。闷娃嫌笨娃笨，笨娃嫌闷娃闷。闷娃说笨娃我闷你笨，笨娃说闷娃我笨你闷。也不知闷娃笨还是笨娃闷。

in

1. 你也勤来我也勤，生产同心土变金。工人农民亲兄弟，心心相印团结紧。

2. 生身亲母亲，谨请您就寝。请您心宁静，身心很要紧。新星伴明月，银光澄清清。尽是清静境，警铃不要惊。您醒我进来，进来敬母亲。

ün

1. 军车运来一堆裙，一色军用绿色裙。军训女生一大群，换下花裙换绿裙。

2. 东运河，西运河，东西运河运东西。南通州，北通州，南北通州通南北。

ian

1. 半边莲，莲半边，半边莲长在山涧边。半边天路过山涧边，发现这片半边莲。半边天拿来一把镰，割了半筐半边莲。半筐半边莲，送给边防连。

2. 天连水，水连天，水天一色望无边，蓝蓝的天似绿水，绿绿的水如蓝天。到底是天连水，还是水连天。

uan

1. 河里有只船，船上有只帆，风吹帆张船向前，无风帆落停下船。

2. 蒜拌面，面拌蒜，吃蒜拌面算蒜瓣；面拌蒜，蒜拌面，算吃蒜瓣面拌蒜。

üan

1. 男演员，女演员，同台演戏说方言。男演员说吴方言，女演员说闽方言。男演员演飞行员，女演员演研究员。研究员、飞行员、吴方言、闽方言，你说男女演员演得全不全。

2. 山前有个阎圆眼，山后有个阎眼圆，二人山前来比眼，不知是阎圆眼的眼圆，还是阎眼圆的眼圆。

uen

1. 孙伦打靶真叫准，半蹲射击特别神，本是半路出家人，摸爬滚打练成神。
2. 昆昆捆葱绳，葱绳捆得松。绳松葱捆松，捆松捆漏葱。昆昆拾葱捆葱绳，捆紧葱绳不掉葱。

2. 后鼻音韵母的发音

ang

发音时，先发后低不圆唇元音 a，然后舌根迅速抬起与软腭形成阻碍，阻塞气流，打开鼻腔通道，使气流转从鼻腔而出。

eng

发音时，先发央元音［ə］，然后舌根迅速抬起与软腭形成阻碍，阻塞气流，打开鼻腔通道，使气流转从鼻腔而出。

ing

发音时，先发前高不圆唇元音 i，然后舌根迅速抬起与软腭形成阻碍，阻塞气流，打开鼻腔通道，使气流转从鼻腔而出。

ong

发音时，先发后半高圆唇元音 o，然后舌根迅速抬起与软腭形成阻碍，阻塞气流，打开鼻腔通道，使气流转从鼻腔而出。

iang

发音时，舌位由前高元音 i 处迅速降至后 a，然后舌根迅速抬起与软腭形成阻碍，阻塞气流，打开鼻腔通道，使气流转从鼻腔而出。

uang

发音时，舌位由前高元音 u 向低元音 a 方向落下，然后舌根迅速抬起与软腭形成阻碍，阻塞气流，打开鼻腔通道，使气流转从鼻腔而出。

ueng

发音时，舌位由后高元音 u 向央元音 e［ə］方向落下，然后舌根迅速抬起与软腭形成阻碍，阻塞气流，打开鼻腔通道，使气流转从鼻腔而出。

iong

发音时，舌位由前高不圆唇元音 i 迅速降至 o，然后舌根迅速抬起与软腭形成阻碍，阻塞气流，打开鼻腔通道，使气流转从鼻腔而出。

［单音节字练习］

ang

昂　帮　胖　忙　放　浪　港　长　让　桑

eng

蹦　盟　封　凳　腾　能　耕　正　撑　僧

ing
兵 明 顶 停 拧 另 敬 青 醒 英
ong
东 通 弄 拢 孔 轰 宠 戎 粽 颂
iang
酿 俩 粮 僵 匠 枪 强 相 象 扬
uang
逛 狂 荒 谎 桩 疮 闯 霜 汪 妄
ueng
翁 瓮 蓊 嗡 滃 蕹
iong
炯 窘 穷 琼 兄 凶 熊 佣 永 用

[双音节词语练习]

ang
| 帮忙 | 傍晌 | 盲肠 | 当场 | 螳螂 | 烫伤 | 行当 | 张望 |
| 张扬 | 账房 | 徜徉 | 商场 | 上访 | 苍茫 | 往常 | 仰望 |

eng
| 萌生 | 丰盛 | 风声 | 风筝 | 奉承 | 更正 | 吭声 | 蒸腾 |
| 整风 | 征程 | 承蒙 | 逞能 | 升腾 | 声称 | 省城 | 增生 |

ing
| 兵营 | 病情 | 秉性 | 评定 | 命令 | 定性 | 聆听 | 零星 |
| 灵性 | 领情 | 精灵 | 经营 | 蜻蜓 | 倾听 | 轻盈 | 情景 |

ong
| 动工 | 通融 | 童工 | 瞳孔 | 浓重 | 农用 | 笼统 | 龙钟 |
| 公共 | 工种 | 空洞 | 恐龙 | 轰动 | 肿痛 | 总共 | 葱茏 |

iang
| 娘娘 | 粮饷 | 两样 | 亮相 | 踉跄 | 奖项 | 酱香 | 枪响 |
| 强将 | 香江 | 襄阳 | 响亮 | 相向 | 向量 | 像样 | 洋姜 |

uang
| 框框 | 狂妄 | 矿床 | 惶惶 | 荒野 | 黄光 | 装潢 | 状况 |
| 创伤 | 双簧 | 双双 | 汪洋 | 网状 | 往往 | 忘怀 | 旺旺 |

ueng
| 老翁 | 酒瓮 | 水瓮 | 主人翁 | 翁婿 | 渔翁 | 嗡嗡 | 蓊郁 |

iong
| 窘迫 | 穷苦 | 茕茕 | 兄弟 | 汹涌 | 胸怀 | 雄壮 | 拥抱 |
| 永远 | 涌动 | 勇敢 | 勇气 | 用功 | 用途 | 臃肿 | 雍容 |

[绕口令练习]

ang

1. 东边来了一只小山羊,西边来了一只大灰狼。一起走到小桥上,小山羊不让大灰狼,大灰狼不让小山羊。小山羊叫大灰狼让小山羊,大灰狼叫小山羊让大灰狼。羊不让狼,狼不让羊,扑通一起掉到河中央。

2. 小光和小刚,抬着水桶上山岗。上山岗,歇歇凉,拿起竹竿玩打仗。乒乒乓,乓乓乒,打来打去砸了缸。小光怪小刚,小刚怪小光,小光小刚都怪竹竿和水缸。

eng

1. 老彭拿着一个盆,路过老陈住的棚。盆碰棚,棚碰盆,老陈怪老彭,老彭怪老陈,两人都言好,只怪棚和盆。

2. 刮着大风放风筝,风吹风筝挣断绳。风筝断绳风筝松,断绳风筝随风行。风不停,筝不停,风停风筝自不行。

ing

1. 天上一颗星,地下一块冰,屋上一只鹰,墙上一排钉。抬头不见天上的星,乒乒乒乓踏碎地下的冰,啊嘘啊嘘赶走了屋上的鹰,唏哩唏哩拔掉了墙上的钉。

2. 蜻蜓青,青浮萍,青萍上面停蜻蜓,蜻蜓青萍分不清。别把蜻蜓当青萍,别把青萍当蜻蜓。

ong

1. 青龙洞中龙做梦,青龙做梦出龙洞,做了千年万载梦,龙洞困龙在深洞。自从来了新愚公,愚公捅开青龙洞,青龙洞中涌出龙,龙去农田做农工。

2. 走如风,站如松,坐如钟,睡如弓。风、松、钟、弓,弓、钟、松、风,连念七遍口齿清。

iang

1. 杨家养了一只羊,蒋家修了一道墙。杨家的羊撞倒了蒋家的墙,蒋家的墙压死了杨家的羊。杨家要蒋家赔杨家的羊,蒋家要杨家赔蒋家的墙。

2. 想画像,就画像,画像不像不画像。不画像,想画像,画像又嫌画不像,画像不像再画像。

uang

1. 王庄卖筐,匡庄卖网。王庄卖筐不卖网,匡庄卖网不卖筐。你要买筐别去匡庄去王庄,你要买网别去王庄去匡庄。

2. 小王和小黄,一块画凤凰。小王画黄凤凰,小黄画红凤凰。红凤凰黄凤凰,画成活凤凰,望着小王和小黄。

ueng

1. 不倒翁,翁不倒。年纪大,身体好,推一推,摇一摇,推来推去倒不了。

2. 龚先生东方走来掮了一棵松,翁先生西方走来拿了一只钟,龚先生的松撞破了翁先生的钟,翁先生扭住龚先生的一棵松。龚先生要翁先生放了他的松,翁先生要龚先生赔还他的钟。龚先生不肯赔还翁先生的钟,翁先生不肯放还龚先生的松。

iong

1. 山前住着一富人，山后住着一穷人。富人说穷人人穷志短，穷人说富人心胸狭窄，富人瞧不起穷人，穷人也瞧不起富人。

2. 琼琼想当小英雄，炅炅想当大英雄，两人上山去捉熊，不知是琼琼当了小英雄，还是炅炅当了大英雄。

二、韵母发音难点辨正与训练

方言区的韵母系统要比普通话的韵母系统复杂得多，丢失、改变或混用的情况十分典型。有些韵母虽然与普通话韵母发音近似，但实际发音和使用范围却相差甚远。这些都是方言区的人学习普通话韵母要注意的问题。其中分清前后鼻音、读准复韵母、防止丢失韵头和韵尾，是学习的难点。

（一）分辨鼻音韵尾 -n 与 -ng

1. 方言区前后鼻韵母存在混淆的现象

《汉语拼音方案》中一共有16个鼻韵母，前后鼻韵母各8个，不同的方言区存在不同类型的问题。

一是个别地区有失落－n韵尾的现象。如安徽歙县话，－n韵尾基本已经脱落，前鼻音韵母都混入了单韵母或复韵母。而宁夏话，将－n韵尾念成－ng韵尾。

二是部分地区前后鼻音不分，甚至将－ng韵尾念成－n韵尾，错误地用前鼻音代替了后鼻音。如湖北荆州话，将"床"读成"船"。

在很多方言区，an、ian、uan与ang、iang、uang是不容易搞混的。ong、iong没有对应的前鼻韵母，也不容易搞混，最难区别就难在en和eng、in和ing，所以学习普通话时需要特别注意区别。

2. 前后鼻韵母训练过程中易出现的偏误

学习普通话时，要十分重视前后鼻韵尾的发音对立，要让前后鼻韵尾在发音部位上出现明显的前后区别。在这个环节的训练中，很多人容易产生以下几个方面的偏误：

（1）鼻韵尾过度强化

有的人为了使前后鼻韵母产生发音部位上的区别，有意识加大鼻韵尾在音节结构中的比重，结果使鼻辅音－n和－ng的发音又长又重，在音节中的地位过分突出。

普通话的鼻韵尾应该是"唯闭音"，即在发音过程的三个阶段中，只有成阻、持阻两个阶段不发音，被过分强化后，除阻阶段也呈发声状态，偏离了正确的发音方法。

在发音练习的初始阶段，偶尔做这样的夸张强调，可能对了解发音要领有所帮助，可在实际发音中，后鼻辅音的色彩超过了正常的分量，肯定是一种缺陷。

（2）有些后鼻韵母中主要元音位置偏移或改变

一方面，发音过程中由于过分强化了后鼻辅音的色彩，致使它前面的某些元音的位置产生偏移。例如：eng中的e舌位偏后偏下。在前后鼻韵母的发音学习中，后鼻韵母的发音受到较多的重视，学习者可能会认为只要把后鼻韵母发得足够后，就可以分清前后鼻韵母了。其实，这是认识上的误区。

另一方面，受方言音影响，eng 音容易发成 ong 音或近似于 ong 音。例如："蹦、朋、棚、彭、捧、梦、猛、蒙、丰、风、峰、疯"等。

（3）前鼻韵母发音动程偏短

该问题是指为了表现前鼻韵母音节收尾时的前鼻位置，不惜缩短声母、元音和鼻辅音结合的动程，使鼻辅音前面的声母或元音发音位置前移。这样一来，前鼻辅音的色彩是鲜明了，前后鼻韵母的对立也清晰了，可音素之间的动程被压缩，音节显得干瘪不饱满。表现问题最多的是翘舌音声母和前鼻韵母相拼时，这种缺陷表现得尤为突出。zh、ch、sh、r 本来的发音部位是上腭前部，和前鼻韵母拼合时，往往有人发成舌尖接近上齿龈的部位，提前与鼻韵尾 -n 的位置一致起来，从而丢失了"声母（上腭前部）—元音—鼻韵尾（上齿龈）"这个舌位变化过程的部分区间。这种缺陷，与发音器官的活动能力有很大的关系。在音节发音的瞬间不能使舌位变化达到一定的幅度，就必然会产生这样的问题。

上述前后鼻韵母发音的几点偏误不是孤立的，相互之间是有联系、有影响的。练习普通话鼻韵母的发音，仅仅简单地追求前后区别是不够的，重要的是每类鼻韵母都发准位置、动程完整，这种准确的对立才是学习前后鼻韵母发音要达到的目标。

3. 掌握区分前后鼻音韵尾的方法

分辨前后鼻音韵尾，首先要区分 -n 与 -ng 的发音。两者的主要区别在于：

一是舌位不同。-n 是舌尖鼻音，发音时舌尖抵住上齿龈，不要松动，不要后缩；-ng 是舌根鼻音，发音时舌头后部高高隆起，舌根尽力后缩，抵住软腭。

二是开口度大小不同。发 -n 时上下门齿是相对的，口形较闭；发 -ng 时，上下门齿离得远一点儿，口形较开；-n 较尖细清亮，-ng 的声音则浑厚响亮。

除此之外，还要记住普通话中哪些字是前鼻音，哪些字是后鼻音。分辨的方法有：

（1）学会根据声旁进行类推

前鼻音韵尾的声旁，如"申、艮、今、分、真、林"等；后鼻音韵尾的声旁，如"争、令、正、生"等。

（2）借助声韵配合规律来分辨

例如：普通话中 d、t、n、s 不与 in、en 相拼（"扽""您""嫩""森"除外）。

（3）记少不记多

如"gen"只有"根、跟、亘"三个常用字，"hen"只用"狠、恨、很、痕"四个常用字。

4. 前后鼻韵母的对比练习

an 与 ang，ian 与 iang，uan 与 uang 的分辨

[单音节字对比练习]

按——盎	宾——兵	盘——庞	翻——方
丹——当	胆——挡	蛋——荡	谈——堂
念——酿	感——港	穿——疮	刊——康

韩——航　　　　剪——讲　　　　线——项　　　　蝉——尝
传——床　　　　染——嚷　　　　见——酱　　　　蛮——忙

[双音节词对比练习]

开饭——开放　　反问——访问　　天坛——天堂　　扳手——帮手
女篮——女郎　　产房——厂房　　闪光——赏光　　粘贴——张贴
年限——念想　　手腕——守望　　浅显——抢险　　沿江——洋姜
限量——向量　　烂漫——浪漫　　小县——小巷　　新鲜——新乡
显现——险象　　晚上——网上　　眼睑——演讲　　万事——忘事
船位——床位　　官名——光明　　寒天——航天　　观望——狂妄

[词语相连练习]

盼望　　漫长　　繁忙　　安康　　返航　　胆囊　　担当　　坦荡
南昌　　肝脏　　感伤　　展望　　站岗　　擅长　　山羊　　禅让
电量　　联想　　坚强　　健将　　现象　　岩浆　　演讲　　鲜亮
短装　　观光　　光环　　狂欢　　选矿　　闯关　　晚霜　　王冠

en 与 eng 的分辨

[单音节字对比练习]

奔——崩　　　　笨——蹦　　　　盆——棚　　　　分——风
芬——峰　　　　粉——讽　　　　焚——冯　　　　嫩——能
根——羹　　　　亘——更　　　　艮——耿　　　　痕——横
陈——程　　　　振——正　　　　诊——整　　　　申——甥
神——绳　　　　衬——秤　　　　深——声　　　　沈——省
人——仍　　　　岑——曾　　　　森——僧　　　　温——翁

[双音节词对比练习]

分神——封神　　粉刺——讽刺　　陈旧——成就　　市镇——市政
人参——人生　　星辰——行程　　同门——同盟　　长针——长征
伸张——声张　　大盆——大棚　　人称——仍称　　绅士——声势
深沉——省城　　真理——整理　　三根——三更　　晨风——成风
震中——正中　　审视——省市　　分子——疯子　　镇里——整理
瓜分——刮风　　清真——清蒸　　疤痕——霸横　　珍奇——整齐

[词语相连练习]

本能　　深坑　　神圣　　真正　　证人　　奔腾　　门生　　尘封
人称　　认生　　征尘　　生人　　认证　　仁政　　真诚　　承认
生根　　胜任　　文风　　圣人　　诚恳　　分崩　　深耕　　闻风

in 与 ing 的分辨

[单音节字对比练习]

斌——兵　　　　彬——冰　　　　虋——并　　　　拼——乒
贫——屏　　　　民——明　　　　岷——铭　　　　您——柠

林——玲	临——零	凛——领	吝——令
金——精	紧——景	尽——敬	进——竟
亲——清	禽——晴	寝——请	沁——庆
阴——樱	因——英	银——赢	隐——影

[双音节词对比练习]

民声——名声	禁地——境地	红心——红星	今天——惊天
临时——灵石	频频——平平	禁止——静止	弹琴——谈情
金银——晶莹	亲近——清静	人民——人名	尽头——镜头
禁赛——竞赛	寝室——请示	信服——幸福	因而——婴儿
印象——映像	尽心——静心	辛勤——心情	宾馆——冰棺

[词语相连练习]

引擎	隐情	窨井	平民	民警	民情	挺进	心灵
心领	禁令	金铃	进行	金星	钦定	轻信	心情
新兴	心性	新星	新型	欣幸	行进	因明	尽兴
尽情	音名	阴平	阴性	银杏	印行	阴影	引领
迎新	拼命	品名	品评	聘请	影印	灵敏	定亲

（二）分辨韵母 i 与 ü

1. i 与 ü 发音时存在的问题

普通话的 i 和 ü 分得很清楚，但在方言中常常存在混用的现象：一种是 i 混入 ü，如山东青岛话；一种是 ü 混入 i，如昆明、湖南、广西等地的一些方言。

与此同时，在朗读和说话的过程中，由于语速较快，ü 音很容易被读成 i 音，造成语言混乱。要注意区分，加强练习。

2. 掌握区分 i 与 ü 的方法

这两个音的舌位相同，区别在于唇形。发 i 时，口腔开口度最小，需自然展唇，嘴角向两旁展开成扁平状，上下牙齿接近，舌尖下垂在下门齿背后，舌面前部隆起接近硬腭，声带振颤，气流通路狭窄，但不发生摩擦；发 ü 时，双唇聚拢、撮圆成一小孔，但不像 u 那样前突。

3. i 与 ü 的对比练习

[单音节字对比练习]

李——吕	启——曲	细——叙	盐——源
挤——举	利——绿	列——略	拟——女
离——驴	猎——掠	机——居	津——军
进——俊	级——局	寄——据	见——卷
杰——绝	凄——屈	理——铝	乾——全
惬——雀	洗——絮	歇——靴	艰——捐

[双音节词对比练习]

稀罕——虚汗　　喜酒——许久　　办理——伴侣　　拟人——女人
急促——局促　　名义——名誉　　经济——京剧　　忌讳——聚会
生意——生育　　容易——荣誉　　棋谱——曲谱　　意见——遇见
启齿——龋齿　　戏曲——序曲　　技法——句法　　季节——拒绝
里程——旅程　　气象——去向　　前面——全面　　起名——取名
系列——序列　　疑点——雨点　　遗产——渔产　　意义——寓意

[词语相连练习]

狙击　　必须　　体育　　学界　　例句　　怨言　　进军　　急剧
急需　　纪律　　继续　　玉器　　音韵　　军民　　月夜　　田园
卷烟　　眷恋　　谢绝　　学业　　聚集　　躯体　　曲艺　　雨季
语气　　预期　　节约　　解决　　借阅　　血液　　越界　　越野
云鬓　　健全　　禁运　　眼圈　　演员　　捐献　　权限　　元年
原先　　因循　　音训　　阴云　　军心　　寻亲　　寻衅　　云锦

（三）防止丢失韵头 i 和 u

部分方言区的人在说普通话时，把本方言里的韵母带入了普通话，造成了韵头的丢失、改变或增添，这也是方言中韵母发音的常见问题。主要有几个方面的表现：

①舌面音声母 j、q、x 与齐齿呼韵母相拼时，丢失韵头 i，同时声母变成舌根音 g、k、h。例如："加"读成"ga"，"下"读成"ha"等。

②舌尖声母与韵母 uei 或 uen 相拼时，往往丢失韵头 u。例如："对"读成"dì"，"吨"读成"dēn"，"村"读成"cēn"等。

③舌尖后声母与后鼻音韵母 uang 相拼时，往往丢失韵头 u。例如："装"读成"zhāng"，"床"读成"cháng"，"爽"读成"shǎng"等。

④当舌根音 h 与合口呼韵母相拼时，往往丢失韵头 u 并改 h 为 f，例如："花"读成"fā"，"火"读成"fǒ"等。

[双音节词语练习]

体温　　地图　　立春　　典雅　　出租　　顶替　　添置　　赌注
蹲点　　眺望　　装束　　田地　　力作　　蛀齿　　文雅　　燕窝
知足　　执着　　追溯　　专断　　顺应　　调换　　缩影　　壮志
点缀　　船尾　　刺眼　　仰卧　　独吞　　烟雾　　厌恶　　无疑

【口语综合实训】

1. 读准下列词语的韵母，注意它们的异同。

预赛　咨询　播送　恒星　墨水儿　徘徊　悬挂　犹如
贫乏　转化　最初　穷人　力争　尺寸　检查　否决
聊天儿　能够　妇女　邻居　采访　胆怯　狭窄　军装

削弱　供给　身边　尊敬　稍微　球场　声调　表彰
态度　没事儿　果然　聪明　熊猫　原谅　背后　服务员
教训　这样　此外　专业　好玩儿　鸦片　光荣榜　别有用心

2. 朗读短文，标出方言中易混淆的韵母。

（1）或许生活就是这样："得之桑隅，失之东隅。"生活没有永远的一帆风顺，正如古人说的那样："人生不如意者十之八九。"在漫长的岁月里，顺境与逆境、得意与失意、快乐与痛苦，无处不在，无时不困扰着我们。于是，生命里留下了许许多多的遗憾印迹，生活里有了无数声长吁短叹。遭遇坎坷，面对困境，我们总是在利与弊之间取舍，在失去与得到的交替之中成长。

一时间想不起是谁说过："如果你因为失去太阳而流泪，那你也失去群星了。"乍一看去这不经意的一句话深深地触动了我，让我尝试换一种思维、换一种角度来思索失去与得到之间的区别和差距。于是不难发现获得是一种幸福，失去是另一种幸福。这句话让人明白在拥有的同时也有可能失去的道理，很有哲理。生活中，既有失望也有希望，既有痛苦也有快乐。因此，我们要明白失去是痛苦的，但不能因此失去对生活的信心与希望，不能陷在焦虑与遗憾的泥沼里自暴自弃。

世间万物都是一分为二的，有其利必有其弊。十全十美的事情是不可能存在的。俗话说得好：金无足赤，人无完人。当你遇到遗憾和失败时，重要的是看你怎么去面对和接受这个现实，而不是低头叹息任由意志消沉。我们要走好人生的每一步，必须有坚强的意志、脚踏实地的精神。即使前方道路是泥泞的、崎岖的，充满着危机；尽管你战战兢兢地向前走，也不可能避免偶尔会摔上一跤，甚至也会摔得头破血流。但只要你能勇敢地爬起来，重新站起来，继续往前走，最终胜利总是属于你的。

（2）爱国是一个亘古不变的话题，历史的车轮转动千年，爱国也便沉淀为一种文化。爱国文化的醇香越来越浓，我不禁陶醉其中。

爱国就是苏武的持节南望。当大漠的风将他的手雕刻得龟裂，当大漠的霜雪染白了他的双鬓，他依然手握节毛尽落的旄节，眼睛跨越千山万水，寻找着回家的方向。叛将卫律的威胁不能让他容色稍变，匈奴千金封侯的许诺不能让他动摇片刻，因为他心中装着两个字"祖国"。为了这两个字，他把"生是大汉人，死是大汉臣"的信条铭记心间。于是我知道了，爱国需要一种坚毅的品格，它使我们无论如何都不能背叛自己的祖国。

爱国就是岳飞"待从头，收拾旧山河，朝天阙"的豪情壮志。当"壮志饥餐胡虏肉，笑谈渴饮匈奴血"的岳飞被皇上的十二道金牌召回临安，英雄再难以倾力保家卫国。纵然是"白了少年头，空悲切"的惆怅哀痛令人心酸，也敌不过朝野中奸佞小人的流言蜚语，最终只能背负着"莫须有"的罪名饮恨长辞，但他成了民族魂。岳飞的爱国之声回响在大地山河间，让我懂得了何谓"精忠报国"的铁骨铮铮，澎湃着我爱国的血液。

爱国就是文天祥"人生自古谁无死，留取丹心照汗青"的崇高信念。当宋军防线崩溃，他依然转战各地，纵然兵败被俘，元军四次劝降，仍不能动摇他的浩然爱国之气。纵然忽必烈亲自出马，他仍正气凛然。他以死实践了"臣心一片磁针石，不指南方誓不休"的坚定执着的爱国心。于是我明白了爱国就是在国家危难之际同国家同生死，共患难。

当四川汶川特大地震发生后，爱国就是救灾官兵救人时的奋不顾身，就是志愿者在灾区的一个眼神，一处帮助，就是全国亿万群众捐款捐物的热情。在奥运会举办之际，爱国就是运动健儿在竞技场上的奋勇拼搏，就是志愿者的一次微笑，就是国民不乱丢垃圾，文明观看比赛的行为……

于是我领悟了，踏踏实实做好自己的本职工作就是最大的爱国。

第四节　声调学习与训练

声调在汉语语音系统中具有特殊的重要地位，是构成音节不可缺少的成分。

一、声调概念

（一）定义

汉语属声调语言，声调是汉语音节独有的。声调是指贯穿整个音节的高低升降变化而具有辨义功能的一种语音现象。

汉语声调的高低升降变化主要是音高变化现象，声调的变化取决于音高，同时也表现在音长变化上。音高取决于发音体在一定时间内振动次数的多少，次数越多声音越高，反之声音越低。发音时，声带越紧，在一定时间内振动的次数越多，声音越高；声带越松，在一定时间内振动的次数越少，声音就越低。在发音过程中，声带是可以随时调整的，这样就造成了不同的音高变化，形成了不同的声调。

（二）调值

调值是声调的实际读法，也就是字音的高低升降变化的具体形式。

普通话语音声调的调值最显著的特征就是一平、二升、三曲、四降区分明显，并且调值的高音成分多，低音成分少。阴平是高平调，阳平是高升调，去声的起点高，上声虽然基本特征是低调，但在单字调的后半段也表现为上扬，止点在4度。

普通话四个声调的调值是：

阴平——55　　　阳平——35
上声——214　　 去声——51

普通话四个基本调值的音长也不完全一样，其中上声最长，去声最短，阳平次长，阴平次短。

描写声调调值通常用五度标记法：

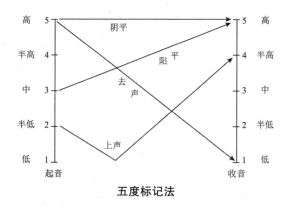

五度标记法

（三）调类

调类是声调的类别，是按照声调的实际读音归纳出来的类别。

普通话声调的调类有四类——阴平、阳平、上声、去声，教学上也可称为一声、二声、三声、四声。

现代汉语的声调系统是从古代汉语发展而来的。因此普通话的声调调类沿用了古代汉语的调类名称，这便于普通话与方言、方言与方言之间的比较与辨析，有助于提高普通话的质量。

（四）调号

调号就是调类的标记符号。《汉语拼音方案》规定了四个声调的调号，分别是：

阴平 ‒ 　阳平 ╱　　上声 ∨　　去声 ╲

二、声调的发音要领及注意事项

（一）阴平

声音高而平，大体没有升降的变化。发音时声带始终是拉紧的，声音又高又平。
有些人读得过低或过高，容易造成去声降不下来、阳平扬不上去的问题。

（二）阳平

声音从中高音升到高音，由 3 度到 5 度。起调略高，发音后逐渐上移，达到与阴平一样的音高高度。注意起调要保持较高，直接上升不拐弯。发音时声带由不松不紧到逐渐拉紧。
多数人读不好这个调值是高音升不上去，主要原因是起点太高，声带已相当紧了。

（三）上声

发音时由半低起，先降后升，由 2 度降 1 度，再升到 4 度。起音比阳平的音高低一度，注意气息在音调向下降时要稳定，升时要加强。上声的降升变化是平滑的曲线变化，不要有硬拐弯的感觉。发音时声带由较松慢慢到最松，再很快地拉紧。声音缓慢降到最低，再快速升高。

很多人发不好上声，一方面是忽略了 21 这个重要环节，其实在发音过程中，声音主要表现在低音段 1～2 度，这是上声的基本特征。另一方面是 14 这个环节存在发音缺陷，即上扬过程没有达到 4 度。

（四）去声

起音时音高与阴平一样，发音后直降到最低度。注意发音时要控制气息，起调要高，下降要迅速、干脆、不拖沓。发音时声带先拉紧，后放松，声音从最高降到最低。

很多人最容易出现的问题是降不下去，读不了满调，只能读到 54 或 53。

[单音节四声练习]

要求：出字要有力，咬住字头，拉开字腹，收住字尾；声音连贯，气息控制自如。

八	拔	靶	罢	坡	婆	叵	魄
方	防	仿	放	夫	福	府	覆
低	敌	底	弟	涛	逃	讨	套
灰	回	悔	汇	居	局	举	据
先	闲	显	线	知	职	止	治
抽	愁	丑	臭	猜	才	踩	菜
家	夹	甲	架	七	其	起	气
窗	床	闯	创	晕	云	允	运

[双音节词语练习]

参加	香蕉	咖啡	弯腰	轻装	空军	坚贞	花生
资源	鲜明	新闻	编排	加强	中国	安全	诗集
批准	发展	班长	生产	根本	方法	缥缈	偏远
播送	音乐	规范	欢乐	激素	修订	恩惠	分句
国歌	联欢	长江	航空	图书	牙签	雄狮	辖区
儿童	模型	联合	驰名	吉祥	豪华	凉席	乾隆
遥远	民主	情感	描写	茅草	排比	墙角	眼角
模范	局势	革命	同志	雄厚	行政	球赛	贫困
指标	北京	掌声	广播	讲师	纸巾	火车	小猫
普及	朗读	考察	里程	党员	揣摩	解毒	酒瓶
领导	展览	友好	粉笔	捆绑	宝塔	永远	选举
改造	想象	土地	写作	典范	讲课	巩固	轨道
矿工	象征	列车	卫星	认真	特征	气温	创刊
自然	化学	政权	未来	调查	辨别	赤诚	外援
剧本	跳伞	外语	戏曲	电影	认领	跳水	释典
大厦	画像	示范	建造	僻静	信贷	预备	创作

[多音节词语练习]

拖拉机　金沙江　星期天　报名表　洗衣液　家常菜
遗传学　颐和园　联合国　洪泽湖　儿童节　陈皮梅
七巧板　备忘录　小提琴　运动会　对立面　售票处
山河美丽　天然宝藏　身强体健　精神百倍　山明水秀　花红柳绿
高朋满座　深谋远虑　英雄好汉　风调雨顺　千锤百炼　心明眼亮
波澜壮阔　暴风骤雨　鹏程万里　普天同庆　满园春色　名不虚传
妙笔生花　目不转睛　发愤图强　翻江倒海　得寸进尺　道听途说
谈笑风生　滔滔不绝　鸟语花香　男尊女卑　力挽狂澜　龙飞凤舞
盖世无双　高瞻远瞩　慷慨激昂　克敌制胜　呼风唤雨　红颜知己
锦绣河山　继往开来　气壮山河　晴天霹雳　心潮澎湃　栩栩如生
辗转反侧　朝气蓬勃　赤子之心　出奇制胜　舍生忘死　深情厚谊
人才辈出　日新月异　赞不绝口　责无旁贷　三思而行　所向披靡

[绕口令练习]

1. 妈妈骑马，马慢妈妈骂马；妞妞骑牛，牛拧妞妞扭牛；舅舅架鸠，鸠飞舅舅揪鸠。
2. 提锡壶游西湖，锡壶落西湖，惜乎锡壶；登矮寨携爱崽，爱崽坠矮寨，哀哉爱崽。

三、声调辨正与训练

辨别方言与普通话在声调上的差别，应当结合两者的对应关系，进行有针对性的练习。方言与普通话在声调上的差别主要有三点：

（一）调类不同

练习普通话声调时，要注意方言调类的合并、分化与改换。

（二）调值不同

练习普通话声调时，要针对不同的调型和调值进行校正训练。如：山东话里，四声的调值为213、42、55、21，山东话说"姑妈"很像普通话里的"古马"。在学习普通话声调时就是要找准这些对应关系。

（三）入声保留或归并的情况不同

要注意改读为普通话的四声。

入声是古四声的一类，它的发音特点是韵母后边带一个塞音韵尾，由于气流受到塞音的阻塞，因此入声字读音短促、不能延长。如"学""绝""白"等是古代的入声字。在今天的某些方言中仍存在入声字。

入声的归并也是声调辨正的一个问题。在寻找对应关系的时候，发现会有相当一部分字无法与普通话对应，这些大都是古入声字。普通话中的古入声字已经消失，分别归入了阴阳上去四个声调。古入声字在普通话中归并的大致情况是：一半以上的归入去声，三分之一以上归入阳平，二者合计占入声字总数的六分之五以上；剩下的少数入声字归入阴平和上声，其中归入上声的最少。先记住这少数字，再记住归入阳平的字，把其余的入声字都读成去声，就可以掌握古入声字在普通话中的读音了。

鼻音声母、边音声母和零声母的古入声字绝大部分在普通话中读去声。这是古入声字在普通话归类中的一条比较明显的规律。

[双音节词语对比练习]

大锅——大国	拍球——排球	窗帘——床帘	抽丝——愁思
开初——开除	抹布——麻布	猎枪——列强	战国——战果
小乔——小巧	返回——反悔	大学——大雪	正直——政治
发愁——发臭	同情——同庆	肥料——废料	协议——谢意
凡人——犯人	钱款——欠款	糖酒——烫酒	壶口——户口
春节——纯洁	松鼠——松树	突然——徒然	指示——致使
土地——徒弟	枝叶——职业	肇事——找事	鲜鱼——闲语
佳节——假借	整洁——政界	指导——知道	冲锋——重逢
孤立——鼓励	中华——种花	题材——体裁	乘法——惩罚
河水——喝水	司机——四季	医务——遗物	艰巨——检举
化学——滑雪	管理——惯例	实施——事实	主体——主题
大雪——大学	申请——深情	百年——拜年	离异——礼仪
平局——凭据	汽笛——启迪	鸳鸯——远洋	展览——湛蓝

【口语综合实训】

1. 先给下列词语标上声调，再读准读熟，注意调型和调值。

否则 广场 寻求 窗户 旅行 举重 角色 儿童 聊天儿
演讲 藕粉 棉被 英语 绿豆 甘苦 南宁 烟嘴 小孩儿
青蛙 磁铁 北京 女兵 体力 讨论 改良 了解 发动机
粉笔 玻璃 处理 一直 黑暗 司机 烹调 月夜 当事人
飘扬 声音 小组 紫花 汹涌 尺寸 内脏 善良 三轮儿

2. 朗读短文，标出易混淆的声调。

(1) 雷锋说："青春啊，永远是完美的，可是真正的青春只属于那些永远力争上游的人，永远忘我劳动的人，永远谦虚的人!"所以唯有奋斗，为自我的梦想不断前行，朝着我们的目标不断迈进，我们才能拥有一个真正而又无悔的青春。

青春的世界里，不需要固结你的思想，只有追寻美好的梦想，任前方荆棘丛生，我们都要持之以恒。让我们像江河一样，向着大海不断奔流吧！在漫漫的人生道路上，谱写青春的音符，留下奋斗的足迹。

用我们的奋斗和梦想扬起青春的船帆，当我们努力拼搏地摇桨时，成功的闸门也会慢慢地为我们打开，我们将享受一份青春的美好，收获一份成功的喜悦。

(2) 许多人喜欢把信念当作人生的太阳、前进的动力。信念，是一种强大的内在的精神寄托，是托起人生大厦的支柱。人生一世，在生活的跋涉与事业的开拓中，不可能事事一帆风顺、处处得到特别的恩赐。人除了受到外界的压力外，本身的缺陷，也会使境遇不佳。

人的信念既是扫荡怯懦与怨恨的最好药方，也是保持清醒头脑的清凉剂。坚定的信念，是永不凋谢的红花。信念是人的精神所在，没有信念的人，是精神上的贫穷者。对于青年来说，树立坚定的信念，树立热爱生活、热爱事业的信念，是十分必要的。

要使人生不在平庸中度过，让生命放射出夺目的光辉，信念就是第一道光焰。

（3）"劳动光荣，知识崇高，人才宝贵，创造伟大。"这是整个世界对劳动的呼唤，这是整个社会对劳动者的赞誉！

看我中华民族，热爱劳动、崇尚知识、富于创造，在五千年文明漫长的历史进程中，华夏儿女勤勉劳动、不断创新，在创造了巨大的物质财富的同时，也创造了中华民族优秀的传统文化。当今时代，尊重劳动，重视知识，鼓励创新，在神州大地形成时尚；科技创新，知识创新，文化创新，在我们的日常生活中形成氛围。热爱劳动、尊重知识、大胆创新，已经成为所有热爱生活、热爱生命的人们的自觉行动。

看我祖国的钢都，在"劳动光荣，知识崇高，人才宝贵，创造伟大"的氛围中，人人以劳动为荣，时刻为国家的发展和祖国钢都的不断前进贡献着闪光的智慧和无穷的力量。当你驱车从沈大公路达道湾下道，鳞次栉比的高楼和工业开发区的英姿就会映入你的眼帘，雄伟的鸟巢形状的奥体中心已经初具雏形，横贯南北的高速铁路像一条长龙起舞飞腾在东北大地……这是伟大的劳动创造的人间奇迹，这是劳动者雄浑神圣的宣言和呐喊！

"劳动光荣、知识崇高、人才宝贵、创造伟大"，这是历史的重任，这是时代的呼唤！劳动创造历史，劳动创造伟大，劳动创造辉煌！让我们在伟大的劳动中发出永恒的回响：劳动光荣！劳动万岁！

（4）只有曾经流过最苦的泪才会珍惜如今的甘甜，走过曾经最黑暗的夜才会珍爱如今的光明，经过曾经的激情才明白平淡更长久，曾经忏悔过才昭示新生活的开始，曾经受过最多的苦难才懂得呵护如今的安逸。不要抱怨日子的平淡和生活的庸常无奇，回头好好地审视一下自己曾经走过的岁月，感恩生活中的每一个善良的瞬间，感恩每一个激动的时刻，感恩曾经走过的岁月让我的人生不是空白。

（5）随着岁月的变化和我的成长，使我对松树的爱更加深了一层，这不仅是因为我懂得了松树在日常生活中所起的作用，而且我发现了他具有使人敬佩的特殊性格。你看，他无论生长在平地里还是在山崖旁，或乱石丛中，无论条件有多恶劣，依旧正常生长；无论刮风下雨还是风雪严寒，都巍然挺立。从不因大自然的吝啬而自卑自贱，鸣叫不平，而是以顽强的毅力，同困难抗争，在抗争中生存、发展、繁衍子孙后代，壮大成林，造福于民。任凭炎炎烈日的暴晒，任凭狂风暴雨的吹打，他始终是翠绿一片，勃勃生机。

第五节　语流音变学习与训练

人们在说话时，不是孤立地发出一个个音节（字），而是把音节组成一连串自然的"语流"。由于相邻音节的相互影响或表情达意的需要，有些音节的读音要发生一定的变化，这种语音变化现象就是语流音变。

普通话的音变现象主要包括：变调、轻声、儿化、语气词"啊"的变化以及轻重音格式等。

一、变调

变调是指在语流中，由于相邻音节的相互影响，使某个音节本来的声调发生变化。普通话中的变调主要包括：上声的变调、去声的变调、"一"和"不"的变调。

（一）上声的变调

上声在四个声调前都会产生变调，只有在读单音节字或处在词语末尾或句末时才读原调。

1. 上声音节在阴平、阳平、去声音节前，其调值由 214 变为 211（即所谓半上）

[双音节词语练习]

上 + 阴

| 耳机 | 普通 | 统一 | 法官 | 等车 | 女兵 | 首都 | 雨衣 |
| 铁丝 | 体操 | 老师 | 礼花 | 紧张 | 指挥 | 主张 | 武装 |

上 + 阳

| 敏捷 | 可能 | 主持 | 语言 | 导游 | 股民 | 考察 | 口才 |
| 海洋 | 警察 | 举行 | 小时 | 使节 | 水疗 | 总结 | 祖国 |

上 + 去

| 马上 | 美丽 | 讨论 | 巩固 | 解放 | 打算 | 体育 | 努力 |
| 改变 | 感谢 | 稿件 | 好像 | 使用 | 伟大 | 武汉 | 午宴 |

2. 两个上声音节相连，前一个上声变得近似阳平，即调值由 214 变为 35

[双音节词语练习]

美满	表姐	水桶	野草	保守	表演	品种	美好
打扫	岛屿	恼火	女子	老板	理想	领土	感慨
古老	管理	减少	龋齿	小组	选举	场景	手表
手指	水果	采取	养老	勇敢	也许	引领	影响

3. 上声音节在轻声音节前，其调值由 214 变为 211

[双音节词语练习]

耳朵	马虎	母亲	斧头	打算	底细	点子	肚子
奶奶	脑袋	老实	伙计	讲究	姐姐	喜欢	尺寸
傻子	怎么	尾巴	椅子	宝贝	起来	我们	眼睛

4. 上声音节单念或在句尾时不变，仍读本调

例如：你，就是你！

5. 三个上声相连，有的前两个上声变成阳平，也有的将第一个上声变为半上，这主要依据词语的搭配和习惯读法而定

一般有两种情况：

（1）词语的结构是双音节 + 单音节（双单格）时，前面两个音节调值为 35

［三音节词语练习］

古典舞　　演讲稿　　展览馆　　处理品　　手写体　　水彩笔
蒙古语　　寒暑表　　虎骨酒　　潜水艇　　洗脸水　　选举法

（2）词语的结构是单音节＋双音节（单双格）时，第一个音节调值为211，中间音节变阳平35

［三音节词语练习］

党小组　　冷处理　　耍笔杆　　撒火种　　买保险　　老保守
好领导　　小拇指　　纸雨伞　　厂党委　　总捣鬼　　有本领

6. 多个上声音节相连，按语音停顿情况来变

例如：你把／美好／理想／给领导／讲讲。

［句子练习］

我很了解你。

展览馆里有好几百种展览品。

老李请你给我买几把小雨伞。

柳厂长有好几个子女做起事来倒是干净利索。

快点找个地方坐下来歇一会儿吧。

［绕口令练习］

1. 老虎拦住鹿和兔的路，张着嘴巴要吃兔。兔子捂着肚子呜呜哭，说是吃草中了毒。老虎放开兔子去追鹿，左找右找找不着鹿，返回头来抓小兔。跑了兔，没了鹿，气得老虎直发怒。

2. 五组的小组长姓鲁，九组的小组长姓李，鲁组长比李组长小，李组长比鲁组长老。比李组长小的鲁组长有个表姐比李组长老，比鲁组长老的李组长有个表姐比鲁组长小。小的小组长比老的小组长长得美，老的小组长比小的小组长长得丑。丑小组长的表姐比美小组长的表姐美，美小组长的表姐比丑小组长的表姐丑。请你想一想：是鲁组长老，还是鲁组长的表姐老？是李组长小，还是李组长的表姐小？是五组小组长丑，还是九组小组长丑？是鲁组长表姐美，还是李组长表姐美？

（二）"一"的变调

普通话"一"的字调是阴平55，但它有三种变调方式。

1. 单用或在词尾、句尾时不变，念本调——阴平

［双音节词语练习］

第一　　统一　　万一　　唯一　　始终如一　　不管三七二十一

2. 在非去声前变为去声

［双音节词语练习］

一般　　一边　　一端　　一些　　一天　　一生　　一根　　一家
一头　　一条　　一团　　一连　　一行　　一群　　一直　　一时
一两　　一伙　　一举　　一起　　一手　　一早　　一口　　一准

3. 在去声前变为阳平

[双音节词语练习]

一道　　一概　　一共　　一贯　　一再　　一度　　一次　　一趟
一万　　一扇　　一寸　　一定　　一个　　一致　　一样　　一半

4. 夹在重叠动词中间念轻声

[三音节词语练习]

说一说　　走一走　　试一试　　尝一尝　　跳一跳　　看一看

[四音节词语练习]

一颦一笑　　一模一样　　一老一少　　一哭一闹
一家一户　　一进一出　　一惊一乍　　一心一意
一唱一和　　一生一世　　一草一木　　一言一行
一本正经　　一笔勾销　　一脉相传　　一面之交
一帆风顺　　一团和气　　一诺千金　　一技之长
一箭双雕　　一窍不通　　一相情愿　　一枕黄粱
一尘不染　　一视同仁　　一日三秋　　一网打尽

[对话练习]

修　表

甲：师傅，我这手表出了一点儿毛病，一慢就是一个多小时，请您修一修。

乙：让我看一看。哦，该换一个电池了。

甲：换一个电池得多少钱哪？

乙：一块一角钱。

甲：能快一点儿吗？我还得赶路。

乙：稍等一会儿就行了。好了，您拿去用吧，有问题一定再来啊！

甲：好的，谢谢。

看　病

甲：医生，我孩子这牙疼得厉害，麻烦你给看一看。

乙：好。这有一张凳子，让孩子坐在上面，我来瞧一瞧。哦！原来是有一颗牙被虫蛀了。

甲：那一定得拔牙吗？

乙：没有那么严重，处理一下，进行填补就可以了。

甲：疼吗？

乙：一点也不疼。但是一定记得，以后别让孩子多吃糖，牙齿是需要保护的。

甲：好的，一定牢记。

[绕口令练习]

1. 一二三，三二一，一二三四五六七，七六五四三二一。

2. 一个姑娘来摘李，一个小伙儿来摘梨，一个小孩儿来拣栗。三个人一起出大力，收完李子栗子梨，一起拉到市上去赶集。

（三）"不"的变调

普通话"不"的单字调是去声51，它的变调形式有两种。

1. 在去声音节前变为阳平35

[双音节词语练习]

不必　不便　不断　不对　不论　不够　不过　不幸
不适　不错　不要　不但　不利　不料　不善　不是

2. 夹在词语中间轻读，属"次轻音"

[三音节词语练习]

能不能　开不开　肯不肯　好不好　去不去　行不行
找不找　时不时　是不是　用不用　在不在　妙不妙

3. 单用或在句尾以及在阴平、阳平、上声音节前，念本调——去声

例如：不，我不！　偏不！

[双音节词语练习]

不安　不开　不吃　不单　不端　不羁　不拘　不堪
不凡　不同　不详　不成　不然　不曾　不妨　不如
不法　不等　不管　不好　不久　不齿　不仅　不免

[四音节词语练习]

不卑不亢　　不理不睬　　不伦不类　　不干不净
不管不顾　　不慌不忙　　不见不散　　不屈不挠
不折不扣　　不知不觉　　不声不响　　不仁不义
不谋而合　　不动声色　　不共戴天　　不堪回首
不可理喻　　不可思议　　不寒而栗　　不假思索
不拘一格　　不求甚解　　不知所措　　不成体统
不耻下问　　不速之客　　不翼而飞　　不二法门

[绕口令练习]

1. 王老汉手拿一根不长不短的鞭子，赶着一辆不新不旧的大马车，拉着满车不计其数的公粮，奔驰在一条不宽不窄的大道上。到了粮库门口，他不慌不忙地停住了那辆不新不旧的大马车，不声不响地放下了手中那根不长不短的鞭子，他不遗余力地肩扛一包一包不计其数的公粮，不厌其烦地装进了国家的大仓房。

2. 冬冬不小心打碎了一个花瓶，他急得团团转。爸爸见了不动声色，这使冬冬更不知所措……妈妈不慌不忙地走过来，和蔼地安慰冬冬说："今天这个花瓶不是你故意打碎的，妈妈不批评你；不过，以后干事情可不要再粗心了。"冬冬歉意地点了点头。接着，爸爸又风趣地说："旧的不去，新的不来嘛！"这才使冬冬心头的一块石头落了地，连连向爸爸妈妈表示说："以后我再也不粗心大意不管不顾了。"

（四）形容词重叠的变调

单音节形容词的叠音后缀，不变也可读成55调，例如：亮堂堂、黑洞洞、直挺挺、沉甸甸、软绵绵。

　　双音节形容词重叠，第二个音节变为轻声；四音节形式的重叠，则第三、第四个音节都读 55 调，例如：老老实实、认认真真。

[三音节词语练习]

饱饱的	胖胖的	美美的	方方的	淡淡的	短短的
满满的	大大的	嫩嫩的	怪怪的	快快的	好好的
懒懒的	厚厚的	花花的	滑滑的	活活的	紧紧的
长长的	沉沉的	静静的	细细的	香香的	痒痒的
暖洋洋	乐悠悠	亮晶晶	绿油油	空荡荡	红彤彤
活生生	香喷喷	羞答答	兴冲冲	醉醺醺	阴森森

[四音节词语练习]

马马虎虎	忙忙碌碌	明明白白	大大方方	地地道道
踏踏实实	堂堂正正	扭扭捏捏	冷冷清清	高高兴兴
规规矩矩	快快乐乐	结结实实	舒舒服服	仔仔细细
松松散散	严严实实	隐隐约约	犹犹豫豫	蓊蓊郁郁

二、轻声

　　轻声是一种特殊的音变现象。由于它长期处于口语轻读音节的地位，失去了原有声调的调值，重新构成自身特有的音高形式，听感上显得轻而短。轻声音节是弱化的音节，读时既不能拖长，又不能过于短促，造成吃字现象。

（一）轻声音节的调值读法

1. **阴平·轻声半低调 2 度**
例如：玻璃　高粱　宽敞　踏实　芝麻　衣服

2. **阳平·轻声中调 3 度**
例如：核桃　朋友　名堂　凉快　活泼　情形

3. **上声·轻声半高调 4 度**
例如：扁担　体面　脑袋　暖和　嘱咐　眼睛

4. **去声·轻声 1 度**
例如：大夫　豆腐　动静　弟弟　对付　骆驼

（二）轻声音节的变化规律

1. **语气词"吧、吗、呢、啊"等**
例如："最妙的是下点小雪呀。"
"站在水边，望到那面，居然觉着有些远呢！"

2. **助词"的、地、得、着、了、过"等**

例如:"渐渐地我的眼睛模糊了,我好像看见无数萤火虫在我的周围飞舞。"
"坐着,躺着,打两个滚,踢几脚球,赛几趟跑,捉几回迷藏。"

3. 名词的后缀"子、头"等

例如:"犯得着在大人都无须上班的时候让孩子去学校吗?"
"这头牛个儿大、膘肥,四条腿像木头桩子一样。"

4. 重叠式名词、动词的后一个音节

例如:"假日到河滩上转转,看见许多孩子在放风筝。"
"懒哥哥和懒弟弟,你看看我,我看看你,干瞪着眼睛没办法。"

5. 表示趋向的动词作补语时

例如:"一切都像刚睡醒的样子,欣欣然张开了眼。山朗润起来了,水涨起来了,太阳的脸红起来了。"
"美国的送报员,总是把报纸从花园篱笆的一个特制的管子里塞进来。"

6. 方位词或词素

例如:"天上的风筝渐渐多了,地上孩子也多了。城里乡下,家家户户,老老小小,也赶趟似的,一个个都出来了。"
"一根根长长的引线,一头系在天上,一头系在地上。"

7. 量词"个"念轻声

例如:几个、这个、那个。

8. 代词做宾语时,如不加以强调,则念轻声

例如:找你、看见他们、想起你们。

此外,还有些双音节词的第二个音节,按习惯要读轻声。

例如:明白、书记、意思、闺女、衣服。

[双音节词语练习]

包子	包涵	扳手	拔弄	妈妈	摸索	答理	答应
提防	踏实	垃圾	甘蔗	关系	差事	抽屉	生日
白净	皮匠	脾气	眉毛	福分	能耐	莲蓬	萝卜
含糊	寒碜	和尚	核桃	黄瓜	长处	锄头	财主
摆布	本钱	比方	牡丹	打量	铁匠	脑袋	懒得
稿子	搅和	讲究	姐姐	喜欢	枕头	尺寸	尾巴
爱人	报酬	便当	漂亮	帽子	态度	闹腾	厉害
客气	护士	亲家	壮实	错处	算计	秀才	丈夫

普通话常用必读双音节轻声词

巴结 巴掌 包袱 *本事 荸荠 *编辑 扁担 别扭 玻璃
薄荷 簸箕 *不是 裁缝 苍蝇 柴火 称呼 出息 畜生
炊帚 刺激 聪明 凑合 牵拉 *大方 *大爷 *大意 大夫
耽搁 得慌 灯笼 嘀咕 *地道 *地方 *地下 *东西 动弹
豆腐 *对头 *多少 哆嗦 耳朵 *翻腾 分析 风筝 高粱

胳膊　疙瘩　工夫　功夫　姑娘　＊故事　棺材　官司　规矩
闺女　＊过去　哈欠　含糊　核桃　合同　狐狸　葫芦　＊胡同
糊涂　＊滑溜　馄饨　活泼　伙计　机灵　家伙　见识　糨糊
交情　街坊　结实　戒指　＊精神　＊开通　口袋　窟窿　困难
喇叭　烂糊　老婆　老实　老爷　＊冷战　篱笆　里脊　＊利害
痢疾　粮食　趔趄　铃铛　溜达　琉璃　啰唆　萝卜　骆驼
麻烦　马虎　＊买卖　玫瑰　棉花　明白　名堂　名字　蘑菇
模糊　脑袋　念叨　奴才　暖和　佩服　朋友　琵琶　枇杷
屁股　＊便宜　葡萄　＊千斤　亲戚　清楚　情形　＊人家　认识
软和　丧气　扫帚　商量　烧饼　少爷　牲口　＊生意　石榴
＊实在　使唤　事情　收成　收拾　舒服　算盘　踏实　抬举
太阳　体面　笤帚　头发　妥当　外甥　晚上　＊温和　窝囊
稀罕　＊吓唬　＊下水　先生　相声　消息　笑话　心思　新鲜
行李　＊兄弟　休息　秀才　学生　牙碜　衙门　烟筒　砚台
秧歌　养活　吆喝　钥匙　衣服　衣裳　意识　意思　应酬
冤枉　鸳鸯　月饼　云彩　在乎　早上　＊造化　张罗　丈夫
帐篷　招呼　折腾　芝麻　知识　指甲　妯娌　嘱咐　主意
状元　＊琢磨

（必读轻声词中带＊号的，具有区别词性或词义的作用，练习时注意分清这些词的轻声和非轻声的不同用法。）

[词语对比练习]

把守——把手　　包含——包涵　　绑手——帮手　　笔试——比试
标志——标致　　蛇头——舌头　　不分——部分　　面巾——面筋
服气——福气　　大法——大发　　大业——大爷　　大义——大意
呆滞——呆子　　点播——点拨　　电子——垫子　　团员——团圆
利害——厉害　　利器——力气　　莲子——帘子　　加火——家伙
近来——进来　　满头——馒头　　弹子——胆子　　苍鹰——苍蝇

[绕口令练习]

1. 打南边来了个瘸子，手里托着个碟子，碟子里装着茄子。地下钉着个橛子，绊倒了这个瘸子，撒了碟子里的茄子，气得瘸子撇了碟子、拔了橛子、踩了茄子。

2. 桃子、栗子、李子、梨子、橘子、柿子、槟子、榛子，栽满院子、村子和寨子。刀子、斧子、锅子、凿子、锤子、刨子和尺子，做出桌子、椅子和箱子。梳子、篦子、叉子、镜子、镯子、链子、圈子、簪子，塞满柜子和橱子。

3. 憨厚的老师说老实巴交的老史，老实巴交的老史不理憨厚的老师。憨厚的老师反过来说不听话的老史，老实巴交的老史向憨厚的老师赔礼。

三、儿化

儿化是以北方方言为基础的普通话音变现象。"儿"本是一个独立的音节，由于处于轻读地位,与前面的音节结合在一起,使前一个音节的韵母成为带有卷舌色彩的韵母,这种现象就是"儿化",又称"儿化韵"。例如普通话念"花儿"的时候,这个"儿"不是一个独立的音节,只表示在念到"花"这个字音的末尾时,随即加上一个卷舌动作,使韵母带上卷舌音"儿"的音色。用汉语拼音字母拼写儿化音节,只需在原来的音节之后加上"r"(表示卷舌动作)就可以了。

[词语练习]

包干儿	被单儿	冰棍儿	部队儿	跑调儿	胖墩儿
赔本儿	冒牌儿	没准儿	门槛儿	摸瞎儿	蜜枣儿
面条儿	打盹儿	大婶儿	单弦儿	旦角儿	灯泡儿
肚脐儿	台阶儿	填表儿	脑瓜儿	娘儿们	老本儿
聊天儿	官腔儿	口罩儿	合群儿	花瓣儿	花瓶儿
加油儿	较真儿	警笛儿	酒窝儿	小孩儿	小曲儿
现成儿	相片儿	熊猫儿	鞋带儿	袖套儿	心眼儿
主角儿	唱歌儿	抽空儿	识字儿	手绢儿	人影儿
做活儿	围脖儿	压根儿	牙刷儿	烟卷儿	爷们儿

[对话练习]

老朋友相遇

甲:那不是张师傅吗?好久没见了!

乙:哦,是李师傅!我们家搬城外边儿去了,就在羊市口儿东边儿的小梅村儿。

甲:你们家里有花儿吗?

乙:有啊!花园儿里种着茶花儿,花盆儿里养着菊花儿,花瓶儿里还插着梅花儿!

甲:哟!要是有空儿,能上你们家玩儿玩儿,一边儿赏花儿,一边儿聊天儿,那该多好哇!

乙:非常欢迎!等下了班儿,咱俩一块儿去。先去农贸市场绕个弯儿,我买点儿小葱儿、豆角儿、土豆儿、豆芽儿,还有小白菜儿什么的,回去好做饭哪。

甲:别这么麻烦了。咱俩下了班儿,上对门儿小饭馆儿,买一斤锅贴儿,带上点儿爆肚儿、蒜瓣儿,再弄二两白干儿,到你家慢慢儿喝。

乙:行!哦,差点儿忘了,还得买点儿豆瓣儿酱,外加两盒烟卷儿。

甲:咳!想不到你们这儿环境挺不错的。地里是饱满的麦穗儿,小鸟儿在树枝儿上唱歌儿,河里的小鱼儿在水上吹泡儿。你看!那儿还有一条小船儿呢。小船儿上那老头儿拿着钓鱼竿儿,是在钓鱼吧?

乙:要说美,咱们村里可真美,早半天儿电影厂的人还在这儿拍电影哩。

[绕口令练习]

1. 进了门儿,倒杯水儿,喝了两口儿运运气儿,顺手儿拿起小唱本儿,唱一曲儿又一曲儿,练完嗓子我练嘴皮儿。绕口令儿,练字音儿,还有单弦儿牌子曲儿,小快板儿,大鼓词儿,越说越唱越有劲儿。

2. 小女孩儿,扎小辫儿,拿着花儿多好玩儿。小小子儿,不贪玩儿。画小猫,钻圆圈儿；画小狗儿，蹲小庙儿；画小鸡儿，吃小米儿；画小虫儿，顶火星儿。东东、磊磊小哥儿俩，红红的脸蛋儿胖乎乎儿。

四、助词"啊"的音变

语气助词"啊"处在语句末尾停顿处时，或表示语气缓和，或增强感情色彩。发音过程中，由于受到前面音节末尾音素的影响，常常会发生音变。其规律是：

①前面的音素是 a、o（ao、iao 除外）e、ê、i、ü 时，读 ya（呀）。
②前面的音素是 u（包括 ao、iao）时，读 wa（哇）。
③前面的音素是 n（前鼻音韵尾）时，读 na（哪）。
④前面的音素是 ng（后鼻音韵尾）时，读 nga。
⑤前面的音素是 –i（后）时，读 ra。
⑥前面的音素是 –i（前）时，读 za。

[单句练习]

你看啊。　　　　　　烧茄子啊！　　　　　原来是他啊！
是我啊。　　　　　　不管用啊！　　　　　谁写的字啊？
快唱啊。　　　　　　真热闹啊！　　　　　笑得真欢啊！
这么小啊！　　　　　没法治啊！　　　　　可不简单啊！
今天得上班啊！　　　为什么不去啊？　　　他就是老四啊！
这是什么寺啊？　　　我的好同志啊！　　　要提高警惕啊！
就等你回家啊！　　　日子过得真快啊！　　那边谁在打鼓啊！
满桥豪笑满桥歌啊！　全托您老人家的福啊！
他普通话说得真好啊！什么了不起的事啊！
雪大路滑，当心啊！　饭好了，大家来吃啊！
唱啊唱，嘤嘤有韵，宛如春水淙淙。
是啊，我们有自己的祖国，小鸟也有它的归宿，人和动物都是一样啊。

[对话练习]

甲：这些孩子啊，真可爱啊！
乙：那还用说啊，不然，怎么叫模范幼儿园啊？
甲：你看啊，他们多高兴啊！
乙：是啊！他们又作诗啊，又画画啊，老师教得多好啊！
甲：你还没见啊，下了课啊，他们唱啊、跳啊，简直像一群小鸟啊！
乙：那你快回去把孩子送来啊！

甲：请问，到图书馆怎么走啊？
乙：咳！原来是你啊！我也正想去图书馆，一块儿走吧。
甲：好的。哟！那儿怎么那么多人啊？

乙：买书的呗。什么诗歌啊、小说啊、报告文学啊，全有！
甲：那么多啊，那咱们也去看看啊！
乙：行！快跑啊！

甲：你去哪儿啊？
乙：我上图书馆啊。
甲：借书啊？
乙：是啊。

五、词语的轻重格式

在普通话中，一句话里双音节词或多音节词中的每个音节都有轻重强弱的不同。造成这种变化的原因，除了音节与音节之间声调的区别外，还因为构成一句话的词或词组的每个音节，在音量上不均衡，也就是说，双音节、多音节词的各个音节有着约定俗成的轻重强弱差别，这种现象称为词的轻重格式。

我们把短而弱的音节称为轻，长而强的音节称为重，介于二者之间的音节称为中。

词语的轻重格式有三种：中重格、重中格、重轻格。其中，中重格词语最多。

[双音节词语练习]

中重

阿姨	爱国	埋头	漫骂	民兵	翻案	犯罪	投机
体育	跳伞	田野	铁路	推翻	年轻	绿洲	肝炎
关心	更衣	进攻	骑马	清早	消停	笑柄	插曲
唱歌	史诗	省会	任命	造福	自信	稳步	宇航

重中

爱戴	必然	别人	毛病	风气	大会	动作	读者
惰性	浪漫	工人	规律	价值	经验	汽车	情感
行为	性质	珍惜	传统	声音	作品	颜色	因为

重轻

| 玻璃 | 漂亮 | 便宜 | 葡萄 | 东西 | 痛快 | 拿来 | 暖和 |
| 力气 | 萝卜 | 姑娘 | 教训 | 抽屉 | 生意 | 苍蝇 | 状元 |

[三音节词语练习]

中中重

奥运会	播音员	党支部	贫困县	马克思	法西斯
流水线	共青团	抗生素	护身符	寄生虫	交际舞
救世主	井冈山	展览会	常委会	诉讼法	唯物论

中重轻

| 爱面子 | 笔杆子 | 不在乎 | 拉关系 | 看样子 | 好意思 |
| 小伙子 | 小姑娘 | 撑门面 | 儿媳妇 | 硬骨头 | 有时候 |

中轻重

| 摸得着 | 放得下 | 大不了 | 动不动 | 对不起 | 冷不防 |
| 了不起 | 看得见 | 小不点 | 吃不消 | 差不多 | 怎么样 |

[四音节词语练习]

中重中重格

耳濡目染	百炼成钢	丰衣足食	独断专行
年富力强	根深蒂固	花好月圆	奇装异服
千军万马	轻歌曼舞	心平气和	移风易俗

中轻中重格

奥林匹克	巴黎公社	不好意思	大大方方
高高兴兴	化学工业	集体经济	清清楚楚
整整齐齐	吃吃喝喝	社会主义	四海为家

重中中重格

安然无恙	别开生面	美不胜收	痛改前非
屡见不鲜	唇齿相依	事不宜迟	惨不忍睹
枉费心机	一扫而空	易如反掌	义不容辞

【口语综合实训】

1. 朗读短文，读准轻声词语。

朋友们，我们随着地球的自转每天都忙忙碌碌，我们随着地球的公转走过春夏秋冬。我们陪伴着太阳，我们也有月亮相伴，在这息息相关中的旋转中我们长大。或许这就是人生？

看到川流不息的车辆，看到到处攒动的人头，觉得人生处处是赛场，只是每个人饰演了不同的角色。

人生赛场上，有的人一直在拼搏之中，于是有了可喜的冠军诞生；有的人一直在坚持之中，有了落后者不气馁的执着。冠军令人羡慕，执着令人敬佩。他们纷纷演绎了人生的精彩。

赛场上，有的人因为不能获得第一半途而废，有的人因为忍受不了竞技过程的磨砺主动放弃。急功近利者让人惋惜，怕苦怕累者让人唏嘘。它们让人们清醒淘汰的势在必然。

赛场的掌声和鼓励的呐喊声永远是在冠军诞生的瞬间爆发，掌声和呐喊声永远在坚持到最后的瞬间此起彼伏。

2. 朗读短文，确保儿化音发音到位。

设若单单是有阳光，那也算不了出奇。请闭上眼睛想：一个老城，有山有水，全在天底下晒着阳光，暖和安适地睡着，只等春风来把它们唤醒，这是不是个理想的境界？小山把济南围了个圈儿，只有北边缺着点口儿。这一圈小山在冬天特别可爱，好像是把济南放在一个小摇篮里，它们安静不动地低声地说："你们放心吧，这儿准保暖和。"真的，济南的人们在冬天是面上含笑的。他们一看那些小山，心中便觉得有了着落，有了依靠。他们由天上看到山上，便不知不觉地想起："明天也许就是春天了吧？这样的温暖，今天夜里山草也许就绿起来了吧？"就是这点幻想不能一时实现，他们也并不着急，因为这样慈善的冬天，干啥还希望别的呢！

3. 朗读短文，注意"啊"的语音变化。

这几天，大家晓得，在昆明出现了历史上最卑劣最无耻的事情！李先生究竟犯了什么罪，竟遭此毒手？他只不过用笔写写文章，用嘴说说话，而他所写的，所说的，都无非是一个没有失掉良心的中国人的话！大家都有一支笔，有一张嘴，有什么理由拿出来讲啊！有事实拿出来说啊！（闻先生声音激动了）为什么要打要杀，而且又不敢光明正大来打来杀，而偷偷摸摸地来暗杀！（鼓掌）这成什么话？（鼓掌）今天，这里有没有特务？你站出来！是好汉的站出来！你出来讲！凭什么要杀死李先生？（厉声，热烈地鼓掌）杀死了人，又不敢承认，还要诬蔑人，说什么"桃色事件"，说什么共产党杀共产党，无耻啊！无耻啊！（热烈地鼓掌）这是某集团的无耻，恰是李先生的光荣！李先生在昆明被暗杀，是李先生留给昆明的光荣！也是昆明人的光荣！（鼓掌）

去年"一二·一"昆明青年学生为了反对内战，遭受屠杀，那算是青年的一代献出了他们最宝贵的生命！现在李先生为了争取民主和平而遭受了反动派的暗杀，我们骄傲一点说，这算是像我这样大年纪的一代，我们的老战友，献出了最宝贵的生命！这两桩事发生在昆明，这算是昆明无限的光荣！（热烈地鼓掌）反动派暗杀李先生的消息传出以后，大家听了都悲愤痛恨。我心里想，这些无耻的东西，不知他们是怎么想法，他们的心理是什么状态，他们的心怎样长的！（捶击桌子）其实简单，他们这样疯狂地来制造恐怖，正是他们自己在慌啊！在害怕啊！所以他们制造恐怖，其实是他们自己在恐怖啊！特务们，你们想想，你们还有几天？你们完了，快完了！你们以为打伤几个、杀死几个就可以了事，就可以把人民吓倒了吗？其实广大的人民是打不尽的，杀不完的！要是这样可以的话，世界上早没有人了。

4. 朗读短文，注意形容词重叠的变调。

曲曲折折的荷塘上面，弥望的是田田的叶子。叶子出水很高，像亭亭的舞女的裙。层层的叶子中间，零星地点缀着些白花，有袅娜地开着的，有羞涩地打着朵儿的；正如一粒粒的明珠，又如碧天里的星星，又如刚出浴的美人。微风过处，送来缕缕清香，仿佛远处高楼上渺茫的歌声似的。这时候叶子与花也有一些的颤动，像闪电般，霎时传过荷塘的那边去了。叶子本是肩并肩密密地挨着，这便宛然有了一道凝碧的波痕。叶子底下是脉脉的流水，遮住了，不能见一些颜色；而叶子却更见风致了。

5. 朗读短文，注意"一""不"的变调。

（1）言而有信、一诺千金是我们的祖先代代相传的美德。信用既是一种无形的力量，又是一种无形的财富，还是连接友谊的无形纽带。一个诚实的人，即便他也有别的缺点，同他接触时，心神也会感到清爽。这样的人，一定能找到幸福，在事业上有所成就。这是因为以诚待人的人，别人也会以诚相见。

就拿宋庆龄来说吧！一个星期天，宋庆龄一家用过早餐后，就准备到父亲宋耀如的一位朋友家做客，小庆龄听了，高兴得一蹦三尺高。她最喜欢到那位叔叔家了，叔叔家养的鸽子可漂亮了，那位叔叔还说要送她一只呢！小庆龄正准备和爸爸出门时，她突然想起要教好朋友小珍学做花篮，便停下了脚步。小庆龄便把此事告诉了爸爸，爸爸和姐姐都让庆龄明天教小珍做花篮，但庆龄说什么也要今天教，父亲听了心里很高兴，还对其他孩子说要向庆龄学习。父亲到了朋友家，把这件事情告诉了他的朋友，那位叔叔也很高兴，还让父亲带回两只鸽子，算是对小庆龄的奖励。

宋庆龄的故事就告诉我们了一个道理：许人一物，千金不移；一言既出，驷马难追。

（2）意大利著名男高音歌唱家卢恰诺·帕瓦罗蒂回顾自己走过的成功之路时说："当我还是一个孩子时，我的父亲，一个面包师，就开始教我学习唱歌。他鼓励我刻苦练习，培养嗓子的功底。后来，一个专业歌手收我做学生，那时，我还在一个师范学院上学。在毕业时，我问父亲：'我应该怎么办？是当教师还是成为一个歌唱家？'"

我父亲这样回答我："卢恰诺，如果你想同时坐两把椅子，你只会掉在两个椅子之间的地上。在生活中，你应该选定一把椅子。"

"我选择了。我忍住失败的痛苦，经过七年的学习，终于第一次正式登台演出。此后我又用了七年的时间，才得以进入大都会歌剧院。"

有人说选择之所以艰难，就在于选择的同时意味着放弃。古人告诉我们：鱼与熊掌不可兼得，逐两兔者必失之。因而，鲁迅为了更充分地实现人生价值，毅然弃医从文；爱因斯坦把小提琴作为业余爱好，才有足够的时间和精力在科学领域漫游。不少人常常面临左右为难、摇摆不定的职业取向，这个时候应该深刻地审视自我并做出选择——什么才是你所不能放弃的？而这不能放弃的一个，就是你应该追求和营建的职业平台。"有志之士立长志，无志之人常立志"；有伟大作为的人心中总会有个确定的目标在指引自己，正如一句意味深长的话所说："梦想不足以支撑我们到达远方，但到达远方一定要有梦想。"

6. 朗读短文，注意词语的轻重格式。

对于中国的牛，我有着一种特别尊敬的感情。留给我印象最深的，要算在田垄上的一次"相遇"。

一群朋友郊游，我领头在狭窄的阡陌上走，怎料迎面来了几头耕牛，狭道容不下人和牛，终有一方要让路。它们还没有走近，我们已经预计斗不过畜牲，恐怕难免踩到田地泥水里，弄得鞋袜又泥又湿了。正踟蹰的时候，带头的一头牛，在离我们不远的地方停下来，抬起头看看，稍迟疑一下，就自动走下田去。一队耕牛，全跟着它离开阡陌，从我们身边经过。

我们都呆了，回过头来，看着深褐色的牛队，在路的尽头消失，忽然觉得自己受了很大的恩惠。

中国的牛，永远沉默地为人类做着沉重的工作。在大地上，在晨光或烈日下，它拖着沉重的犁，低头一步又一步，拖出了身后一列又一列松土，好让人们下种；等到满地金黄或农闲时候，它可能还得担当搬运负重的工作；或终日绕着石磨，朝同一方向，走不计程的路。在它沉默的劳动中，人便得到应得的收成。

那时候，也许，它可以松一肩重担，站在树下，吃几口嫩草。偶尔摇摇尾巴，摆摆耳朵，赶走飞附身上的苍蝇，已经算是它最闲适的生活了。

中国的牛，没有成群奔跑的习惯，永远沉沉实实的，默默地工作，平心静气。这就是中国的牛！

第三章　朗读与朗诵技能训练

【本章导学】

朗读朗诵是口语的基本技能。通过本章的学习，重点要了解朗读与朗诵的异同，掌握朗读朗诵的基本技巧，学会进行装饰音处理，把握不同文体的朗读要求并能熟练运用。学习的过程中，要学练结合，以学导练、以练促学，实现理论与朗读实践能力的提升。

【任务导入】

朗读下面的片段，感受朗读的魅力。

1. 有一种经年叫历尽沧桑，有一种远眺叫含泪微笑，有一种追求叫浅行静思，有一种美丽叫淡到极致。给生命一个微笑的理由吧，别让自己的心承载太多的负重；给自己一个取暖的方式吧，以风的执念求索，以莲的姿态恬淡，盈一抹微笑，将岁月打磨成人生枝头最美的风景。（余秋雨《生命，是一树花开》）

2. 旅行之意义并不是告诉别人"这里我来过"。这就是一种改变。旅行会改变人的气质，让人的目光变得更加长远。在旅途中，你会看到不同的人有不同的习惯，你才能了解到，并不是每个人都按照你的方式在生活。这样，人的心胸才会变得更宽广；这样，我们才会以更好的心态去面对自己的生活。（余光中《逍遥游》）

第一节　朗读与朗诵的基本概念

一、朗读、朗诵的概念

朗读是把书面语言转化为发音规范的有声语言的再创作活动。

朗诵是一门独特的艺术。"朗"就是响亮的声音；"诵"就是用抑扬顿挫的声音把文章背诵出来。具体地讲，朗诵就是朗诵者在观众、听众面前，把文学作品用准确、流利的语言和丰富的情感，艺术地、表演性地进行呈现的过程，是有声语言再创作的活动。

二、朗读、朗诵的作用

语文教育的老前辈、学识渊博的叶圣陶先生曾经说过："吟咏的时候，对于探究所得的不仅理智地理解，而且亲切地体会，不知不觉之间，内容与理法化而为读者自己的东西了，这是最可贵的一种境界。"诵读可形成良好的语感，背诵又是内化语文材料最有效的方法，它可以把诵读形成的语感积淀下来。反复诵读的结果就会使同学们"出口成章"，它所积累的大量词汇、丰富多彩的语言表达形式对于我们的写作具有直接的模仿和借鉴作用。具体来说，朗诵有以下好处：

（一）有利于深入地体味文字作品

看文字作品具有一定的局限性，除去一目十行的粗读不说，就算是细读，也只是凭借着一条途径传入大脑，远不如多条途径传入大脑。看文字作品，不但要看，还要将作品变为有声语言，同时，更需要认真领会，准确地表达文字作品的精神实质。

（二）有利于提高语言表达能力

由于对文字作品的深入理解，作品中的修辞手法、构思布局等可以启迪我们。用语言将这些表达出来的愿望，迫使朗读者合理运用各种技巧尽可能完美地表现出文字作品的精妙。这对于提高读者的写作能力、语言表达能力，起着非常大的作用。

（三）有利于发挥语言的感染力

将文字转化为语言，提高了朗读者的理解力。不同的理解表达了不同的感情，朗读者可以从朗诵中表现出深刻的感情。听者也在聆听的过程中发出感叹、产生共鸣。

（四）让朗读者更自信、更礼貌、更有气质

学习朗诵，除了发音与语法的学习，还有礼仪与姿态的学习。很多人通过学习朗诵，改变了自己的性格。

三、朗读、朗诵的区分

（一）共同点

①两者都是以书面语言为依据，以书面语言为表达内容。朗读朗诵往往是以他人写成的文稿为本，当然朗读者、朗诵者也可以读自己的作品。这就要求必须深入理解作品。
②两者都是以口头语言为表达手段。
③两者都要求字音正确、语句流畅、语调语气和谐，做到表情达意。

（二）不同点

1. 两者的本质区别

与朗诵相比，朗读本质上还是一种念读，是一种应用型的朗声阅读。它更注重于突出讲解功能，换句话说，它是附属于讲解的一种口语形式。因此朗读更注重语言的规范、语句的

完整和语意的精确。它呼唤的是听者的理智思考，追求的是使听者全面、准确地理解朗读者所表达的意思。

朗诵，本质上是一种语言表述的艺术表演形式。朗诵要求朗诵者在朗读要求的基础上更加注重对文稿的表达形式进行艺术的加工和处理。朗诵者借助语速、停顿、音区、轻重音等方面的富于变化的个性表达手段，将朗诵材料转化为一种艺术表演。它呼唤的是听众的情感共鸣，追求的是使听众听之入耳、听之入心、听之动情的艺术感染力。

2. 表达文体的不同

朗读的选材十分广泛，诗歌、散文、议论文、说明文以及各种文章、书信等都可以朗读；朗诵在选材上只限于文学作品，而且只有辞美、意美、脍炙人口的文学精品，才适合朗诵。

3. 应用范围不同

朗读是一种教学宣传形式，主要用于课堂学习和电台电视台播音。朗诵是一种艺术表演形式，多在舞台上、文娱活动中使用。

4. 表现形式不同

朗读对声音的再现要求接近自然化、本色化、生活化，口语形式平实、自然，注重音量均匀。吐字节奏、停顿以及声音高低对比，可以根据表达需要有所变化，但不宜太多。

朗诵的口语形式生动、优美，对声音再现的要求是风格化、个性化，甚至是戏剧化的。它要求朗诵者将自己对作品的体会，通过音量的大小、音区的高低、节奏的快慢等多方面的变化，凝结成一种独特的艺术感染力，深入并撼动听众的心灵。

5. 语言选用上的区别

朗读以听者全面准确理解表达内容为目的，在要求语音规范的基础上运用普通话但又不局限于普通话，特殊情况下允许使用方言。

朗诵注重以语言艺术魅力感染听众，一般情况下要求必须使用普通话。用方言朗诵在绝大多数情况下是让听众难以接受的。

6. 在姿态语方面的区别

一般对朗读者的形体、态势、表情、眼神等均无明确的要求，如老师可以来回走动朗读课文，播音员通常坐着播音等。

朗诵，则要求朗诵者在朗诵过程中形体、态势、表情、眼神和谐统一、协调配合，以强化朗诵语言的艺术感染力。

综上所述，朗读和朗诵，既有区别又有着密不可分的联系。朗读者所处的位置是本色化的，而朗诵者所处的位置是艺术化的。朗读是朗诵进行艺术加工的基础，朗诵是朗读艺术加工后的提高。从口语学习的角度看，朗读是基础，朗诵是朗读的进一步深入和艺术化的过程。不管是朗读还是朗诵，语言绝对不能脱离生活语言的基础，要防止"朗诵腔""播音腔""舞台腔"，否则朗读也好、朗诵也好，只会让人听了不自然、不亲切，非但不能引起共鸣反而使人感到刺耳。

四、朗读、朗诵的基本要求

朗读是把文字作品转化为发音规范的有声语言的一种语言创造活动，是深入体会文字作品、提高口语表达能力、使日常语言达到规范的一种有效途径。作为最直接、最有效的提高口语表达的途径，了解、掌握和运用朗读的基本要求和技巧成为掌握朗读方法、提高朗读能力的突破口。朗读活动中，决定朗读水平高低的因素很多，朗读的要求也各有不同。朗读的基本要求是：语音准确、语意清晰、语流畅达、富于美感。

（一）语音准确，吐字清晰

这是朗读成功的基础。要在读准字音的基础上，了解句子的语流音变，尽量减少乡音的干扰。朗读时要正确使用轻声、儿化、变调等音变规律，不错读或异读。在朗读作品时，轻声的处理实际上更多体现的是声音持续时间的短，而不是声音强度的轻。

（二）语意清晰，目的明确

朗读，需要准确清晰地将文字材料所包含的意思通过声音传递出来。这个传递成功与否，与朗读者自身对文章的理解和认知有极大的关系。如果不能清晰地知晓一个语句的真实意图，就会将这个句子念得支离破碎、断断续续。因此，掌握一些常规的语句停连与强调的方式，合理安排、运用自然，才能使语言表意明确，主旨清晰。

（三）语流畅达，富于美感

语言流畅是口语表达的基本要求。语言功力的扎实程度，语言美感的外化强弱，都是通过语言的流畅程度来实现的。一个作品只有在流畅的基础上才能成为富于感染力的艺术品，有声语言内在的流动美才能得以体现。语调和节奏的合理把握就能让单调的文字"活"起来。

（四）注重技巧，合理自然

为了更准确地传递作品内涵、增强朗读效果，还需讲究朗读技巧的运用，在停连、重音、语调、节奏等方面对作品做出恰如其分的处理，但又切忌机械地、形式地套用技巧。自然、真切又富于情感魅力的生活感才是朗读的真正境界。

【口语综合实训】

朗读下面的片段，体会朗读的要求。

1. 你如果想把握光年的长度，请看银河；你如果想把握沧海桑田的长度，请看化石；你如果想把握一年的长度，请看麦田；你如果想把握一个月的长度，请看婴孩；你如果想把握一天的长度，请看潮起潮落；你如果想把握一个小时的长度，请看抢救心脏；你如果想把握一分钟的长度，请看上班族的打卡；你如果想把握一秒钟的长度，请看神舟飞船升天；你如果想把握一毫秒的长度，请看奥运百米争冠；你如果想把握自己一生的长度，请珍惜眼前无数个瞬间。

2. 微笑像温暖的春风，微笑像馨香的花蕾。

当果树看到压弯自己脊梁沉甸甸的果实各个成熟，当小伙子收到心爱的姑娘寄来的花手绢倾诉心声；当年轻的父亲听到孩子第一次称呼自己为爸爸；当我们用辛勤的汗水实现多年的夙愿；当祖国的名字和旗帜在世界的舞台上高高飘扬，我们怎能压抑住内心的激动和喜悦，我们情不自禁地为这一切而感到自豪与骄傲。

周围到处是芬芳的鲜花，到处是灿烂的阳光，我们满心欢喜，笑容满面。仿佛觉得：花儿在为自己开，鸟儿在为自己唱，风儿在为自己吹，水儿在为自己流，万物在为自己生。

生活是这样的美好，世界充满了祥和、友爱。我们怎能不从心里生出笑来，我们笑得舒心，笑得自然，笑得甜蜜，就像旭日刚从地平线冉冉升起。

呵！微笑，给生活带来了多少欢快！

第二节 朗读与朗诵的基本技巧

一、停顿

（一）停顿的种类

朗诵中的停顿，包括语法停顿、逻辑停顿和结构停顿。

1. 语法停顿

语法停顿是句子中一般的间歇，反映句子语法关系和地位。

语法停顿与标点符号关系密切。平时所说的标点符号，是指标号和点号两个内容。点号包括句号、问号、叹号、逗号、顿号、分号、冒号七种。其停顿时间的长短一般是：句号（二拍）、问号（二拍）、叹号（一拍至二拍）＞分号（一拍半）＞冒号、逗号（一拍）＞顿号（半拍）。

除了点号停顿以外，标号中的破折号、省略号、连接号、括号也有标示停顿的作用。破折号、省略号的停顿时间依句子的具体情况而定，一般为一拍、二拍和三拍。连接号和括号的停顿时间为一拍。

[技能训练]

（1）美术课上，老师教同学们画风景，要画上树、房子和小山。（《蓝树叶》）

（2）乌鸦听了狐狸的话，得意极了，就唱起歌来。"哇……"他刚一张嘴，肉就掉下来了。（《狐狸和乌鸦》）

（3）那是一双很大的拖鞋——那么大，一向是她妈妈穿的。（《卖火柴的小女孩》）

朗诵带括号的内容时，一般是读完括号前边的内容后做短暂的停顿，之后改用慢语速、弱力度读括号内的内容，读完之后做短暂的停顿，紧接着再改换用括号前边内容的朗诵速度和力度去读括号后边的内容。这些括号的每半幅要各停一拍。但如果括号内容很长，不便朗诵，则要等到读完括号前后的完整内容之后再读括号中的内容，否则的话，括号前后的句意就连不起来了。

[技能训练]

我家只有一个忙月（我们这里给人做工的分三种：整年给一定人家做工的叫长年；按日给人做工的叫短工；自己也种地，只在过年过节以及收租时候来给一定的人家做工的称忙月），忙不过来，他便对父亲说，可以叫他的儿子闰土来管祭器的。(《少年闰土》)

2. 逻辑停顿

句子中的语法停顿不能完全以标点符号为依据，有些句子没有标点符号，但根据表情达意的需要，也需要做些停顿，这就是逻辑停顿。逻辑停顿又叫感情停顿、强调停顿，是为了适应一定语言环境的需要，在不是语法停顿的地方做适当停顿，或在语法停顿的地方做时间上的变动，目的在于突出某一事物、某种感情或某个特定的语意。

[技能训练]

(1) 圆圆的月亮像大玉盘似的挂在天空中。(《看月食》)

(2) 乌鸦看见旁边有许多小石子，想出办法来了。(《乌鸦喝水》)

3. 结构停顿

结构停顿是段落层次间的停顿，是指每读完一个自然段或一个层次以后停顿一下，以表示朗诵的某一个意思到此告一段落。这种停顿的时间要长，一般以三拍为宜。段落层次之间停顿时间的长短，主要根据段落结构情况而定。通常情况下是：段落＞层次＞句子，或意义段＞自然段＞句子。

（二）停顿的处理

1. 句尾

句尾停顿，声音要收住，要有平稳的较长停顿。主要把握三点：

①话将要说完时，气息也将用完；话语声音停止，气息也呼出完毕。

②收音音节要处于落势，有时，停顿前的整个词组都要下落。

③收要收住，或急收，或缓收，都要停住，不能失去控制。

[技能训练]

(1) 急收：狼不想再争辩了，龇着牙，逼近小羊……说着就往小羊身上扑去。(《狼和小羊》)

(2) 缓收：小兴安岭一年四季景色诱人，是一座美丽的大花园，也是一座巨大的宝库。(《美丽的小兴安岭》)

2. 句中（有时也指一个小层次、一个段落）

①停前扬收：扬收，要看停顿前的词或词组的轻重格式、末一个音节的声调调值、全句重音位置以及全句语气，目的在于造成行进感。

②停前徐收：在停顿前音节稍稍拖长的时候，有一种声断气连、藕断丝连之感。徐收和

扬收可并用,扬收音节也可同时徐收。

③停后缓起:停顿后开头的音节、词或词组,从容发声,缓缓出口,叫作缓起。缓起时,一般使用较低的声音,不但要把停前的"收"稳稳托住,而且要推动后面的词语。

④停后突起:停顿时急吸气,停后急发声、快吐字,叫作突起。它不论使用较高的声音还是较低的声音,都要改变停前的声音形式。

⑤停而紧连:句中虽有停顿,但需要紧连时,应缩短标点符号的停顿时间,甚至某些句子之间、段落之间也可以紧连。

[**技能训练**]

草地上盛开了各种各样的野花,红的、白的、黄的、紫的,真像个美丽的大花坛。(《美丽的小兴安岭》)

⑥停而缓连:停顿是要有声音空隙的。有时,连接处可以吸气;有时,停顿中可以屏息。

[**技能训练**]

可是,瓶子里的水不多,瓶口又小,乌鸦喝不着水。怎么办呢?(《乌鸦喝水》)

二、重音

(一) 重音的种类

文章中对表现内容、情节和表达思想情感有突出作用的音节叫重音,对表现内容、情节和表达思想情感起突出作用的句子叫重点句,为突出重点句的朗读叫作重读。重音是通过朗读的力度和速度并且配以拖音实现的。

重音包括语法重音和逻辑重音两类。在一定语言环境里,语法重音要服从逻辑重音。

1. **语法重音**

语法重音,是根据词语在句子中所处的地位所确定的重音。

主语重音:谁来放哨呢?(《一只小雁》)

谓语重音:风停了,雨住了,太阳出来了。(《雷雨》)

定语重音:不久,棉花姑娘的病好了,长出了碧绿碧绿的叶子,吐出了雪白雪白的棉花。(《棉花姑娘》)

状语重音:它扎煞起全身的羽毛,绝望地尖叫着。(《麻雀》)

2. **逻辑重音**

逻辑重音,又叫作强调重音、感情重音。逻辑重音不像语法重音那样大体上有规律可循,它是根据一定语言环境需要而临时确定的重音。有时候,甚至是同一个句子,在不同的语言环境和不同的感情支配下,就有不同的重音处理方法。

例:他喜欢打篮球

(谁喜欢打篮球?)他喜欢打篮球!

(他喜不喜欢打篮球?)他喜欢打篮球!

（他喜欢打篮球还是看篮球？）他喜欢打篮球。

（他喜欢打排球吧？）他喜欢打篮球！

（二）重音的处理

处理重音的办法主要有两种：重音重读和重音轻读。根据教材的思想内容和词语所处的语言环境来确定。

1. 重音重读

重音重读是在朗读中对某个音节或某个句子成分以及某个句子加强语势，甚至拉长音节，给人以深刻的印象。

[技能训练]

（1）过了好几天，这个蛋才慢慢裂开，钻出一只又大又丑的鸭子。他的毛灰灰的，嘴巴大大的，身子瘦瘦的，大家都叫他"丑小鸭"。（《丑小鸭》）

（2）"先生既然救了我，就把好事做到底，让我吃了你吧！"（《东郭先生和狼》）

（3）他慢慢地数："一，二，三，四……"一边数一边用手打着拍子。（《夜莺之歌》）

2. 重音轻读

重音轻读，是在朗读时用减轻读音力度和放轻朗读语气的方法来表现内容的情感特征。它的特点是语音轻淡、语势轻缓。轻读一般表现体贴、疼爱、留恋、怀念、怜悯等温情内容或表达悲伤、沮丧、痛苦、惊恐等不开心内容。

[技能训练]

（1）人们还是面向灵车开去的方向，静静地站着，站着，好像在等待周总理回来。（《十里长街送总理》）

（2）她死了，在旧年的大年夜冻死了。新年的太阳升起来了，照在她小小的尸体上。小女孩坐在那儿，手里还捏着一把烧过了的火柴梗。（《卖火柴的小女孩》）

（3）"不，没有人！上帝，我为什么要这样做？……"（《穷人》）

三、语气语调

（一）语气的色彩

语气一词，由"语"和"气"合成。"语"，指有声语言，指通过声音表现出来的语句；"气"，指朗读时支撑有声语言流露出来的气韵。

①爱的感情一般是"气徐声柔"，有温和感。说话时口腔松宽，气息深长。

②恨的感情一般是"气足生硬"，有挤压感。说话时口腔紧窄，发音器官紧张，气流不畅，语气急促生硬。

③喜的感情一般是"气满声高"，有跳跃感。说话时声音脆亮，气息顺畅，音调高语速快，发声偏于口腔靠前部，语气欢快短促，声音甜润，给人以兴奋感。

④悲的感情一般是"气沉声缓"，有阻滞感。说话时气息沉重，出声缓慢，气息先而出

声在后，气息阻滞声音，发声被气息隔断，给人以呜咽的感觉。

⑤惧的感情一般是"气提声抖"，有衰竭感。说话时发声迟疑，语流不顺，气息似积存于胸，出气强弱不匀。

⑥急的感情一般是"气短声促"，有紧迫感。说话时吐字弹射有力，气息急迫，出语停顿短暂，断断续续，给人以催促感。

⑦冷的感情一般是"气少声平"，有冷寂感。说话时口腔松懒，气息微弱。

⑧怒的感情一般是"气粗声重"，有震慑感。说话时发音力度加大，语势迅猛，气息粗重，纵放不收，语气粗重沉实。

⑨疑的感情一般是"气细声缓"，有踟蹰感。说话时气息似断又连，吐字迟缓，以降升调收尾，字尾拖长，给人以迟疑不定感。

（二）语调的运用

朗读中的语调，表现为朗读时语句读音的升降曲直形式。朗读必须根据语言环境、人物性格、情感变化等需要，将读音的形式做适当的调配。

1. 平直调

整个句子语气平直舒缓，语句从头到尾一直读平语音，使用中力度。一般性的说明和叙述，以及表示冷漠、悲痛、庄严的感情用平直调。

[技能训练]

天快亮了，周总理走出人民大会堂。他又工作了整整一夜。(《温暖》)

2. 上升调

语句的读音从低向高逐渐上升，力度从弱到强。上升调一般表现为呼唤、祈使、疑问、反问、惊讶、惊异、愤怒、命令等语气或情感的语句。

[技能训练]

（1）狼忙打招呼说："好朋友！为了我们的友情，帮帮忙吧！"(《会摇尾巴的狼》)

（2）小猴子叫起来："糟啦，糟啦！月亮掉在井里啦！"

（3）"同志们！为了党的事业，为了最后的胜利，冲呀！"

3. 降抑调

语句的读音由高向低逐渐下降，力度渐次减弱。降抑调一般表示赞扬、祝愿、坚决、自信或失望、悲伤等情感。有的语句被强调的重点在其开头部分，也用降抑调。

[技能训练]

雨越下越大。往窗外望去，树哇，房子呀，都看不清了。(《雷雨》)

4. 曲折调

语句读音高低和力度不定交变。曲折调一般表示惊讶、怀疑、讽刺、双关、犹疑等情感。它有两种形式，有的句子被突出强调的重点在其中间部位，则这部分内容的朗读力度要强，语音要高；有的语句被强调的重点在其两端，则两端的力度和读音要高，这两种语句的读音力度的趋势均呈高低曲折变化。

[技能训练]

(1) 花喜鹊拍拍翅膀,说:"骄傲的孔雀,湖里的那只鸟就是你自己的影子呀!你骄傲得连自己也看不起了!"(《骄傲的孔雀》)

(2) 一会儿细钩也不见了,整个月亮只留下个红铜色的圆影子,像一面锣。(《看月食》)

5. 语调的综合应用

在朗读中涉及的并不是单独存在的语句,而是一组一组相互牵连在一起的句群,我们不能将其中的每一句话都用同一个语调,那样的话会使人听起来单调乏味,令人感到厌烦,会降低朗读的效果。所以应该根据具体情况对句群中每句的语调进行恰当的调配,使之和谐悦耳。

[技能训练]

(1) 他们都来看伽利略的试验,都来看在这个问题上谁是胜利者:是古代哲学家亚里士多德呢,还是25岁的数学教授伽利略?(《两个铁球同时着地》)

(2) 四面都有小丘,平地是绿的,小丘也是绿的。……这种境界,既使人惊叹,又叫人舒服,既愿久立四望,又想坐下低吟一首奇丽的小诗。(《草原》)

四、节奏

在朗读中,要立足于作品的全篇和整体来把握语流速度,即节奏。节奏不仅包含抑扬顿挫和轻重缓急的特点,也包含声音行进、语言流动中的回环往复的特点。朗读中语速的快慢主要起决定作用的因素依然是作品的内容和感情。

(一) 根据内容确定朗读速度

①一般说来,情绪紧张、热烈、激动、兴奋、愤怒、急躁、惊慌以及斥责、申辩等内容,朗读的速度宜快。

[技能训练]

水手们笑得声音更大了,孩子的脸红了。他脱了上衣,爬上桅杆去追猴子。不一会儿,他已经顺着绳子爬到第一根横木上了。就在孩子想去抓帽子的时候,猴子又往上爬了,爬得比孩子更灵巧、更快。"你逃不了!"孩子一边喊一边往上爬。猴子不时回过头来逗孩子,孩子气急了,不停地往上追,他们两个眼看就要爬到桅杆的顶端了……(《跳水》)

②一般说来,叙述、写景、沉痛、悲伤、思念、自省、行动迟缓、气氛庄严、行为困苦或凄惨等内容,要读得慢一点。

[技能训练]

桑娜把马灯举得更近一些,不错,是西蒙。她头往后仰着,冰冷发青的脸上显出死的宁静,一只苍白僵硬的手,像要抓住什么东西似的,从稻草铺上垂下来。就在这死去的母亲旁边,睡着两个很小的孩子,都是卷头发、圆脸蛋,身上盖着旧衣服,蜷缩着身子,两个浅黄色的小脑袋紧紧地靠在一起。显然,母亲在临死的时候,拿自己的衣服盖在他们身上,还用

旧头巾包住他们的小脚。(《穷人》)

(二) 根据情感色彩确定朗读速度

①一般来说，表达喜爱、兴奋、愉快、惊喜、威胁、恐吓、惊惶等情绪要快读。

[技能训练]

1. 兔子吓了一跳，拔腿就跑。小猴儿看见了，问他为什么跑。兔子一边跑一边叫："不好了，'咕咚'可怕极了！"(《咕咚》)

2. 狼气冲冲地说："就算这样吧，你总是个坏家伙！我听说，去年你在背地里说我的坏话！"(《狼和小羊》)

②一般说来，表达畏惧、悲痛、祈求、悠然自在、思念、失望、犹豫、遗憾、惋惜、沮丧、懊悔、哀怜、蔑视、幽默讽刺等情感要慢读。

[技能训练]

1. 青蛙说："朋友，别说大话了！天不过井口那么大，还用飞那么远吗？"……青蛙笑了，说："朋友，我天天坐在井里，一抬头就看见天。我不会弄错的。"(《井底之蛙》)

2. 小马吃惊地问："水很深吗？"松鼠认真地说："深得很哩！昨天，我的一个伙伴就是掉在这条河里淹死的！"(《小马过河》)

此外，语速的快慢还和作品的体裁以及人物的年龄、性格等有关。就作品的体裁而言，和散文相比，诗歌的速度要慢一些。散文中，抒情散文比叙事散文的速度要慢一些。就人物的年龄和性格说，年轻人的话较快，老年人的话较慢；性格豪爽、作风泼辣的人话语较快，性格憨厚、作风懒散的人话语较慢。

(三) 节奏的综合运用

朗读中，对于节奏的处理除了关注文中角色情感、年龄以及作品的体裁外，有时也要整体把握作品以做特殊处理。如作品基调低沉的，不能一低到底，同样要表现出抑扬顿挫，尽量做到起伏有致。

[技能训练]

1. 天灰蒙蒙的，又阴又冷。长安街两旁的人行道上挤满了男女老少。路那样长，人那样多，向东望不见头，向西望不见尾。人们臂上都缠着黑纱，胸前都佩着白花，眼睛都望着周总理的灵车将要开来的方向。一位满头银发的老奶奶，双手拄着拐杖，背靠着一棵洋槐树，焦急而又耐心地等待着。一对青年夫妇，丈夫抱着小女儿，妻子领着六七岁的儿子，他们挤下了人行道，探着身子张望。一群泪痕满面的红领巾，相互扶着肩，踮着脚望着，望着……

灵车缓缓地前进，牵动着千万人的心。许多人在人行道上追着灵车奔跑。人们多么希望车子能停下来，希望时间能停下来！可是灵车渐渐地远去了，最后消失在苍茫的夜色中了。人们还是面向灵车开去的方向，静静地站着，站着，好像在等待周总理回来。(《十里长街送总理》)

2. 有一天，孔雀昂着头，挺着胸，拖着美丽的长尾巴，沿着湖边散步。树上的花喜鹊很有礼貌地向他问好，他理也不理。

忽然，孔雀发现湖里有一只鸟，跟他一模一样，也十分漂亮。他立刻停住脚步，展开尾巴。美丽的尾巴抖动着，像一把五彩洒金的大扇子。谁知湖里的那只鸟也停住脚步，展开尾巴。美丽的尾巴也抖动着，像一把五彩洒金的大扇子。

骄傲的孔雀有点儿生气了，他睁大圆圆的眼睛，抖了抖头上的翎毛。湖里的那只鸟也睁大圆圆的眼睛，抖了抖头上的翎毛。骄傲的孔雀可真生气了，他昂着头，挺着胸，向前迈了一大步，没想到一下子掉进湖里了。（《骄傲的孔雀》）

【口语综合实训】

为下面的材料设置停顿、重音并朗读，朗读过程中注意语气、语调、掌控好节奏。

1. "非淡泊无以明志，非宁静无以致远。"这是诸葛亮《诫子书》中的两句话。

宁静，是一块圣洁的天空，是一方心灵的净土，是人们摒弃诱惑、滤除杂念，进入自我完善、人格升华的至纯至美之境。人生最美妙的时光，是在独守一片天籁、独享一角清幽、独处一隅孤寂的时候。因为，热闹之中，诸多成分是捧场，是干扰，是陶醉，是无目的地消耗时间和精力，至多也只能是片刻的欢娱。一时的惬意，最终还是抹不去永远的失落。热闹是无果的花，宁静是无花的果。无果的花，别看它开得绚丽，到头来一无所有；无花的果，虽然从不炫耀什么，结出的却是沉甸甸的果实。记住，热闹无非是不毛之上的几星点缀，宁静才是繁衍不息的创造的绿洲。

"结庐在人境，而无车马喧"，有人说在这热火朝天的时代，未免太清凉、太寂寞了。窃以为，清冷自有清冷的真谛，寂寞自有寂寞的美妙。宁静里有它的魅力，有它的灵气，有它的滋味。有道是，此时无声胜有声，又说是于无声处听惊雷。每个要有作为的人经历长久的宁静后，必将有惊人的壮举，必将有非凡的创造。

2. 人生的道路是漫长的，如果你只会一味地感伤失去，那么你将一无所有，只有有能力去享受失去的"乐趣"的人，才能真正品尝到人生的幸福。让自己承受失去的东西，也许你会感到很痛苦，那也要自己去承受，别人是代替不了你的。伤和痛是有的，这就证明你已经长大了，成熟了。失去的时候，你可以哭，可以发泄，可以找朋友倾诉……过后，你的世界就会充满了阳光。

生活中，我们既要享受收获的喜悦，也要享受"失去"的乐趣。失去是一种痛苦，也是一种幸福。因为失去的同时你也在得到。失去了太阳，我们可以欣赏到满天的繁星；失去了绿色，我们可以得到丰硕的金秋；失去了青春岁月，我们走进了成熟的人生……朋友，别因为失去而感到遗憾，勇敢地去面对，做生活的强者。

3. 要想改变我们的人生，第一步就是要改变我们的心态。只要心态是正确的，我们的世界就会是光明的。

其实人与人之间本身并无太大的区别，真正的区别在于心态。"要么你去驾驭生命，要么生命驾驭你。你的心态决定谁是坐骑，谁是骑师。"在面对心理低谷之时，有的人向现实妥协，放弃了自己的理想和追求；有的人没有低头认输，他们不停审视自己的人生，分析自己的错误，勇于面对，从而走出困境，继续追求自己的梦想。

我们不能控制自己的遭遇，但我们可以控制自己的心态；我们改变不了别人，我们却可以改变自己；我们改变不了已经发生的事情，但是我们可以调节自己的心态。

有心无难事，有诚路定通。正确的心态能让你的人生更坦然舒心。当然，心态是依靠你自己调整的，只要你愿意，你就可以给自己一个正确的心态。

心态是人真正的主人。改变心态，就是改变人生。有什么样的心态，就会有什么样的人生。要想改变我们的人生，其第一步就是要改变我们的心态。只要心态是正确的，我们的世界也会是光明的。

4. 城市本没有英雄，漫步在钢筋水泥的灰色城市里，英雄便多了起来……

那是一群英雄，一群辛苦了自己却舒适别人的人，一群就只是城市的过客，一群有着朴实的表情，一群带着韧性的人，也许城市的"动车族"更能形容他们。

我见过，在每一个清晨，我看过，在每一个角落，我曾遇到过，在每一个城市，我感受过他们骨子里的那种执着，眼神流露的多种复杂的浑浊而又清澈，变无奈为忍耐，可我怕眼神触及、目光交错的时候，那时的我心里有种隐隐的痛……

江南的雨，下起来总是惆怅的，我总觉得有丝丝的幽怨卷绕在朦胧的烟雾之中，那便是烟雨。依稀的早晨，街上行人如流，伞底下一张张看不清的脸伴随着急促的步子夹杂着汽车刺耳的鸣笛声在漂流。

这样的晨，不打伞出门其实更惬意。快到了楼下，看到一堵新砌的墙。我惊讶，怎么一夜，况且是下着雨的夜，一堵墙如春笋般站在我们面前，而后看见一群穿着雨衣涌来的"英雄"。那种雨衣，没有颜色；那种雨衣，并不美观，还带着笨拙；那种雨衣，在城市的灰色下，黯然失色。可是，那种着着雨衣的人给它镀上了彩色，一种希望的色彩……

几天后的一天，我想自己也应该要为自己砌一堵结实的墙，一堵心理上的，一堵情感上的，一堵……不论是风雨变幻，还是暴雨来袭，我想那堵墙是坚固的，足可以支撑着看到希望……

5. 美国管理者坚信这样一个简单的理念：如果连起码的信任都做不到，那么，团队协作就是一句空话，绝没有落实到位的可能。人们在遇到问题时，会首先相信物；其次是相信自己和自己的经验；最后，万不得已才相信他人。而这一点，在团队合作中则是大忌。团队是一个相互协作的群体，它需要团队成员之间建立相互信任的关系。信任是合作的基石，没有信任，就没有合作。团队成员只有相互信任、主动做事、乐于分享，才能共同成长，共达成功的彼岸。信任，是整个团队能够协同合作的十分关键的一步。

第三节 装饰音的处理

朗诵中，为了强化文章的思想情感，还需配有一定的色彩语音，即装饰音。它包括拖音、颤音、顿音、悦音、嘘音、泣诉音、伴音、拟绘音、悄音、耳语音、气音、重音。

一、颤音

颤音是表示某种特殊激动情绪和神态的语音。

[技能训练]

"亲爱的爷爷，发发慈悲吧，带我离开这儿回家，回到我们村子里去吧！我再也受不住了！……我给您跪下了，我会永远为您祷告上帝。带我离开这儿吧，要不，我就要死了！……"（《凡卡》）

二、气音

气音是在说话或朗诵时，为了表现惊讶、感叹、恐惧等语气或模仿某种声音的语音形式。

[技能训练]

她的一双小手几乎冻僵了。啊，哪怕一根小小的火柴，对她也是有好处的！……哧！火柴燃起来了，冒出火焰来了！……第二天清晨，这个小女孩坐在墙角里，两腮通红，嘴角上带着微笑。她死了，在旧年的大年夜冻死了。（《卖火柴的小女孩》）

三、悄音

悄音是一种超低语音，力度介于气音和低语音之间，它是人在彼此交谈时唯恐别人听见或者自言自语时而使用的低语音。

[技能训练]

她忐忑不安地想："他会说什么呢？这是闹着玩的吗？自己的五个孩子已经够他受的了……是他来啦？……不，还没来！……为什么把他们抱过来啊？……他会揍我的！那也活该，我自作自受。……嗯，揍我一顿也好！"（《穷人》）

四、泣诉音

在朗诵哀伤、悲痛等情感的内容时，为了使读音与内容情感融洽，使读音带有哽咽抽泣的色彩，这种语音叫泣诉音。

[技能训练]

芦花村里的人听到河沿上响了几枪。老人们含着眼泪，说："雨来是个好孩子！死得可惜！"（《小英雄雨来》）

五、悦音

悦音是带有愉悦成分的语音，这种语音是在朗诵中不由自主流露出来的，表现为说中带笑、笑中含说，自然谐和。悦音的表现方法是边读边收缩喉部，使气流荡激喉头，产生一种浑厚的颤动的声音。

[技能训练]

爸爸对妈妈说："鬼子又'扫荡'了，民兵都到区上集合，要一两个月才能回来。"雨来问爸爸说："爸爸，远不远？"爸爸把手伸进被窝里，摸着雨来光溜溜的脊背，说："这哪有准儿呢？说远就远，说近就近。"（《小英雄雨来》）

六、拟绘音

拟绘音就是在朗读时用自己的语音去模仿物品发生的声响或动物发出的声音。

[技能训练]

海底是否没有一点声音呢？不是的。海底的动物常常在窃窃私语。你用水中听音器一听，就能听见各种声音：有的像蜜蜂一样嗡嗡，有的像小鸟一样啾啾，有的像小狗一样汪汪，有的还好像在打鼾。……（《海底世界》）

七、顿音

在朗诵中，有时并列的内容比较多，需要用很短的时间将这些内容罗列出来，使之既体现各自独立的特点，又体现彼此清晰连续的并列关系而采用的读音就是顿音。顿音的特点是急而短，表现方法为急读短停，适用于词与词之间。

[技能训练]

高楼里，也闪烁着无数的"星星"，红的、黄的、蓝的……光彩夺目，十分美丽。（《星夜》）

八、佯音

朗诵中根据情感需要，朗诵者对所读的内容是用假声假气去表现的，这种语音就是佯音。佯音常常用于表现反面角色的语言和呼喊语气的句子。

[技能训练]

1. 青蛙说："朋友，别说大话了！天不过井口那么大，还用飞那么远吗？"（《坐井观天》）
2. 敌人看到了这边的火把，扯着嗓子喊："你们是哪个部分的？"我们的战士高喊答

话:"是碰上了红军撤下来的。"(《飞夺泸定桥》)

九、拖音

朗诵中为了突出某种情感或语气,也往往会将末尾章节的音素拉成较长的平音即拖音。它一般表现在否定、肯定、强调、疑问、赞叹、欢呼、应答、命令等口气的句子和表现沉思、迟疑、欢欣等情感的内容中。

①表示肯定、否定的语气用拖音。

[技能训练]

不,那不是树,那是大伞。(《白杨》)

②表示垂危、艰难的语气用拖音。

[技能训练]

我扑到指导员身上大声地喊:"指导员,指导员……"好半天,他才微微睁开眼睛,嘴里叨念着:"书……书……"(《珍贵的教科书》)

③表示哀叹的语气用拖音。

[技能训练]

唉,寡妇的日子真难过啊!进去看看吧!(《穷人》)

④表示恳切的语气用拖音。

[技能训练]

他们望着这位身材高大的红军首长,恳切地说:"伯伯,我们也要当红军,收下我们吧!"(《我们也要当红军》)

⑤表示疑惑的语气用拖音。

[技能训练]

"是吗?"魏王信不过自己的耳朵,问道,"你有这样的本事?"(《惊弓之鸟》)

⑥表示强调的语气用拖音。

[技能训练]

那个人感到很奇怪,他说:"什么?叶子上的虫还用治?我要的是葫芦。"(《我要的是葫芦》)

⑦表示命令、呼喊、庆贺的语气用拖音。

[技能训练]

他刚要拧开盖子,班长抢前一步,夺过手榴弹插在腰间,猛地举起一块磨盘大的石头,大声喊道:"同志们!用石头砸!"……"中国共产党万岁!"(《狼牙山五壮士》)

⑧表示央求或应答的语气用拖音。

[技能训练]

燕子飞来了。棉花姑娘说:"请你帮我捉害虫吧!"(《棉花姑娘》)

⑨表示赞美的语气用拖音。

[技能训练]

漓江的水真静啊,静得让你感觉不到它在流动;漓江的水真清啊,清得可以看见江底的沙石;漓江的水真绿呀,绿得仿佛那是一块无瑕的翡翠。(《桂林山水》)

⑩表示迟疑的语气用拖音。

[技能训练]

"我?"桑娜脸色发白,说:"我嘛……缝缝补补……风吼得这么凶,真叫人害怕。我可替你担心呢!"(《穷人》)

拖音仅适合慢语速朗诵。拖音不仅取决于语言情感,还取决于朗诵的速度。如果形势需要快速朗诵,这种拖音就不能再使用了。否则的话,情感的表达将会因语音的造作拖延而失谐。

【口语综合实训】

综合运用朗读技巧朗读下面的内容。

1. 猴吃西瓜

猴王找到了一个大西瓜,可是,怎么吃呢?这个猴王啊,是从来也没有吃过西瓜。忽然,他想出了一条妙计,于是,把所有的猴都召集来了。

他清了清嗓子:"今天,我找到了一个大西瓜。至于这西瓜的吃法嘛,我当然……当然是知道的。不过,我要考验一下大伙的智慧,看看谁能说出这西瓜的吃法。如果说对了,我可以多赏他一块。如果说错了,我可要惩罚他!"

大伙你看看我,我看看你,谁也没有吃过西瓜。

小毛猴眨巴眨巴眼睛,挠了挠腮说:"我知道,吃西瓜是吃瓤!"

"不对!小毛猴说得不对!"秃尾巴猴跳了起来,"我小的时候跟我妈去姥姥家吃过甜瓜,吃甜瓜就是吃皮。我想,这甜瓜也是瓜,西瓜也是瓜,吃西瓜嘛,当然也是吃皮咯。"

这时候,大伙争执起来。有的说:"吃西瓜吃皮!"有的说:"吃西瓜吃瓤!"可争了半天,也没争出个结果,于是都不由得把目光集中到老猴的身上……

这老猴认为出头露面的机会来了,他捋了捋胡子,打扫了一下嗓子说:"这吃西瓜嘛,当然……当然是吃皮咯。我从小就爱吃西瓜,而且……而且一直都是吃皮的。我想,我之所以老而不死,就是因为吃了这西瓜皮的缘故……"

大伙都欢呼起来:"对!吃西瓜吃皮!""吃西瓜吃皮!"……

猴王认为找到了正确答案,他站起身来,上前一步,开言道:"对!大伙说得对!吃西瓜是吃皮。哼!就小毛猴崽子一个人说吃西瓜吃瓤,那就让他一个人吃吧!咱们大伙,都吃西瓜皮!"

西瓜一刀两半,小毛猴吃瓤。大伙,是共分西瓜皮……

有个猴吃了两口,就捅了捅旁边的说:"哎,我说这可不是滋味啊!"

"咳,老弟,我常吃西瓜,西瓜嘛,就是这味……"

2.   一杯牛奶

一天,一个贫穷的小男孩为了攒够学费正挨家挨户地推销商品,劳累了一整天的他此时感到十分饥饿,但摸遍全身,却只有一角钱。怎么办呢?他决定向下一户人家讨口饭吃。当一位美丽的女子打开房门的时候,这个小男孩却有点不知所措了,他没有要饭,只乞求给他一口水喝。这位女子看到他很饥饿的样子,就拿了一大杯牛奶给他。男孩慢慢地喝完牛奶,问道:"我应该付多少钱?"年轻女子回答道:"一分钱也不用付。妈妈教导我们,施以爱心,不图回报。"男孩说:"那么,就请接受我由衷的感谢吧!"说完男孩离开了这户人家。这时,他不仅感到自己浑身是劲儿,而且还看到上帝正朝他点头微笑,那种男子汉的豪气像山洪一样迸发了出来。

其实,男孩本来是打算退学的。

数年之后,那位女子得了一种罕见的重病,当地的医生对此束手无策。最后,她被转到大城市医治,由专家会诊治疗。当年的那个小男孩如今已是大名鼎鼎的霍华德·凯利医生了,他也参与了医治方案的制定。当他看到病历上所写的病人的来历时,一个奇怪的念头霎时间闪过他的脑际。他马上起身直奔病房。

来到病房,凯利医生一眼就认出了床上躺着的病人就是那位曾帮助过他的恩人。他回到自己的办公室,决心一定要竭尽所能来治好恩人的病。从那天起,他就特别地关照这位病人。经过艰辛努力,手术成功了。凯利医生要求把医药费通知单送到他那里,在通知单的旁边,他签了字。

当医药费通知单送到这位特殊的病人手中时,她不敢看。因为她确信,治病的费用将会花去她全部家当。最后,她还是鼓起勇气,翻开了医药费通知单,旁边的那行小字引起了她的注意,她不禁轻声读了出来:

"医药费——一满杯牛奶。霍华德·凯利医生。"

3.   程门立雪

杨时(1053—1135年)是北宋时一位很有才华的才子,南剑州将乐人(今属福建)。中了进士后,他放弃做官,继续求学。程颢(1032—1085年)、程颐(1033—1107年)兄弟俩是当时有名望的大学问家、哲学家、教育家,洛阳人,同是北宋理学的奠基人。他们的学说为后来南宋的朱熹所继承,世称程朱学派。杨时仰慕二程的学识,投奔洛阳程颢门下,拜师求学,四年后程颢去世,又继续拜程颐为师。这时他年已四十,仍尊师如故,刻苦学习。一天,大雪纷飞,天寒地冻,杨时碰到疑难问题,便冒着凛冽的寒风,约同学游酢(1053—1123年)一同前往老师家求教。当他们来到老师家时,见老师正坐在椅子上睡着了,不忍打搅,怕影响老师休息,就静静地侍立门外等候,不言不动。当老师一觉醒来时,他们的脚下已积雪一尺深了,身上飘满了雪。老师忙把杨时、游酢两人请进屋去,为他们讲学。后来,"程门立雪"成为广为流传的尊师典范。

第四节　不同体裁作品的朗读

一、说明文朗读要领

（一）把握说明文文体特点

说明文是介绍、说明工农业生产、科学技术研究和日常生活中事物的性质、特点及规律的文章，以说明为主要表达方式，语言特点是准确、简明、平实。说明文的种类有介绍性、记叙性、文艺性、实用性。

（二）明确说明文朗读方法

①全面认识和理解所说明事物的本质特征，明白无误、质朴自然地恰当表达出来，总体基调平实。

②区别说明的种类，有针对性地确定朗读的基调和具体技巧。

③从整体和局部梳理和把握文章的逻辑层次，恰当地运用朗读的内部技巧和外部技巧。

④重点明确，准确运用语势、停顿、重音、节奏等技巧，显示文章的层次和事物的特征。

[技能训练]

蝉（法布尔）（节选）

蝉/是非常喜欢音乐的。蝉的胸部/装着一个巨大的响板，能发出声音。装了这个巨大的响板，体内其他的器官/都没地方安置了，只好/挤到身体的角落里去。蝉/不惜缩小体内其他的器官来安置乐器，当然/是极嗜好音乐的了。

蝉/自鸣得意地演奏音乐，究竟/为的什么呢？我这个蝉的老邻居至今/还没弄清楚。照/常情猜想，总以为/是在呼唤同伴吧。可是/事实证明，这个猜想/是错误的。

蝉/跟我比邻而居/差不多十五年了。每年夏天，将近两个月，蝉/总在我眼前，蝉的乐声/总在我耳边。我常常看见/一些蝉排列在树枝上，把吸管插到树皮里，动也不动地狂饮。夕阳西下，它们就沿着树枝/用又慢又稳的脚步走动，找温暖的地方过夜。无论/饮水的时候，走动的时候，它们/从没停止过演奏。

这样看来，蝉的乐声/一定不是呼唤同伴了。试想，同伴就在身旁，还用费整天整月的工夫/来呼唤吗？

照我想，蝉/这样兴高采烈地演奏，不过/是用强硬的方法强迫别人听它罢了。

1. 语音提示：蝉 chán　　　嗜好 shìhào　　　狂饮 kuángyǐn

　　　　　　强硬 qiángyìng　灵敏 língmǐn　　喧哗 xuānhuá

　　　　　　尽管 jǐnguǎn　　砰 pēng　　　　霹雳 pīlì

2. 朗读提示：

这是一篇知识小品（节选），它以生动风趣的笔调，详细地介绍了蝉的生活习性。朗读时要注意把重音放在说明知识的一些词语上。全文整体节奏轻快，语势平直、曲折，语气轻松风趣。

3. 朗读指导与训练：

（1）知识小品笔调生动风趣，朗读重音要放在知识性词语上，停顿如文中斜杠所示。

（2）第一节首句和末句，要读出轻松、风趣、讥讽的语气，因为蝉没有听觉，根本谈不上喜欢音乐。

（3）第二节中："究竟为的什么呢？"速度可稍快，语调上扬，急于得到答案；"至今"后稍顿，表现"我"长期观察毫无结果的失望之情；"事实证明""错误"要重读，语气要肯定，使读者对否定"这个猜想"的事实产生兴趣。

（4）第三节描写蝉在树上活动情形的两句，速度要慢，突出饮水贪婪和走动缓慢；"无论""从没"重读，语气要肯定。

（5）第四节"一定不是"语气肯定，末句反问语调上扬，加强肯定。

（6）第五节"我"重读，强调个人观点；"强迫""强硬"重读，语气流露出对蝉的厌恶情绪。

二、记叙文朗读要领

记叙文无论记人、记事、写景、状物，总要给人以启迪，却很少说教。朗读记叙文要注意以下几点：

（一）把握线索

要抓住作品的发展线索，看清作品的立意。

（二）体味语言

记叙文的语言细腻，其大量篇幅是叙述。朗读叙述语时，要注意把语句化开，防止吃字、滚字。朗读描写语句，必须把握生活的真实再现，不必由朗读者着意指出，要忌故作多情、自我陶醉，不过多地使用长时间停顿、延长音节、拖长句尾等手法。

（三）揣摩人物

记叙文中常常有人物出现。在朗读时，一般以人物的精神境界、人物的思想深度为重点，也要照顾到人物的性格特征、年龄大小和人物之间的关系（包括与"我"的关系）。对于表现人物来说，一定不要摹拟人物的音容笑貌、方言土语。

（四）设计声音

记叙文朗读时，声音要轻柔化。朗读中，要把自己的真实见闻和感受倾心相告，希望给人一点启发,不带任何强制性,在不露声色中给人以美感享受。

(五) 区分种类

记叙文里还可以分为通讯、散文、游记、回忆录等,朗读时也要加以区别。

[技能训练]

一天,总理办公室通知我到中南海政务院去。我走进他的办公室。这是高大的宫殿式的房子,室内陈设极度简单,一个不大的写字台,两把小转椅,一盏台灯,如此而已。总理见了我,指着写字台一叠一尺来厚的文件说:"我今天晚上要批这些文件。你送来的稿子,我放在最后。你到隔壁值班室去睡一觉,到时候叫你。"……

在回来的路上,我不断地想着,并且对自己说:"这就是我们新中国的总理。我看见了他一夜的工作。他是多么劳苦,多么简朴!"(《一夜的工作》)

三、议论文朗读要领

(一) 把握议论文文体特点

作者用明确的事实、严密的逻辑和有力的语言来阐述个人主张。论说文"三要素":论点、论据、论证。论证方法:举例、对比、数据、引用等。文体特点:摆事实,讲道理;观点明确,是非清楚;感情浓重,情理并重;逻辑严密,层次清晰。

(二) 明确议论文朗读方法

①朗读论说文要清晰、自然、语义连贯。
②摆事实,讲道理,要读得明白无误,坚定有力。
③正反对比,要用不同语气表达出来。
④读出层次结构,注意停顿、重音、语速、音量。
⑤恰当运用语势、语调,感情饱满,爱憎分明。

[技能训练]

我们中国人/是有骨气的。

我国战国时代的孟子,有几句很好的话:"富贵/不能淫,贫贱/不能移,威武/不能屈,此之谓/大丈夫。"意思是说,高官厚禄/收买不了,贫穷困苦/折磨不了,强暴武力/威胁不了,这样的人/才是了不起的人。这种人/古时候叫大丈夫,我们今天呢,叫作英雄气概,也叫作有骨气。

什么叫骨气,指的是/抱有正确、坚定的主张,始终如一地/勇敢地/为当时的进步事业服务,遭遇任何困难,都压不扁、折不弯,碰上狂风巨浪,能够顶得住、吓不倒,坚持斗争的人。

1. 语音提示:淫 yín 厚禄 lù 折磨 zhémó 威胁 wēixié
      骨气 gǔqì 扁 biǎn 折 zhé   拘囚 jūqiú

阴湿 yīnshī　　慷慨 kāngkǎi　　嗟 jiē　　　　施舍 shīshě
吆喝 yāohe　　宁可 nìngkě　　暂时 zànshí　　隐蔽 yǐnbì
疾呼 jíhū

2. 朗读提示：

这是一篇说理性杂文，作者用无可辩驳的事实，论证了"中国人是有骨气的"这个论断是正确的。全文节奏凝重高亢，语势多扬升与降抑，朗读时要态度鲜明，感情丰富，语言铿锵，声音有力。

3. 朗读指导：

（1）第一节是中心论点，"中国人"后面做较长时间停顿，精神饱满地读"是有骨气的"，"骨气"重音重读。

（2）第二节引用孟子的三句话解释"骨气"，三句话要重读，注意节奏的急缓、音量的大小、停顿的徐急，表现出论证的逻辑层次。语气要读得慷慨激昂。

（3）第三节对"骨气"的当代解释，要读得语调铿锵、坚定有力。

四、寓言、童话、故事朗读要领

（一）寓言

寓言分一般寓言和童话寓言两种。它是用比喻、拟人、象征等含蓄手法写成的小故事，运用通俗、假托的小故事隐喻一定的道理，说明一个哲理性的主题，使读者从中受到启发和教育。其特点是语言含蓄，生动活泼，篇幅短小，情节紧凑，富于浪漫夸张，人或物的个性形象鲜明，感情外露明显，是非特点突出，说理具体深刻。朗读寓言，必须仔细分析寓言中每个字词的含义，人物的个性心理，故事的情节及其蕴含的哲理。人物的个性心理通过故事中人物的言行表现出来，寓言的哲理是通过故事中角色的愚行窘态展现出来的，在朗读中必须通过恰当的语调、否定的语气，淋漓尽致地加以表现。

[技能训练]

古时候有个人，他巴望自己田里的禾苗长得快些，天天到田边去看。可是一天，两天，三天，禾苗好像一点儿也没有长高。他在田边焦急地转来转去，自言自语地说："我得想个办法帮它们长。"

一天，他终于想出了办法，就急忙跑到田里，把禾苗一棵一棵往高里拔，从中午一直忙到太阳落山，弄得筋疲力尽。

他回到家里，一边喘着气一边说："今天可把我累坏了！力气总算没白费，禾苗都长高了一大截。"

他的儿子不明白是怎么回事，第二天跑到田里一看，禾苗都枯死了。（《揠苗助长》）

（二）童话

童话是根据儿童特点，从儿童的心理状况出发，使用儿童语言，写给儿童的。从内容形式上分，有三种：

第一种是故事童话。它既有故事情节，又以童话的形式出现，其特点是借助人或动植物的思想与活动反映、宣传某种事物或道德。如《卖火柴的小女孩》《乌鸦喝水》《捞月亮》等。

第二种是寓言童话。以童话的形式出现，其特点是依靠某假托体讲述一个故事，进而隐喻一个哲理。如《狐假虎威》《狐狸和乌鸦》等。

第三种是科学童话。其特点是由动植物的发展变化，说明事物的成因、机理、本质属性，揭示自然奥秘，展示某种科学道理。如《小壁虎借尾巴》《植物妈妈有办法》等。

童话的朗读，要体现儿童口吻，唤起儿童新奇的情趣，以便使儿童的思维和情感顺利地进入童话故事之中去。要做到：

①努力适合儿童幼稚好奇的心理状态。

②要确定好褒贬对象，恰当地表现好立场和情感。

③要体现不同角色说话的音色特点。

[技能训练]

没有尾巴多难看哪！小壁虎想，向谁去借一条尾巴呢？

小壁虎爬呀爬，爬到小河边。他看见小鱼摇着尾巴，在河里游来游去。小壁虎说："小鱼姐姐，您把尾巴借给我行吗？"小鱼说："不行啊，我要用尾巴拨水呢。"

小壁虎爬呀爬，爬到大树上。他看见老黄牛甩着尾巴，在树下吃草。小壁虎说："黄牛伯伯，您把尾巴借给我行吗？"老黄牛说："不行啊，我要用尾巴赶蝇子呢。"

小壁虎爬呀爬，爬到房檐下。他看见燕子摆着尾巴，在空中飞来飞去。小壁虎说："燕子阿姨，您把尾巴借给我行吗？"燕子说："不行啊，我要用尾巴掌握方向呢。"

小壁虎借不到尾巴，心里很难过。他爬呀爬，爬回家里找妈妈。……（《小壁虎借尾巴》）

（三）故事

故事通过深刻的主题，使听者从中受到潜在的情感教育。朗读故事要注意以下四点：

①要把叙述事情发展的内容（叙述）与记载人物语言的内容（记言）使用不同的音高表现。一般来说，叙述的内容读音宜低，记言的内容读音宜高。

②不同人物的语言，朗读时，要根据具体情况，恰当地用高低语音将他们区分开来，以便让人清楚地意识到哪是甲说的，哪是乙说的，或者谁是正面人物，谁是反面人物。

③要根据故事情节，灵活调整朗读的语速。平静、平铺直叙的内容要用中速读；情节紧张的内容要快读；沉缓情节的内容要慢读。

④要调配好各种朗读的语气因素，使内容读得恰如其分、情切意轩。

[技能训练]

每天放学回家，牛顿就钻进屋子叮叮当当地忙个不停。过了些日子，一架小小的风车果然做成了，用扇子一扇，风车就吱吱地转起来。奶奶说："你的风车能磨面吗？"牛顿天真地说："能。"奶奶笑了。

第二天上学，牛顿把他那小小的风车带去，摆在课桌上。同学们都围上来看。牛顿得意地转着风车。大家也夸奖他做得好。正在这时候，同班的卡特大声说："牛顿，风车为什么会转，你能讲出道理来吗？"

"道理？"牛顿从没想过，做手工还要懂得道理。卡特看牛顿发愣了，笑着说："讲不出道理来，光会做有什么稀罕呢？真可笑！"同学中也迸发出一阵笑声。不知被谁一推，那架小风车掉在地上，摔坏了。……（《做风车的故事》）

五、诗歌朗读要领

（一）儿歌

儿歌是为儿童所欣赏和吟唱的一种简短的歌谣。大多适合于幼儿园和小学低年级段的儿童。朗读儿歌时注意以下四点：

①注意把握儿童心理，要有童心，能感受儿童的情思和情趣。
②儿歌字节整齐，押韵，朗朗上口，易唱易记。朗读时要有强烈的音韵美和节奏感。
③儿歌感情纯真，内容欢快明朗。朗读时语气中要带出快乐、轻松的情绪。
④注意面部表情与手势的结合。

[技能训练]

1. 阳光照，鸟儿叫，
背起书包上学校。
见了老师开口笑：
"老师，您早！"
"老师，您好！"
老师夸我有礼貌。
2. 人有两个宝，
双手和大脑。
双手会做工，
大脑会思考。
用手又用脑，
才能有创造。

（二）格律诗

1. **格律诗的字数一定**

要注意文字语言中的标点符号同朗读时停顿的位置是一致的，不能显出字数似乎不同的样子来。

2. **格律诗的语节一定**

也就是说，在诗的格律要求上表现为各句中词的疏密度大体相近。七言绝句和七律的停顿规律，就字数说，一般是按"2、2、3"分节停顿，也有"4、3"的格式；五言绝句，就字数说，是按"2、3"分节停顿。

3. **格律诗的韵脚一定**

在朗读时，出于音韵的需要，必须给韵脚以呼应，在韵脚不是重音的诗句中也要适当地比其他音节读得响亮些。

4. **格律诗平仄一定**

在朗读时，平仄相对应，语势变得更为错落有致，节奏抑扬回环更加鲜明。

5. **语无定势**

朗读时要表达丰富的感情、深邃的意境，不单调，不复沓，还需打破"一定"的局限。

[**技能训练**]

1. 白日依山尽，黄河入海流。欲穷千里目，更上一层楼。（《登鹳雀楼》）
2. 好雨知时节，当春乃发生。随风潜入夜，润物细无声。（《春夜喜雨》）
3. 朝辞白帝彩云间，千里江陵一日还。两岸猿声啼不住，轻舟已过万重山。（《早发白帝城》）
4. 月落乌啼霜满天，江枫渔火对愁眠。姑苏城外寒山寺，夜半钟声到客船。（《枫桥夜泊》）

（三）现当代诗歌

现当代诗歌节律明显、抑扬顿挫、句式自由流畅。朗读现当代诗歌要注意以下几点：

1. **细致感知诗歌内容，体味诗歌内涵意境**

朗读现当代诗歌，宜先粗略地默读，整体感知内容后再来朗读，在分析诗歌思想内涵、表现手法之后，再巩固朗读。

2. **积极投入感情朗读，读出诗外之意**

情感是诗人创作的出发点，是沟通诗作、诗人、读者、听者之间的精神纽带。如果抽掉了诗歌朗读中的情感要素，朗读将变得索然无味，听众的"赏听"期待成为负值，也就没有一点感染力。

在诗歌朗读活动中投入的情感可细分几个层面：一是对读诗有神圣感，认为这是崇高的精神活动，先要沉静下来，净化一下心灵；二是对诗人有亲近感，通过朗读走近诗人，亲聆謦欬，仰慕诗人心灵境界；三是对诗作产生共鸣，消除与诗作的情感隔阂、时代隔阂、空间隔阂。

例如，对戴望书《雨巷》"朦胧爱情"的体味，对徐志摩《再别康桥》的"绵绵别情"的感受，对艾青《大堰河——我的保姆》"赤子之情"的体验。朗读之前，先要入情入境、满含深情、情致高昂，必引人视听、夺人心魄。此时，能使朗读者和聆听者均能领悟、品味诗外之意，达到只可意会、不可言传之境地。

3. **仔细把握朗读节奏，体验诗歌的音韵美**

每一首诗歌，都有各自的节奏、韵律。朗朗上口、抑扬顿挫的朗读，不但使人情感共鸣、事理共享，还能让人体验现代诗歌的音韵美。

朗读过程中，要处理好语音高低、语调轻重、气息强弱、节奏快慢等。其中最重要的是两条，一是语音高低，二是节奏快慢。把握好了这些，抑扬顿挫自然发生，诗歌朗读的艺术效果也就自然发生。

例如，徐志摩诗《再别康桥》的平仄、音高抑扬顿挫的效果如下：

轻轻的我走了，

（平平　仄仄）

正如我轻轻的来；

（仄平仄平平平）

第一句先平后仄，后一句先仄后平，中间平仄互衬，细味之，一种浓浓的留恋眷顾之情环绕在轻重高低的平声仄语中。

再如，郭沫若《天上的街市》的语言节奏，读来朗朗上口，余音绕梁：

你看，/那浅浅的/天河，

定然是/不甚/宽广。

那/隔着河的/牛郎/织女，

定能够/骑着牛儿/来往。

其实诗歌语言的节奏说到底是诗歌情感节奏的表现形式，诗人心旌飘荡，情动于中而言成于诗，诗语节奏映现着情感的节奏；朗读者激情满注、不能自已而吐纳珠玉之声，诗语节奏浑然天成。

4. 认真做好各种标记，辅助提高朗读技巧

掌握现代诗歌朗读的技巧，可以将诗歌朗读训练直观化，将训练所得的方法、要领等外化于各种符号标记，这是最简便的训练方法，也是最为有效的方法。

处理诗作文本的符号体系是简便易行的，只要稍微熟悉一下即运用自如。下面是一些常见的符号：

升调（↗）：谁主沉浮？↗（响亮地提出问题）

降调（↘）：冷漠，凄清，又惆怅。↘（情绪极为低落，压抑着声调）

节奏（/）：那/隔着河的/牛郎/织女（娓娓道来的语气）

稍停（‖）：撑着油纸伞，独自‖（"独自"属跨行，即与本行相隔而与下一行相连）

着重（.）：一个丁香一样的

感叹（！）：浪遏飞舟?!（名为置疑，实为坚决，加一感叹号表斩钉截铁之气势）

渐无（……）：不带走一片云彩。……（一是体现徐诗轻柔风格，二是与"悄悄的"相应）

声音的延续——：大堰河——我的保姆（在呼唤中流露出深深的感激之情）

不过，给诗作配以各种标记不能只看重其结果，更要看重过程，注重对文本的把握和处理，揣摩各种符号的合理运用，将隐藏在字里行间的情感生命和情感世界显性化、立体化。假如做得相反，只求眼花缭乱地画满符号便以为大功告成，不计较对诗作的深层内蕴的正确理解和对诗作形式的合理把握，那是事倍功半的甚至是无效的训练。

六、散文朗读要领

散文，可以泛指韵文以外所有的文章，包括小说和议论文；也可以特指以抒发作者个人感受为主的文章。一般把这后一类散文称为"抒情散文"，用作朗读材料的散文多半属于这一类。散文总是从作者主观视点来观察世界万物，从中有所感悟，于是有感而发，抒发自己的感想。读散文、听散文，似乎是跟着作者去看去想，最终和作者想到一块儿去。因为是一个看、想、感悟的过程，所以散文朗读的基调是平缓的，没有太大的起伏。即使是在作品的高潮，也不会像演讲那样异峰突起，慷慨激昂。在朗读时要用中等的速度、柔和的音色，一般用拉长而不用加重的方法来处理强调重音。

（一）把握散文文体特点

形散神凝，抒情性强。

（二）明确朗读要求

朗读要有真情、激情、亲切、自然、朴实。

[技能训练]

春

《春》是一篇优美的散文，作者抓住了春天景物的主要特征，绘出了一幅幅动人的春景。文章处处充满轻松明快的气息，应带着欣喜的语气去读，语调上扬。整体节奏为轻快型，中间又有舒缓型交错，形成文章节奏回环往复的特点。

盼望着，盼望着，东风来了，春天的脚步近了。

这一段是对盼春的描写，是舒缓型节奏，为下文轻快型节奏做铺垫。此时春天尚未来临，人们热切地盼望她的到来。"盼望着，盼望着"这一反复手法的运用，将渴望的心情描写得淋漓尽致。朗读的时候要注意把握这两个小短句的层次性，中间不停顿，就情感而言，应一次比一次强烈，语调上扬。"东风来了"表明春天已近，"春天的脚步"后面用一个强调性停顿，拟人的手法表明春天确实到了，读出对春天到来的欣喜之情。

一切都像刚睡醒的样子，欣欣然张开了眼，山/朗润起来了，水/涨起来了，太阳的脸/红起来了。

这一段是对春天总体景象的勾勒，也是绘春的开始，应用轻快型节奏，程度稍轻，并递进。"刚睡醒""张开"为强调性重音，概括写出了春回大地、万物复苏的动态景象。"朗润""涨""红"为强调性重音，具体写了春天"山""水""太阳"的动感和色彩。

小草/偷偷地从土里钻出来，嫩嫩的，绿绿的。园子里，田野里，瞧去，一大片一大片/满是的。坐着，躺着，打两个滚，踢几脚球，赛几趟跑，捉几回迷藏。风/轻悄悄的，草/软绵绵的。

绘春图首先从草写起，节奏为舒缓型与轻快型交错。"偷偷地""钻"为强调性重音，写出了春天小草顽强的生命力，又带着可爱的神态。"嫩嫩的""绿绿的"为比喻性重音，写出小草生长的清新、颜色的可爱。"一大片一大片满是的"，"满"读时气息饱满，体会小草迅速蔓延的情景。"坐着，躺着"是一组，中速；"打两个滚，踢几脚球，赛几趟跑，捉几回迷藏"是一组，节奏变得欢快了，读出人们在春景中尽情欢乐的情景。"风轻悄悄的，草软绵绵的"，应放慢节奏，好像人们被这美好的春景陶醉了。

桃树、杏树、梨树，你不让我，我不让你，都开满了花赶趟儿。红的像火，粉的像霞，白的像雪。花里带着甜味儿；闭了眼，树上仿佛已经满是桃儿、杏儿、梨儿。花下成千成百的蜜蜂/嗡嗡地闹着，大小的蝴蝶飞来飞去。野花遍地是：杂样儿，有名字的，没名字的，散在草丛里像眼睛，像星星，还眨呀眨的。

这是一幅绝妙的春花图，整段节奏为轻快型。"桃树、杏树、梨树，你不让我，我不让你，都开满了花赶趟儿。"拟人的写法，道出了春天蓬勃发展的力量，抓住拟人的双方加以强调，用轻快型节奏最合适不过。"红的像火，粉的像霞，白的像雪"中间不停顿，读出花儿闹春的气氛来。"满是""闹""飞来飞去"，是联想到的图景，应把声音拉出去，把握住声音的虚实结合。最后又写春虫，把花香具体化、形象化了。野花的描写，"像眼睛，像星星"，中间不停顿，突出了杂、多，更是万紫千红。野花本是静止的，作者化静为动，平添几分情趣。

"吹面不寒杨柳风"，不错的，像母亲的手抚摸着你。风里带来些新翻的泥土的气息，混着青草味儿，还有各种花的香，都在微微润湿的空气里酝酿。鸟儿将巢安在繁花嫩叶当中，高兴起来了，呼朋引伴地卖弄清脆的喉咙，唱出婉转的曲子，跟轻风流水应和着。牛背上牧童的短笛，这时候也成天嘹亮地响着。

绘春的第三个步骤是春风图，节奏为轻快型中交织着舒缓型。风本无形，作者却用自己的笔抓住了春风中事物的特点，以此来描绘无形的春风。"抚摸"是触觉的感受，为重音轻读，读出春风的温柔。接下来一句，写了芳香、土气、青草，这是嗅觉的感受，用抒情的色彩，舒缓的语气读。接下来鸟语、笛韵互相应和，读时突出听觉方面的感受。要找到鸟儿、短笛在风中穿透的感觉，有一种在远处听的感觉。

雨/是最寻常的，一下/就是三两天。可别恼。看，像牛毛，像花针，像细丝，密密地斜织着，人家屋顶上/全笼着一层薄烟。树叶儿/却绿得发亮，小草儿/也青得逼你的眼。傍晚时候，上灯了，一点点黄晕的光，烘托出/一片安静而和平的夜。在乡下，小路上，石桥边，有撑起伞/慢慢走着的人，地里还有/工作的农民，披着蓑/戴着笠。他们的房屋，稀稀疏疏的，在雨里静默着。

绘春的第四个步骤是春雨图，节奏为轻快型与舒缓型交错，为下一段做铺垫。"最寻常"强调春雨连绵不断。"别恼"是转折性重音，之后具体介绍春雨的特色。"像牛毛，像花针，像细丝"，三个比喻从小到大，声音的走势由低到高。读时用气声托出，体会烟雨迷蒙的那种情景。"绿""逼"为情感性重音，写出了雨中空气的清新。接着又展现了一幅雨夜图，节奏变得舒缓，"慢慢""静默"应重音轻读，要突出人们雨中的惬意。

天上风筝渐渐多了，地上孩子也多了。城里乡下，家家户户，老老小小，也赶趟儿似的，一个个都出来了。舒活舒活筋骨，抖擞抖擞精神，各做各的一份儿事去。"一年之计在于春"，刚起头儿，有的是工夫，有的是希望。

最后描绘的是迎春图，节奏为轻快型，程度适中。两个"多"字，一个比一个读得重，传达出孩子们的无限喜悦。接下来写所有人的活动，节奏更加轻快了，春天给所有人带来了青春活力。两个"有的"重读，强调春天带给人们的无限美好希望。

春天像刚落地的娃娃，从头到脚都是新的，它生长着。

春天像小姑娘，花枝招展的，笑着，走着。

春天像健壮的青年，有铁一般的胳膊和腰脚，领着我们上/前/去。

这是文章的第三个部分——颂春，是在以上各段具体记述的基础上对春的歌颂，节奏为轻快型。三个排比句，概括春天的风貌，进一步点明题旨。语气色彩应是逐渐加重，程度依次为轻、中、重。"新的，它生长着"要模仿小孩，读得声音清脆；"笑着，走着"应该适当拉长，展现小姑娘的"花枝招展"；"上前去"应一字一顿，气息饱满，坚定有力，表达了自己要珍惜大好春光，努力"上前去"的心情。

附表：表情朗读符号

符号	名称	作用	标示方法
●	主要重音号	表示重读的音节	标在应重读的字的下面
○	次要重音号	表示次一级的重读音节	标在次一级重读字的下面
| | | | | |	音步停顿号	表现节奏的停顿	画在音步之后
△	前低后高号	表示这一句应读得前低后高	标在句首（或句尾）
▽	前高后低号	表示这一句应读得前高后低	标在句首（或句尾）
—	急读号	表示此处应急读	标在急读部分字下
~ ~ ~	缓读号	表示此处应缓读	标在缓读部分字下
<	渐强号	表示语气由弱到强	标在应渐强部分之上
>	渐弱号	表示语气由强到弱	标在应渐弱部分之上

【口语综合实训】

运用朗读技巧，结合不同文体的特点朗读下面的内容。

1.

再别康桥

徐志摩

轻轻的我走了，
正如我轻轻的来；
我轻轻的招手，
作别西天的云彩。

那河畔的金柳，
是夕阳中的新娘；
波光里的艳影，
在我的心头荡漾。

软泥上的青荇，
油油的在水底招摇；
在康河的柔波里，
我甘心做一条水草！

那榆荫下的一潭，
不是清泉，是天上虹；
揉碎在浮藻间，
沉淀着彩虹似的梦。

寻梦？撑一支长篙，
向青草更青处漫溯；
满载一船星辉，
在星辉斑斓里放歌。

但我不能放歌，
悄悄是别离的笙箫；
夏虫也为我沉默，
沉默是今晚的康桥！

悄悄的我走了，
正如我悄悄的来；

我挥一挥衣袖,

不带走一片云彩。

2. <center>宁愿做傻瓜</center>
林清玄

　　从前有一个禅师叫作"无相大师"。无相大师给弟子开示的时候,常常跟他们说:"修行就是要宁愿做傻瓜,要有傻瓜的精神才可能证悟,才有可能开悟。"因为常常讲,所有的弟子都已经记住了:"师父常常说宁做傻瓜。"

　　有一天突然下大雨,庙里漏雨漏得细;稀里哗啦,大师大声叫弟子赶快来接雨。但是很多弟子不在,只剩两个,听到师父叫,赶快拿了桶子来接雨。一个弟子拿一个很小的桶子冲出来。无相大师看了就说:"雨下得那么厉害,漏了好几个地方,只拿了一个这么小的桶子,真是傻瓜。"这个弟子就很不高兴,心想:"匆匆忙忙跑出来接雨,结果师父还骂我傻瓜。"第二个徒弟因为太紧张了,拿了一个竹篓子冲出来,要接雨的时候呆住了。无相大师心里想:"怎么傻成这样?怎么有这么傻的徒弟?"就很不高兴骂他说:"你真的是个大傻瓜!"这个弟子一听,非常开心,心想:"师父一直都在鼓励我们要做傻瓜,现在竟然说我是个大傻瓜,这一定是在赞叹我了不起。"这样起了欢喜心,心开意解,得到了开悟。这个弟子究竟开悟到什么呢?

　　大概可以从两个角度来看:第一,打破分别心。当我们听到别人批评我们的语言的时候,我们可以生气、不开心,我们也可以不生气,宁可做傻瓜,很开心。就像我们看到一个碗,可以想:"这个碗很漂亮,可惜破了一个洞。"但也可以反过来想:"这个碗虽然破了一个洞,但还是很漂亮!"第二,从悟的境界来讲,傻瓜可能比较容易得到开悟,傻瓜并不是真傻,而是在生活里面没有心机,保持在一种纯然的状态。

　　我们不要对人生有那么多的计较,因为这个计较和分别,正好是阻碍我们开悟,或者认识人生真价值的东西。如果我们可以像第二个徒弟那样,宁做傻瓜,那么我们就会生起单纯的心。

　　就像我们修行,每天都花时间在那儿叨叨念。他每天都在算,做这件事可以赚多少钱,明天加起来就赚多少钱,他永远不会做赔钱的生意。但是修行要反其念,是在做什么?整天在那儿打坐,是要干什么?别人看起来是没有价值的,如果你打坐一小时,给你一百元,你就觉得很有价值,但是不能用这样子来衡量,因为这世间许多东西是无价的!

　　我们看到街上那些智障或者智力比较差的人,他们是非常单纯、非常纯净的。我们通常没有那么纯净,因为我们是聪明人,聪明人就是比较执着于"有"的人。要做一件事,一定要有效果,如果三天没有效果就换一件事情。通常都比较实际,比较现实,比较会计算,比较会营谋,这样的人叫"聪明人"。因此聪明人的生活是塞得满满的,他没道而行。修行要保持内在的空间,在世人都迷乱的时代,我们在内心里清明就好,外表上宁可做傻瓜。

3. <center>会打喷嚏的帽子</center>
蔺力

　　魔术团里有一位老爷爷,老爷爷有一顶奇怪的帽子,呼……他往帽子里吹口气,呀!帽子里变成了这么多好吃的东西——糖、蛋糕、苹果……

　　"嘿!把这顶奇怪的帽子偷来该有多好!"几只老鼠这么说。

　　晚上它们悄悄地溜进老爷爷的家里。老爷爷正睡觉呢,那顶奇怪的帽子就盖在老爷爷的脸上。

"我看还是叫小老鼠去偷最合适,他个子小,脚步又轻。"大老鼠挤挤小眼睛说。

小老鼠尖声叫起来:"我不去,帽子里藏着个呼噜,叫起来地板、窗户都会动,真吓人。"

可不是,老爷爷在打呼噜,呼噜呼噜,像打雷一样。

大老鼠又转向灰老鼠:"灰老鼠,你去!"

灰老鼠说:"嗯,不敢不敢,我不敢!"

大老鼠又盯上了黑老鼠:"黑老鼠,你去!"

黑老鼠连连摇头:"我怕,我怕,我害怕!"

"都是胆小鬼,你们不去,我去,等帽子里变出好吃的东西来你们可别流口水。"

大老鼠说着一步一抬头,朝老爷爷走去,防着帽子里的呼噜突然跳出来咬它。碰巧它刚走到老爷爷的床跟前,呼噜不响了。"哼,哈哈,呼噜怕我呀!"大老鼠轻轻一跳,跳上了床,它用鼻子闻闻帽子,喷喷……好香哟,有糖果的味儿、蛋糕的味儿,大老鼠把尾巴伸到帽子底下去,想用尾巴把帽子顶起来。咦,这是怎么了,尾巴伸进小洞洞里去了。哎呀,哪儿是什么小洞洞,是老爷爷的鼻孔呀。阿嚏!老爷爷觉得鼻孔痒痒打了一个大喷嚏,吓得大老鼠连滚带爬一口气跑到门口,对老鼠们大叫:"快,快跑!"老鼠们弄不清是怎么回事,跟着大老鼠跑呀,跑呀,跑了好远才停下来。

"这是怎么回事呀,你偷的帽子呢?"老鼠们问。

"帽子里藏着一个阿嚏,这个阿嚏比呼噜厉害多了,一碰它就哄你一炮,差点炸死我了。"大老鼠心有余悸地说。老鼠们面面相觑,再也不去碰那个会打喷嚏的帽子了。

4. 陶行知的"四块糖果"(节选)

育才小学校长陶行知在校园看到学生王友用泥块砸自己班上的同学,陶行知当即喝止了他,并令他放学后到校长室去。无疑,陶行知是要好好教育这个"顽皮"的学生。那么他是如何教育的呢?

放学后,陶行知来到校长室,王友已经等在门口准备挨训了。可一见面,陶行知却掏出一块糖果送给王友,并说:"这是奖给你的,因为你按时来到这里,而我却迟到了。"王友惊疑地接过糖果。

随后,陶行知又掏出一块糖果放到他手里,说:"这第二块糖果也是奖给你的,因为当我不让你再打人时,你立即就住手了,这说明你很尊重我,我应该奖你。"王友更惊疑了,他眼睛睁得大大的。

陶行知又掏出第三块糖果塞到王友手里,说:"我调查过了,你用泥块砸那些男生,是因为他们不守游戏规则,欺负女生;你砸他们,说明你很正直善良,且有批评不良行为的勇气,应该奖励你啊!"王友感动极了,他流着眼泪后悔地喊道:"陶……陶校长你打我两下吧!我砸的不是坏人,而是自己的同学啊……"

陶行知满意地笑了,他随即掏出第四块糖果递给王友,说:"为你正确地认识错误,我再奖给你一块糖果,只可惜我只有这一块糖果了。我的糖果没有了,我看我们的谈话也该结束了吧!"说完,就走出了校长室。

第四章　普通话水平测试概述

【本章导学】

参加并顺利通过普通话水平测试，了解测试的要求与标准是不可或缺的环节。通过本章的学习，应当明确普通话水平测试的目的，熟悉普通话水平测试的题型，掌握普通话水平测试的评分标准和应试技巧。

【任务导入】

1. 了解本专业普通话水平测试的等级要求。
2. 熟悉普通话水平测试的题型与流程。

第一节　普通话水平测试性质、对象、等级要求

一、普通话水平测试的目的与性质

普通话水平测试本身不是目的，只是一种手段，运用这种手段所要达到的目的主要有以下三点：

①评定应试人普通话水平所达到的等级，落实普及普通话的质量要求。

②更好地贯彻新时期推普工作方针，促进普通话的进一步普及，并在普及的基础上逐步提高全社会的普通话应用水平，提高现代汉语的规范程度。

③促进推普工作进一步走上制度化、规范化、科学化的轨道。

普通话水平测试的直接目的，就是以普通话语音、语汇、语法规范为参照标准，通过测试评定应试人普通话口语水平接近这一标准的程度，评定他所达到的水平等级，为逐步实行持证上岗制度服务。

普通话水平测试是应试人的母语水平测试，是语言运用能力的测试，侧重于语言形式的规范程度，它不是外语测试，不是语言知识的测试，也不是表达技巧的测试，更不是文化考试。应试人一般都已掌握全国统一的普通话书面语，因此，所要测试的语言能力主要是指从方言转到标准语的口语运用能力，即应试人按照普通话语音、词汇、语法规范说话的能力，是一种标准参照性考试。

二、普通话水平测试的等级确定

教育部、国家语委颁布的《普通话水平测试大纲》第 4 条规定：
普通话水平划分为三个级别，每个级别内划分两个等次。其中：
97 分及其以上，为一级甲等；
92 分及其以上但不足 97 分，为一级乙等；
87 分及其以上但不足 92 分，为二级甲等；
80 分及其以上但不足 87 分，为二级乙等；
70 分及其以上但不足 80 分，为三级甲等；
60 分及其以上但不足 70 分，为三级乙等。

三、测试对象及达标要求

教育部 2003 年发布的《普通话水平测试管理规定》第十五条规定应接受测试的人员为：
①教师和申请教师资格的人员。
②广播电台、电视台的播音员、节目主持人。
③影视话剧演员。
④国家机关工作人员。
⑤师范类专业、播音与主持艺术专业、影视话剧表演专业以及其他与口语表达密切相关专业的学生。
⑥行业主管部门规定的其他应该接受测试的人员。

江西省教育厅 2003 年发布的《江西省普通话水平测试管理细则》第二十条至二十七条对于测试对象及达标要求做了更为详细的规定：

● 各级各类学校、幼儿园及其他教育机构的教师（1954 年 1 月 1 日以后出生）普通话水平不低于二级，其中语文教师、现代汉语教师和对外汉语教师不低于二级甲等，普通话语音教师不低于一级。

● 师范类专业及其他与口语表达密切相关专业的毕业生，普通话达不到合格标准者应缓发毕业证书。

● 申请认定教师资格的人员，普通话水平不低于二级。

● 国家机关工作人员（1954 年 1 月 1 日以后出生）普通话水平不低于三级甲等。

● 省级广播电台、电视台的播音员、节目主持人，普通话水平应达到一级甲等，市、县级广播电台、电视台的播音员、节目主持人的普通话水平应达到一级乙等。

● 影视话剧的表演和配音演员，播音主持专业和影视表演专业的教师、毕业生，普通话水平应达到一级乙等。

● 行业主管部门规定的其他应该接受测试的人员，其普通话达标等级，由国家行业主管部门规定。

● 社会各界人士均可自愿申请接受测试。

第二节　普通话水平测试试卷构成及评分标准

普通话水平测试采用口试方式进行，测试内容包括有文字凭借和无文字凭借两部分。有文字凭借的测试项分别体现语音、词汇、语法和阅读理解、朗读能力的检测；无文字凭借的说话部分，全面检测和评估应试人连续使用普通话口语时所达到的熟练、自然、规范程度。

教育部、国家语委颁布的《普通话水平测试大纲》规定，普通话水平测试一共包括五个测试项：①读单音节字词；②读多音节词语；③朗读短文；④选择判断；⑤命题说话。总分为100分。大纲还规定，第4项"选择判断"，各省、自治区、直辖市语言文字工作部门可以根据测试对象或本地区的实际情况，决定是否免测该项，如免测该项，"命题说话"项的分值由30分调整为40分。

目前，江西省开展的普通话水平测试，免去了"选择判断"这一项，即共测四个项目：①读单音节字词；②读多音节词语；③朗读短文；④命题说话。"选择判断"项的分值加入"命题说话"项，总分仍为100分。

一、读单音节字词（100个音节，限时3.5分钟，共10分）

此项测试的100个音节里，每个声母的出现不少于3次，每个韵母的出现不少于2次，4个声调的出现次数大致均衡，目的是考查应试人普通话声母、韵母声调发音的标准程度。

评分标准：
①语音错误，每个音节扣0.1分。
②语音缺陷，每个音节扣0.05分。
③超时1分钟以内，扣0.5分；超时1分钟以上（含1分钟），扣1分。

二、读多音节词语（100个音节，限时2.5分钟，共20分）

此项测试的100个音节里，除声母、韵母、声调出现的次数与单音节字词的要求相同外，上声与上声相连的词语不少于3个，上声与非上声相连的词语不少于4个，轻声不少于3个，儿化不少于4个且为不同的儿化韵母，目的是考查应试人普通话声母、韵母、声调和变调、轻声、儿化读音的标准程度。

评分标准：
①语音错误，每个音节扣0.2分。
②语音缺陷，每个音节扣0.1分。
③超时1分钟以内，扣0.5分；超时1分钟以上（含1分钟），扣1分。

三、朗读短文（1篇，400个音节，限时4分钟，共30分）

此项测试的朗读短文从《普通话水平测试用朗读作品》篇目中选取，评分以作品的前400个音节（双斜线"//"之前的文字，不含标点符号和括注的音节）为限，目的是考查应试人用普通话朗读书面材料的水平，在测查声母、韵母、声调读音标准程度的同时，重点测查连读音变、停连、语调以及流畅程度。

评分标准：

①语音错误，每个音节扣0.1分；漏读或增读1个音节，扣0.1分。
②声母或韵母的系统性语音缺陷，视程度扣0.5分、1分。
③语调偏误，视程度扣0.5分、1分、2分。
④停连不当，视程度扣0.5分、1分、2分。
⑤朗读不流畅（包括回读），视程度扣0.5分、1分、2分。
⑥超时扣分。

四、命题说话（时间3分钟，共40分）

说话题从《普通话水平测试用话题》中选取，由应试人从抽取的两个话题中选定其中一个，连续说一段话。这项测试的目的是考查应试人在没有文字凭借的情况下说普通话的水平，重点测查语音标准程度、词汇语法规范程度和自然流畅程度。要求应试人单向说话，如应试人有明显背稿、离题、说话难以继续等表现时，该项测试成绩将受到一定影响。

评分标准：

1. 语音标准程度，25分，分六档

一档：语音标准，或极少有失误。扣0分、1分、2分。
二档：语音错误在10次以下，有方音但不明显。扣3分、4分。
三档：语音错误在10次以下，但方音比较明显；或语音错误在10～15次，有方音但不明显。扣5分、6分。
四档：语音错误在10～15次，方音比较明显。扣7分、8分。
五档：语音错误超过15次，方音明显。扣9分、10分、11分。
六档：语音错误多，方音重。扣12分、13分、14分。

2. 词汇语法规范程度，10分，分三档

一档：词汇、语法规范。扣0分。
二档：词汇、语法偶有不规范的情况。扣0.5分、1分。
三档：词汇、语法屡有不规范的情况。扣2分、3分。

3. 自然流畅程度，5分，分三档

一档：语言自然流畅。扣0分。
二档：语言基本流畅，口语化较差，有背稿子的表现。扣0.5分、1分。

三档：语言不连贯，语调生硬。扣 2 分、3 分。

4. 缺时

说话不足 3 分钟，酌情扣分：缺时 1 分钟以内（含 1 分钟），扣 1 分、2 分、3 分；缺时 1 分钟以上，扣 4 分、5 分、6 分。

说话不满 30 秒（含 30 秒），本测试项成绩计为 0 分。

5. 离题、内容雷同，视程度扣分

基本离题或离题，扣 5 分、6 分；部分离题，扣 4 分；离题 20 秒以上即可扣分。

内容雷同，视程度扣 4~6 分。

6. 无效话语，累计占时酌情扣分

无效语料累计占时 1 分钟以内（含 1 分钟），扣 1 分、2 分、3 分；累计占时 1 分钟以上，扣 4 分、5 分、6 分；即 20 秒扣 1 分。

有效话语不满 30 秒（含 30 秒），本测试项成绩计为 0 分。

第三节 普通话水平测试流程及注意事项

一、测前培训

测前培训是在普通话水平测试之前，对应试者进行有针对性的辅导和训练。

在开展普通话水平测试的过程中，必须按照测试大纲的要求大力加强对应试人员的测前培训，这是普通话水平测试能否顺利实施，测试目的能否圆满实现的基础工作。只训不测，力度不够，普通话难以迅速普及和提高；只测不训，可能导致两种后果，或者多数应试者达不到要求，拿不到合格证书，打击人们学习普通话的信心和积极性；或者放宽标准降格以求，使测试流于形式。因此，必须处理好测试和培训的关系，一方面要注意发挥普通话水平测试的社会功能，用测试来推动普通话的推广和普及；另一方面，要不断改进普通话的教学和培训工作，使测试的质量得到切实的保证。

测前培训时间可长可短，短则 1 天，长可达 4~6 天。培训内容因培训时间的长短不同各有侧重。内容大致包括：

①普通话水平测试评分标准。

②测试项目单音节字词、多音节词语、朗读、命题说话的基本内容与要求。

③测试程序、应试要领及注意事项。

二、测试程序

（一）候测

应试者按照规定时间，持准考证和有效身份证进入候测室，测试顺序按准考证号的先后进行。候测过程中，室内应保持安静，不得大声喧哗。

（二）备测准备

按照测试工作人员的引导，应试者按批次提前10分钟进入备测室抽取考试试卷，进行备测准备。备测室备有普通话培训教材或《现代汉语词典》，供应试人查阅。在备测过程中，应试人不得与其他备测者交谈讨论，也不得在试卷上注音或做记号，否则按作弊处理。

（三）正式测试

备测10分钟后，应试者在工作人员的引领下，进入测试室。除了准考证外，应试者不得携带任何物品（包括书本纸张、通信工具等）进入考场。测试室备有计算机等测试设备，对每位应试者的测试过程将进行全程录音，并存档备查。

应试者在指定机位坐下后，按照考试指令，一步步进行测试。考试结束，应试者退出考场。

普通话水平测试的全过程虽然只有短短的十几分钟，但却需要经过一段时间有针对性的练习。赣方言区的考生，由于长期受方言影响，有些人语音面貌不太好，尤其是难点音（平翘舌声母、前后鼻韵尾、边鼻音声母、儿化韵、声调缺陷等）问题较多，不少人还会出现送气音不送气音不分、圆唇音展唇音不分、清音浊音不分、增加或丢失韵头等问题。只有在平时强化说普通话的意识，重视考前辅导和培训，在专业老师的指导下发现问题，掌握正确的发音方法，注意有意识地纠正错误发音，多听多读多练，结合考试内容进行训练，才有可能取得理想的成绩。

三、电脑测试流程

（一）考前事项

①手机和包不能带入考场。
②进入采集室后，只能单向流动，测试后再离开。
③中途不能上卫生间。

（二）采集室

①请思考：对普通话有把握吗？如何控制？
②请关注：进入采集室后，阅读《考生须知》，等候信息采集，保持3名同学排队。
③请注意：按指纹时，右手拇指在指纹仪上均匀地连续按3次。照相时，不要穿与蓝色背景相同的衣服，露出耳朵，不戴帽子。
④请了解：采集后，写在准考证右下角，例如"第6批8号"，每批次20人，"8"即是试卷号（即机位号）。

（三）备测室

①对号入座：按抽签号（试卷号）落座。

②把握时间：看试卷10分钟左右，建议按"四三二一"题的顺序，先了解说话内容，再查生字，不要在查字典上花太多时间。

③不做记号：试卷是循环使用的，做了记号也带不走，为了保持试卷整洁，不要在试卷上做任何记号。

④说话提纲：准备好说话提纲，做到心中有数。

⑤弄巧成拙：测试时背诵现成文稿（包括网上或自己写的），成绩为零。

备测室：按抽签号入座，桌上的试卷是考试题目

（四）电脑测试

第一步：佩戴耳麦。

戴上耳机，点"下一步"。

第二步：登录。

在电脑旁的指纹仪上按指纹。

第三步：核对信息。

核对屏幕信息，无误点"确认"。

第四步：试音。

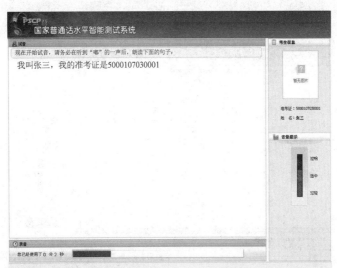

根据提示，考生朗读屏幕显示的句子。

第五步：等待发卷。

如果两次试音均失败，请回到采集室。

第六步：正式测试。

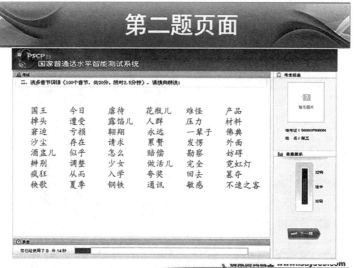

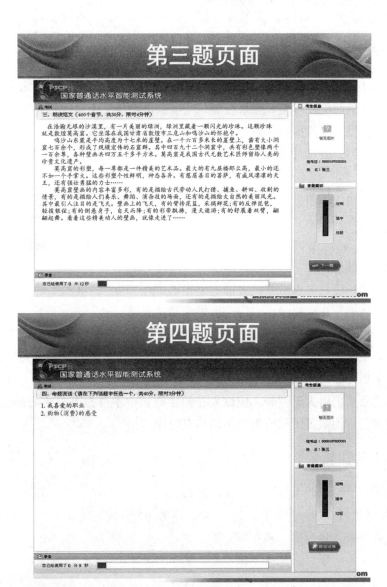

按照提示，逐题测试。

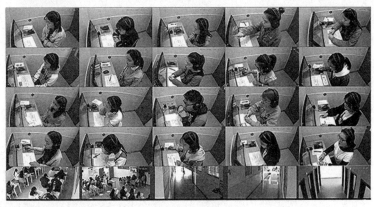

考试实况

(五) 机测注意事项

①正确佩戴耳麦。计算机辅助测试的评测依据是应试者的发音记录，录音材料是否完整清晰至关重要。测试前应试者应调整好麦克风与嘴唇的距离，不可太近也不能太远；测试过程中，不要用手触摸麦克数据线，以免气息音传入或其他杂音被录入。

②声音控制得当。测试时注意发音准确、清晰、饱满，音量适中，声音过大或过小都可能影响测试成绩。

③进入测试页面后，前三项不必读题，直接朗读每题测试内容，第四项必须先选择话题并读题，然后开始即兴说话。

④测试第一、二项"读单音节字词"和"读多音节词语"时，注意横向朗读，做到不错行、不跳行、不漏行。

⑤每完成一题，应及时点击测试页面右下角的"下一题"，进入下一部分测试，不能停下来等待或做其他事情，以免录入空白杂音影响测试成绩。

⑥进入第四项"命题说话"页面，提示音结束后，应试人不能停顿等待，应立即选择话题开始说话。机测中该测试项有较严格的缺时扣分，应试人超过6秒未开口说话，测试员评判该题时即开始计算缺时。

⑦第四题说话项仍由人工评分，应试人在此项测试中不可抱有投机心理，注意不背稿、不离题、不缺时、不用重复语句或无效语料填充时间。

【口语综合实训】

按照普通话水平测试的流程准备下面的试卷。

1. 读单音节字词（100个音节，共10分，限时3.5分钟）

琼 皆 霜 丢 佐 您 轧 跟 否 瞧
砌 慢 兑 善 锣 高 辰 德 瓮 拿
俩 针 逊 伏 递 远 囱 槽 匪 池
裹 让 槐 坪 浆 胜 钵 寒 勉 推
柔 拐 驻 跃 桑 类 滨 口 蒜 云
喘 雄 晃 耍 日 铀 准 祛 唷 填
究 佛 酿 黑 阙 民 蹭 偏 锤 相
旷 雪 囤 苗 宰 团 鳖 擦 拧 癖
牌 寡 鸣 爬 虑 租 虹 僧 抓 烫
终 条 迭 祠 惹 梢 贼 咳 赛 绢

2. 读多音节词语（100个音节，共20分，限时2.5分钟）

旋转　　感到　　知觉　　会计　　测绘　　小说儿
铁轨　　状态　　漂白粉　良性　　召开　　点火
下列　　岁数　　乳牛　　走访　　风格　　冗长
培养　　遵守　　人影儿　背后　　探讨　　女儿

农产品	裙子	调查	勇猛	羞愧	全局
润滑	色彩	年头儿	模糊	存款	广袤
表情	掠夺	增强	假使	大婶儿	创办
迷信	迫切	夸张	衰变	司令	千钧一发

3. 朗读短文　作品46号（400个音节，共30分，限时4分钟）

一个大问题一直盘踞在我脑袋里：

世界杯怎么会有如此巨大的吸引力？除去足球本身的魅力之外，还有什么超乎其上而更伟大的东西？

近来观看世界杯，忽然从中得到了答案：是由于一种无上崇高的精神情感——国家荣誉感！

地球上的人都会有国家的概念，但未必时时都有国家的感情。往往人到异国思念家乡，心怀故国，这国家概念就变得有血有肉，爱国之情来得非常具体。而现代社会，科技畅达，信息快捷，事事上网，世界真是太小太小，国家的界限似乎也不那么清晰了。再说足球正在快速世界化，平日里各国球员频繁转会，往来随意，致使越来越多的国家联赛都具有国际的因素。球员们不论国籍，只效力于自己的俱乐部，他们比赛时的激情中完全没有爱国主义的因子。

然而，到了世界杯大赛，天下大变。各国球员都回国效力，穿上与光荣的国旗同样色彩的服装。在每一场比赛前，还高唱国歌以宣誓对自己祖国的挚爱与忠诚。一种血缘情感开始在全身的血管里燃烧起来，而且立刻热血沸腾。

在历史时代，国家间经常发生对抗，好男儿戎装卫国，国家的荣誉往往需要以自己的生命去换取。但在和平时代，唯有这种国家之间大规模对抗性的大赛，才可以唤起那种遥远而神圣的情感，那就是：为祖国而战！

（节选自冯骥才《国家荣誉感》）

4. 命题说话（请在下列话题中任选一个，共40分，限时3分钟）

（1）我喜欢的节日。

（2）我喜爱的动物（或植物）。

第五章　普通话水平测试分项指导

【本章导学】

普通话水平等级测试各种题型的测评目的和测评标准不尽相同，相应的应试策略也不同。在学习本章的过程中，要在对不同题型进行试卷构成分析、熟知不同题型测试技巧的基础上进行充分训练，不断提高普通话水平和普通话水平应试能力。

【任务导入】

1. 普通话水平测试中，单音节朗读、多音节朗读、短文朗读的要求与技巧是什么？
2. 命题说话的注意事项是什么？

第一节　读单音节字测试技巧与训练指导

读单音节字词是普通话水平测试要过的第一关，既是普通话测试中的基础检测，也是朗读和说话的基础。要想取得好的成绩，就必须在单音节字词上狠下功夫。

一般来说，一个汉字就是一个音节，音节是语音中最小的结构单位。普通话的音节一般由声母、韵母、声调三部分构成，因此，单音节字词的测试，就是测评应试人声母、韵母、声调的发音。

一、单音节测试的测查目的

读单音节字词100个（排除轻声、儿化音节），考查应试人普通话声母、韵母和声调（合起来构成音节）的发音标准程度。此项成绩占总分的10%，即10分。

二、单音节试卷构成分析

①100个音节里，每个声母的出现一般不少于3次，方言里缺少的或容易混淆的声母酌量增加1~2次；每个韵母的出现一般不少于2次，方言里缺少的或容易混淆的韵母酌量增加1~2次；4个声调出现的比例大体相当。

②声母、韵母相同的音节隔开排列，不使相邻的音节出现双声或叠韵的情况。

三、单音节试卷扣分项标准

读错一个字的声母、韵母或声调扣 0.1 分。读音有缺陷每个字扣 0.05 分。一个字允许读两遍，即应试人发觉第一次读音有口误时可以改读，按第二次读音评判。超时 1 分钟以内，扣 0.5 分；超时 1 分钟以上（含 1 分钟），扣 1 分。

（一）语音错误：扣 0.1 分/音节

即每读错一个字的声母、韵母或声调中的任意一项，扣 0.1 分。

所谓语音错误，就是在普通话水平测试中，把一个音位发为另一个音位的现象。即应试人将某个音节的声母、韵母、声调三个要素中的任何一个或几个全部或部分读错，读成其他声母、韵母、声调。

1. 把甲声母读成乙声母

常见的这类错误有：

①舌尖后音 zh、ch、sh 读成舌尖前音 z、c、s。例："志愿→自愿""新春→新村""近视→近似"。

②舌尖后音 zh、ch、sh 或舌尖前音 z、c、s 读成舌面音 j、q、x。例："知道→机道""长度→强度""资金→基金""丝线→西线"。

③舌面音 j、q、x 读成舌尖前音 z、c、s。例如把"小"（xiao）读成 siao，"先"（xian）读成 sian 等。

④舌面音 j、q、x 读成舌根音 g、k、h。例如把"街"（jie）读成 gai、"巷"（xiang）读成 hang；或把 x 读成 q，例如把"翔"（xiang）读成 qiang。

⑤n 读成 l。例如把"难"（nan）读成 lan，"泥"（ni）读成 li。

⑥r 读成 l 或 n。例如把"染"（ran）读成 lan、"让"（rang）读成 lang，把"肉"（rou）读成 lou、"软"（ruan）读成 nüan。

⑦h 读成 f。例如把"花"（hua）读成 fa、"灰"（hui）读成 fei。

⑧不送气音 b、d、g、j、zh、z 读成送气音 p、t、k、q、ch、c。例如把"蓓"（bei）读成 pei、"电"（dian）读成 tian、"柜"（gui）读成 kui、"件"（jian）读成 qian、"坐"（zuo）读成 cuo。

⑨零声母音节加了辅音声母。例如把"袄"（ao）读成 ngao、"饿"（e）读成 ngo、"爱"（ai）读成 nai、"文"（wen）读成 men 等。

2. 把甲韵母读成乙韵母

常见的这类错误有：

①把后鼻音韵尾 –ng，读成前鼻音韵尾 –n，或把前鼻音韵尾 –n 读成后鼻音韵尾 –ng，主要指 in – ing、en – eng、an – ang 等的混读。如把"英"（ying）读成 yin、"冷"（leng）读成 len，或"安"（an）读成 ang、"款"（kuan）读成 kuang 等。

②把撮口呼韵母 ü 读成齐齿呼韵母 i，或把齐齿呼韵母 i 读成撮口呼韵母 ü。如：将

"具"（ju）读成 ji、"军"（jun）读成 jin、"全"（quan）读成 qian，或将"继"（ji）读成 ju、"县"（xian）读成 xuan、"沿"（yan）读成 yuan 等。

③把复韵母读成单韵母，或把单韵母读成复韵母。如把"每"（mei）读成 mi、"药"（yao）读成 yo、"被"（bei）读成 pi，"做"（zuo）读成 zu，或把"禾"（he）读成 wo、"吃"（chi）读成 qia、"母"（mu）读成 mong（遂川）等。

④合口呼韵母丢失韵头"u－"，或齐齿呼韵母丢失韵头"i－"。如把"耍"（shua）读成 sha、"最"（zui）读成 zei、"吨"（dun）读成 den、"双"（shuang）读成 shang，或把"家"（jia）读成 ga、"交"（jiao）读成 gao 等。

⑤前响复韵母添加韵头"u－"或"i－"。如把"菜"（cai）读成 cuai，"雷"（lei）读成 luei，"茂"（mao）读成 miao 等。

⑥丢失韵尾－i。如把"摘"（zhai）读成 za、"贼"（zei）读成 ze。

⑦卷舌韵母 er 没有卷舌动作，读成 e。如把"二"（er）读成 e。

⑧韵母 o 读成韵母 e，或把 e 读成 o 等。如把"河"（he）读成 ho、"乐"（le）读成 lo、"风"（feng）读成 fong，或把"坡"（po）读成 pe、"磨"（mo）读成 me。

3. 把甲调值读成乙调值

常见的这类错误有：

①调型受方言的影响发生改变，把声调甲明确地读成声调乙。如：阳平调读成阴平调，"嬷"（mó）读成 mō；阳平调读成上声，"防"（fáng）读成 fǎng；上声读成阳平，"朗"（lǎng）读成 láng 等。

②习惯性读错声调的字。有些字，常常有人把它给读错，如将"亚"（yà）读成 yǎ、"室"（shì）读成 shǐ、"潜"（qián）读成 qiǎn 等。

④入声字没有改读，或已改读，但调值不对。

4. 误读、漏读等也按语音错误标准扣 0.1 分

常见的这类错误有：

①将形近字误读。如"涮"（shuàn）读成"刷"（shuā）、"畔"（pàn）读成"绊"（bàn）、"端"（duān）读成"瑞"（ruì）、"晌"（shǎng）读成"响"（xiǎng）。

②生僻字误读。如"褫"（chǐ）、"跹"（xiān）、"缫"（sāo）、"菇"（gū）。

③字义相同、相近或相关而引起的误读。如"晕"（yūn）读成"昏"（hūn）、"鹤"（hè）读成"鹊"（què）、"储"（chǔ）读成"蓄"（xù）、"跌"（diē）读成"摔"（shuāi）。

④误读成别字。如把"舜"读成"尧"、"蓄"读成"存"、"屈"读成"抽"、"瘸"读成"拐"。

⑤脱离了一定的语言环境也会导致误读。有些汉字，本身并不生僻，但在使用时，常有某种比较固定的环境。一些组成词语的音节，当离开了这种环境，在单音节字词中出现时，常被误读。如："眨眼"一词中，"眨"进行音变改读为阳平，单字"眨"却是上声。

⑥受过去异读的影响而读错字。异读是指一个字在习惯上具有两个或几个不同的读法。普通话里的异读词经过整理后已大大减少，但有人仍沿用有的异读，造成错误。如："迹"

(jì 异读音为 jī)、"卓"(zhuó 异读音为 zhuō)。

⑦受方音影响而发错音。这是方音系统与普通话语音系统不一致造成的，这类错误在测试中表现得尤为明显。

⑧因落字、省略、跳行等原因而漏读的音节，每漏读一个字，同错误计。

5. **不允许读出轻声和儿化音，否则以错误对待**

（二）语音缺陷：扣 0.05 分/音节

即一个字的声母、韵母或声调中的任意一项读音有缺陷，扣 0.05 分。

所谓语音缺陷，指在普通话水平测试中，音节发音不够标准，虽然未把一个音位发为另一个音位，但尚未达到标准音位的现象。声母、韵母、声调中，任何一个或几个要素出现缺陷，即可判定为语音缺陷。语音缺陷属于一个音位内部的语音问题，而语音错误属于两个音位之间的语音问题。

常见的缺陷类型有：

1. **声母缺陷**

主要表现为声母的发音部位不准确，但未把普通话里的某一类声母读成另一类声母；或者表现为声母的发音方法含混，或不完全到位。如：

①读翘舌音声母 zh、ch、sh、r 时，舌尖接触或接近上腭的位置过于靠后或靠前，但还没有完全错读为舌尖前音，发音介于两者之间。如"支、持、使、日"。

②读舌尖前音 z、c、s 时的发音部位明显靠前或读成齿间音。

③读舌面音 j、q、x 时的发音部位明显靠前，近似 z、c、s；或用较接近的部位代替，读成舌叶音。如"休息"。

④声母成阻、除阻过程不干净利落；送气音、不送气音含混不清。

⑤把合口呼 u、uo 的零声母 [w] 读成唇齿浊擦音 [v]。

2. **韵母缺陷**

主要表现在韵母发音的口型不标准，舌位的高低、舌位的前后、唇形的圆展度不到位，复韵母的舌位动程明显不够，语感差。如：

①开口呼的韵母开口度明显不够，听感性质明显不符，如"ai"（爱）口腔开度不够等。

②合口呼、撮口呼的韵母圆唇度不够，如"ü"的发音不到位，近似于 i。

③复韵母舌位的前后、高低，口腔的开合、唇形的圆展不明显，但还没有读成单韵母。如"uai"（外）、"iou"（优）。

④无鼻音的音节明显带有鼻化色彩。一般来说，前鼻韵母收音的位置是舌尖抵在上齿龈上，后鼻韵母收音的位置是舌根靠近软腭。

⑤ in、ing 的韵腹 i 与韵尾间明显地嵌了一个 [ə]；或 in 有点后鼻音色彩，但与 ing 能区别。

⑥ ai、an 中的前 a [a] 明显偏后；ang、uang 中的后 a [ɑ] 明显偏前。

特别强调：三个 a 的位置相混

ai、ia、ao 这三个韵母中的 a 在发音时舌头的位置是不同的。ai 中的 a 是前 a，舌位在前，类似的还有 uai 中的 a；ia 中的 a 是央 a，舌位在中央，类似的还有 ua 中的 a；而 ao 中的 a 是后 a，舌位在后，类似的还有 iao。很多人不注意这样的细微差别，或者注意了，但位置不准确。像爱戴、报告、巧妙、快来等词中的 a 的位置都是不一样的。

⑦e 的位置偏前。这个问题在大多数人的发音中都存在。e 发音的特点是发音时舌头略向后缩，舌面后部隆起，口半闭，嘴唇呈扁平状。但是很多人发音时位置偏前，而且舌面后部不隆起，造成读 e 这个单韵母时存在语音缺陷。例如"合格、特色、客车、隔热"，等等。

⑧i、u、ü 带有明显的摩擦。i 的发音要领是：发音时声带颤动，口腔开口度很小，嘴唇不圆，舌面前部向硬腭隆起，但不发生摩擦。u 的发音要领与 i 不同的是：嘴唇拢圆，成一小孔，舌头向后缩，舌面后部向软腭隆起。ü 的发音和 i 基本相同，只是嘴唇要撮成圆形。三者共同的特点是都不发生摩擦。但很多人发这三个韵母时都有不同程度的摩擦。

⑨圆唇音的唇形稍扁。圆唇音主要是 o、u、ü 以及以 o、u、ü 开头的复韵母和鼻韵母，像 uai、uei、uo、uan、uang、ueng、uen、ün、üan、ou、iou，等等。南方人读这些圆唇音时往往会出现圆唇度不够的缺陷。例如"祝福、出租、舒服、无辜、初步、守候、走漏、漏斗、收购、抖擞"，等等。

⑩ian 与 üan 的韵腹没有变。由于受到高元音 i、ü 的影响，ian 与 üan 中的 a 要变成 [ε]，有些人依然读成 [a]，开口度就过大了。例如"渊源、全权、检验、蹁跹"等。

3. 声调缺陷

声调缺陷一般表现为声调调型、调式基本正确，但调值音高明显不够，或时值过短而不到位。常见的声调缺陷有：

（1）阴平调偏低

阴平调又叫高平调，是一个高而且平的调子，其调值是 55。但有些人的调值只有 44，甚至更低。

（2）阳平调偏短或偏长

阳平调是一个由中度 3 调起音、扬至高度 5 调的升调，调值为 35。在发音过程中，有些人发音时值过短，造成上扬不够，只有 34 调；有些人过于强调过程反而拉长了时值，导致调值缺陷。

（3）上声调值有误

第一种最常见的缺陷是将 214 调值读为 211 调值，即把上声念为半上。普通话中存在变调情况，上声在阴平、阳平及去声前面读作半上。这容易给人造成误解，误以为上声在任何情况下都读作 211。实际上，上声在单念、词尾、句尾时，必须读作 214 调值。也就是说，普通话水平测试中，上声单音节字词必须念为 214。

第二种常见的缺陷是将 214 调值读为 212 调值。也就是说，虽把上声读成了一个降升调，但升的时候高度不够。普通话中上声是音长时值最长的调型，而在有些方言中却是非常短促的，因而在学习普通话时，往往受到方言的影响，容易缩短上声的音长。音长缩短了，音高就会大打折扣，造成发音不饱满的缺陷。

第三种常见的缺陷是上声"拐弯"。上声是一个先降后升的调值，升的时候是匀速上升的，即由1度匀速上升为4度。但有些人受小学时期朗读习惯的影响，有明显的唱读痕迹，把214调值读成了21324调值，即上升后下滑再上升，使得上声在上升的过程中拐弯，造成声调缺陷。

第四种常见的缺陷是下降时降得不到位。上声的调值是214，即由半低调降到最低调，有些方言里上声是阳平调，该方言区的人易受方言的影响，把上声读成24调值，造成声调缺陷。

（4）去声调偏高

去声的调值是51，是个全降调。可有的人发音时调值降不到位，读成了54、53或52。有的人发音时起点不足，读成了41、31。

（三）**超时扣分**

本项测试限时3.5分钟。超时1分钟以内扣0.5分，超过1分钟以上（含1分钟）扣1分。

【口语综合实训】

朗读下面的单音节字。

1. 屏 翁 趋 靶 君 偿 群 岔 亲 锤
   惹 祠 软 翠 绕 皱 山 凳 身 跛
   拴 饵 丝 焚 苏 搿 讨 寡 添 龟
   挺 簧 贴 荤 外 颇 胸 僵 雪 诚
   悬 控 嗅 垒 亚 敛 涌 撂 枪 渺
   债 尼 轴 㧟 抓 挪 重 仄 煮 裴
   做 牵 钻 锡 封 兜 否 迷 帮 耕
   白 鹅 床 矮 比 羽 掉 跃 开 惟
   扛 远 快 旺 梢 恒 赏 爬 谋 民
   幕 日 利 冷 灵 陈 春 建 举 寒

2. 薄 丹 淌 阁 痕 英 纠 沏 乾 轧
   邱 把 藏 肝 粒 状 国 乘 用 望
   奔 呵 翁 别 搞 俩 渠 雪 刷 不 横
   烘 挪 熏 惹 雄 瘦 劫 削 拆 信
   膜 乡 甩 池 掐 闯 即 您 软 信
   次 兜 翘 催 筋 弄 咽 吹 丁 腮
   砸 蹲 卷 瓶 撕 仰 密 纺 挎 腮

竿捅栓 岳笋损修些贼盘导歪日
赖勒屯 咏钻爽灭鼎帽行拔寨遮
粪番鸣 掘醉片锥牧盆帮站分私
秒贼雇 抢簧林乖桥蹦惹根哈挡
醉抓周 瓮凭控嘴扩凌缝晒看
团疼歪 宣您团驼扩凌缝齿搞陪
片亩捧 清躬丢揣铁第扫忙凑喜
烤壶捆 钩拘脸脆秒卡豆更尘津
跌躲肺 女醋润掉花卜匹蓝肉尤
攒遮拽

3. 沸变妆久螺奴下坑责唯

艘床劳您不另驱饭签炯
眉伞醉袜羹雄统女哑授
塌国拢抬蠢块磕搭神法
黄丝俘仰枪你瘾海蕊圣
尖促恩并梳鸟瞎跌磁
仄饶庞内糟而硫景炒破
韦憎匾准朽粤攥章搴恐
日池裙倦篾瓜条苟抵坠
远赚丢萌虫牌让跤黑蹲

4. 电临觅肉黯激巴我许甩

盖锯绝抓跪厚军御润棚
饶翁揪俩根笙秦沈
岭野凶称江球即舔蜷涂
晾抢瘾紫破酸嚷蘑森测
伺拽师吹擦肺群踹蠕瞑
贰爹勺阵累拆准茧脓物
掰拔描盖撞鸟蹲洽邢
淋瞥熏刷躲风熟邹沤
酿茧涌惹钻会逛癣涮脑
5. 砸埠锹睁匹扛冲苏童庭

第二节 读多音节词语测试技巧与训练指导

一、多音节测试的测查目的

本题除测查应试人声、韵、调的发音标准程度外，还测查应试人上声变调、轻声、儿化读音的标准程度。该测试项的测查要点较前一项有所增加，测试难度也有所提高，分值相应地提高到了 20 分。

二、多音节试卷构成分析

该测试项共 100 个音节。

①由 45～47 个双音节词语、2 个三音节词语和 0～1 个四音节词语构成。

②上声与上声相连的词语不少于 3 个，上声与非上声相连的词语不少于 4 个，轻声不少于 3 个，儿化不少于 4 个（不同的儿化韵母）。

③声母、韵母、声调出现的次数与读单音节字词的要求相同。

④词语的排列避免同一测试要素连续出现。

三、多音节试卷扣分项标准

每读错一个音节扣 0.2 分；对于缺陷音，每一个音节扣 0.1 分。

本测试项限时 2.5 分钟，超时 1 分钟以内（含 1 分钟）扣 0.5 分，超时 1 分钟以上扣 1 分。

（一）多音节测试中的语音错误

1. **声母、韵母、声调在发音上存在明显的错误（与单音节雷同）**

例如：

①没有注意到普通话和方言在语音上的差异，把多音节词语中某些音节误读为方言语音。如"秩序"一词中的"秩"。

②没有注意多音字读音的唯一性。如"供水"的"供"和"口供"的"供"的读音不同。

③不认识某个字，而依据偏旁读音来推断该字的读音，结果造成误读。如把"编纂"的"纂"误读为"算"。

④由于眼误或是粗心造成的错误。

例如：花茶—茶花、家人—人家、袜筒—筒袜、高跷—高烧、瘸子—拐子

白干儿—白干、算盘—盘算、演讲—讲演、雅典—典雅、下乡—乡下

2. 轻声：必读轻声而未读作轻声，未标注轻声的却读作轻声

普通话多音节词语中的各个音节，轻重音格式是不同的。普通话词语中音节的轻重类型可以分为三个等级，即重音、中音、轻音，短而弱的音节称为轻，长而强的音节称为重，介于二者之间的称为中。

有些应试人没有把握多音节词语轻重格式的规律，测试中声音忽高忽低或是平直没有变化，严重影响听感、影响得分。

双音节词语中的轻声音节有的是和词汇语法有关系的。例如一些带有特殊后缀的名词（鼻子、蛾子、裤子、结巴、锅巴、下巴、什么、这么、势头、砖头、馒头、花儿、鸟儿）等；一些结构助词和语气助词（他的、看着、我们、跑了、好啊、来吧、他呢）等。这些词语往往比较容易分辨，但在双音节词语中出现的频率并不高。

还有一些是和词汇语法没有关系的轻声音节，例如：妥当、棉花、黄瓜、脊梁、教训、宽敞、抽屉、力量、态度、疟疾、包涵，等等。分辨这些必读轻声音节词语是双音节词语中的难点。

应试者在遇到这类词语而不能确定其轻读与否时，一方面要利用自己日常积累的语音经验进行判断，另一方面要充分利用《普通话水平测试用轻声词语表》里的内容，记住更多的轻声词语。

3. 儿化韵：把儿化韵读成平舌韵词或把"儿"尾读成独立的音节；把没有标明"儿"尾的词语读作儿化韵词

儿化韵音节在形态上非常容易分辨，但应试者往往不能正确发音。如儿化韵没有卷舌或卷舌不到位、卷舌过度、发音僵硬等。

儿化韵音节即卷舌韵母"er"附着在其他韵母后面，变更了原来韵母的音色，使其加上了一个卷舌动作。这个卷舌动作加得是否到位，直接影响到儿化韵音节的读音是否准确。一种情况是卷舌动作太小，舌面太平，只在发完韵母后微微抬起舌面，这样做的结果只能是更加突出方音特色。一种情况是卷舌动作过大，卷曲程度超出正常发音部位，使音节听上去变形。一种情况是应试者没有认真审题，把儿化韵音节读成三音节词语。

容易读错的儿化音：

脖颈儿（bógěngr 易错读作 bójǐngr）

梨核儿（líhúr 易错读作 líhér）

绝着儿（juézhāor 易错读作 juézhēr）

年头儿（niántóur 易错读作 niántour）

山歌儿（shāngēr 易错读作 shāngēēr）

摸黑儿（mōhēir 易错读作 mōhēiér）

4. 变调：上声音节未变调或变调错误；"一、不"未变调或变调错误

在双音节词语中除了轻声和儿化外，还涉及上上相连的双音节词语的音变现象。在测试过程中，应试者对这一类词语普遍存在不能正确音变或音变后调值不准的情况。

如"美好"（měihǎo）一词，按照音变规律，"美"（měi）的调值应该变得近乎阳平

[35]，而"好"（hǎo）没有音变仍读（hǎo）[214]。大部分应试者在读这一类上声音节时，将"美"（měi）变为（méi）没有问题，问题往往出在"好"（hǎo）上，不能将"好"（hǎo）正确读成[214]的调值，要么读成半上[211]，要么读成[213]，造成缺陷或错误。所以，要注意保持上上相连音节末一个音节的调值，既不可缩短也不可加长，在听感上应该是整体上扬的。

在上上相连音节中，造成失分的另一个原因是对一些上上相连音节的方言性误读现象误导了其正确的读音。

例如：勉强（miǎnqiǎng 易错读作 miǎnqiáng）

　　　侮辱（wǔrǔ 易错读作 wūrǔ）

　　　匕首（bǐshǒu 易错读作 bìshǒu）

　　　骨髓（gǔsuǐ 易错读作 gǔsuí）

　　　龋齿（qǔchǐ 易错读作 qūchǐ）

　　　给予（jǐyǔ 易错读作 gěiyǔ）

　　　萎靡（wěimǐ 易错读作 wěimí）

（二）多音节测试中的语音缺陷

①声母、韵母、声调在发音上存在明显的缺陷（与单音节雷同）。
②轻声音强音长明显不对。
③儿化词的卷舌色彩不明显或者生硬。
④"一、不"按规律变调但发音不到位。
⑤同一个词或相邻的词读音相对音高偏高或偏低。
⑥词语轻重格式明显不对，或一字一顿把词组字化了。

【口语综合实训】

朗读下面的多音节词语。

1. 损坏　昆虫　兴奋　恶劣　挂帅　针鼻儿
　　排斥　采取　利索　荒谬　少女　电磁波
　　愿望　恰当　若干　加塞儿　浪费　苦衷
　　降低　夜晚　小熊儿　存留　上午　按钮
　　佛教　新娘　逗乐儿　全面　包括　不用
　　培养　编纂　扎实　推测　吵嘴　均匀
　　收成　然而　满口　怪异　听话　大学生
　　发作　侵略　钢铁　孩子　光荣　前仆后继

2. 蜷缩　取暖　佛寺　面条儿　脊梁　老天爷
　　框架　班子　普法　驯服　一点儿　蒸馏水
　　审核　诊断　琢磨　饲料　沟通　语重心长

	牲口	包干儿	彼此	产值	曾经	印象
	容纳	茶馆儿	闪光	扰乱	起码	夸张
	千克	破坏	完备	往来	使唤	节奏
	拨弄	火候	需求	造型	动能	穷人
	对方	都会	拍摄	吞并	昆虫	掠夺
3.	黄油	亏损	盲从	杂志	抓药	运动
	才能	塑造	虐政	按照	年头儿	辅音
	热爱	交往	怀表	价钱	相得益彰	大伙儿
	态度	羽毛球	切实	扰乱	研究生	胳膊
	分配	外面	泉水	敏感	日内	法语
	训练	铁路	旦角儿	养神	笑话儿	本性
	宣传	棒槌	僧侣	夏季	口袋	美观
	军队	确实	品种	普查	存款	自卫
4.	快乐	爱护	聪明	恐怕	耳朵	隔壁
	标准	旅行社	了解	民族	费用	平均
	水果刀	安全	假条	创造	反悔	疟疾
	党羽	有点儿	夏天	儿童	热情	邻居
	猥琐	拐弯	别扭	凯旋	贬低	跑腿儿
	村庄	抽屉	法庭	夸奖	魔术	人群
	搜查	疹子	愣神儿	婆家	色彩	强壮
	凶猛	内疚	拱桥	绕远儿	产业群	治学严谨

第三节　朗读作品测试技巧与训练指导

一、朗读作品测试的测查目的

国家颁布的《普通话水平测试大纲》对朗读测试的目的做了详细的规定："测查应试人使用普通话朗读书面作品的水平。在测查声母、韵母、声调读音标准程度的同时，重点测查连读音变、停连、语调以及流畅程度。"

二、朗读作品试卷构成分析

测试用的短文从《普通话水平测试用朗读作品》中选取。评分以朗读作品的前400个音节（不含标点符号和括注的音节）为限，但应试人应将第400个音节所在的句子读完整。

应试人应熟悉《普通话水平测试大纲》规定的60篇朗读作品，做到选读任何一篇都能反映自己的真实普通话朗读水平。

三、朗读作品试卷扣分项标准

（一）语音错误，一个字扣0.1分

语音错误类型：
①声母、韵母、声调的错误与单音节字词判断相同。
②错读、漏读、增读、改读，每个字扣0.1分。
（提示：朗读中只有字的声、韵、调错误按个数扣，缺陷及其他语调问题不在其列）

（二）声母或韵母的系统性语音缺陷

1~2个系统声、韵缺陷扣0.5分，3个以上（含3个）系统声、韵缺陷扣1分。

（三）语调偏误

语调偏误涵盖调值、轻重格式、音变、句调、固定腔调、语速、方言色彩等。出现1~2项偏误扣0.5分；出现3~4项偏误扣1分；出现5项以上偏误扣2分。

（四）停连不当

造成歧义1~2次，扣0.5分；造成歧义3~4次，扣1分；造成歧义5次以上，扣2分。

（五）朗读不流畅（包括回读）

不够流畅（回读2次以内，每次不超过3个字），扣0.5分；不流畅（字化、词化、三字一停、五字一顿），扣1分；很不流畅扣2分。

（六）超时

本测试项限时4分钟，超时扣1分。

四、朗读作品测试中的要求

（一）对朗读的要求

1. 语音规范

读准每个字词的声、韵、调，注意连读音变，容易读错的字词要查找后用拼音标记下

来。对于语音缺陷问题，要尽快掌握科学的读音方法，反复训练。

2. 语速适中

语速指语言的速度，它不仅表现为音节的长度，更表现为音节与音节之间的疏密度和语调的"音长"。朗读中应该采取适中的语速。应试者若是没有认真准备，造成语速过快或过慢都会影响朗读的水平。

3. 停连恰当

在朗读训练时，对每一篇朗读作品中的语句，都应找准其恰当的停连位置，不要"见字读音"，造成停连不当。

4. 语调准确

在朗读训练时，对《普通话水平测试大纲》规定的每一篇朗读作品都应该认真反复地读，对作品中的句子所应选用的语调仔细推敲。只有多读才能把握正确的字调，掌握恰当的句式，克服朗读中的语调偏误。

5. 朗读流畅

熟悉作品内容，朗读的熟练程度才会提升。应试者只有经过反复的训练，才能克服朗读中的回读、误读、磕巴、漏读、增读等现象。

（二）朗读测试中应试人应具备的心理状态

1. 心理准备

过于紧张和过于懈怠，都是不好的心理状态，它会影响朗读水平的正常发挥，应尽力克服。

正确的朗读心理状态应该是充满自信的。以积极主动的心态参与应试，才能引发强烈的朗读愿望，发挥最佳的朗读状态。

2. 临考准备

应试前先抽签决定篇目，然后有10~15分钟的时间准备。首先快速浏览全文，找出平时容易读错的字词，确认它们的正确读音；然后找出难点句段的断句、停顿，确立感情基调；最后最好能带有感情地小声朗读一遍，做到胸有成竹。

3. 注意事项

应试朗读中若是遇上读错或误读的句子，应采取"将错就错"的应对措施，千万不要"回读"或"纠错读"，这样将会导致更多的失分。

五、朗读测试中的训练要点

（一）朗读测试的语音规范

在评分细则六项中，语音的评分占了三项，凸显了普通话朗读测试语音规范的重要性。在朗读测试中，因语音不规范失分的情况，主要表现在声母、韵母、声调、轻声、儿化、上声和"一、不"的变调等方面的读音错误与缺陷。

朗读应注意的语音难点：

①声母方面。注意发好和分清 z—zh、c—ch、s—sh、j—z、q—c、x—s、n—l、f—h 以及 t—q、d—j 等声母，避免系统性的声母缺陷。

②韵母方面。注意发好 i、ü 开头的韵母，分清 e—er、u–ou 以及前后鼻韵母，避免系统性的韵母缺陷。

③声调方面。注意发准普通话四声的调值，尤其注意阴平、阳平、上声的调值。

④变调方面。注意变调的正确度，熟练地驾驭上声、一、不、啊的变调规则，按照变调要求读准音调。

⑤轻声方面。注意正确判断轻声词，掌握轻声音节的正确读音，特别是上声的轻声读音。

⑥儿化方面。注意正确判断儿化词，掌握儿化音节的正确读音。

⑦避免朗读中漏字、加字、读别字和错读、回读等失误的出现。

[技能训练]

1. 先根据括号里提示的平翘舌音声母，读准字词，然后再朗读语段。

然而，到了世（sh）界杯大赛（s），天下大变。各国球员都回国效力，穿（ch）上（sh）与光荣（r）的国旗同样色（s）彩（c）的服装（zh）。在每一场（ch）比赛（s）前，还高唱（ch）国歌以宣誓（sh）对自（z）己祖（z）国的挚（zh）爱与忠（zh）诚（ch）。一种血缘情感开始（sh）在（z）全身（sh）的血管里燃（r）烧（sh）起来，而且立刻热（r）血沸腾。

（节选自《普通话水平测试实施纲要》朗读作品 11 号）

2. 先根据括号里提示的前后鼻韵母读准字词，然后再朗读语段。

于是，每逢（-ng）大雪而小学不停（-ng）课时，都有家长（-ng）打电（-n）话去骂。妙的是，每个打电（-n）话的人，反（-n）应（-ng）全（-n）一样（-ng）——先（-n）是怒气冲（-ng）冲（-ng）地责问（-n），然（-n）后满（-n）口道歉（-n），最后笑容（-ng）满（-n）面地挂上（-ng）电（-n）话。原（-n）因（-n）是，学校告诉家长（-ng）：在纽约有许多百万（-n）富翁（-ng），但（-n）也有不少贫困（-n）的家庭（-ng）。后者白天开不起暖（-n）气，供（-ng）不起午餐（-n），孩子的营（-ng）养（-ng）全（-n）靠学校里免（-n）费的中（-ng）饭（-n），甚（-n）至可以多拿些回家当（-ng）晚（-n）餐（-n）。学校停（-ng）课一天，穷（-ng）孩子就受一天（-n）冻（-ng），挨一天（-n）饿，所以老师们（-n）宁（-ng）愿自己苦一点儿，也不能（-ng）停（-ng）课。

（节选自《普通话水平测试实施纲要》朗读作品 23 号）

3. 朗读下列语段，注意读准横线部分的声调。

对于一个在北平住惯的人，像我，冬天要是不刮风，便觉得是奇迹；济南的冬天是没有风声的。对于一个刚由伦敦回来的人，像我，冬天要能看得见日光，便觉得是怪事；济南的冬天是响晴的。自然，在热带的地方，日光永远是那么毒，响亮的天气，反有点儿叫人害怕。可是，在北方的冬天，而能有温晴的天气，济南真得算个宝地。

（节选自《普通话水平测试实施纲要》朗读作品 17 号）

4. 先根据括号里的提示，读准儿化词语、轻声词语、"一、不"变调、"啊"的音变词语，然后再朗读语段。

雪纷纷扬扬，下得（轻声）很大。开始还伴着（轻声）一（阳平）阵儿（儿化）小雨，不（去声）久就只见大片大片的（轻声）雪花，从彤云密布的（轻声）天空中飘落下来（轻声）。地面上（轻声）一（阳平）会儿（儿化）就白了（轻声）。冬天的（轻声）山村，到了夜里就万籁俱寂，只听得（轻声）雪花簌簌地（轻声）不（阳平）断往下落，树木的（轻声）枯枝被雪压断了（轻声），偶尔咯吱一声响。

大雪整整下了（轻声）一（阳平）夜。今天早晨（轻声），天放晴了（轻声），太阳出来了（轻声）。推开门一（阳平）看，嘀！好大的雪啊（ya 呀）！山川、河流、树木、房屋，全都罩上了（轻声）一（去声）层厚厚的（轻声）雪，万里江山，变成了（轻声）粉妆玉砌的（轻声）世界。落光了（轻声）叶子的（轻声）柳树上（轻声）挂满了（轻声）毛茸茸亮晶晶的（轻声）银条儿（儿化）；而那些冬夏常青的（轻声）松树和柏树上（轻声），则挂满了（轻声）蓬松松沉甸甸的（轻声）雪球儿（儿化）。一（阳平）阵风吹来，树枝轻轻地（轻声）摇晃，美丽的（轻声）银条儿（儿化）和雪球儿（儿化）簌簌地（轻声）落下来（轻声），玉屑似的（轻声）雪末儿（儿化）随风飘扬，映着清晨的（轻声）阳光，显出一（阳平）道道五光十色的（轻声）彩虹。

大街上的（轻声）积雪足有一尺多深，人踩上去，脚底下（轻声）发出咯吱咯吱的（轻声）响声。一（去声）群群孩子（轻声）在雪地里（轻声）堆雪人，掷雪球儿（儿化）。那欢乐的（轻声）叫喊声，把树枝上的（轻声）雪都震落下来了（轻声）。

(节选自《普通话水平测试实施纲要》中朗读作品 5 号)

5. 先根据括号里的提示，读准"一、不"、轻声词语，然后再朗读语段。

牡丹没有花谢花败之时，要么（轻声）烁于枝头，要么（轻声）归于泥土，它跨越委顿和衰老，由青春而死亡，由美丽而消遁。它虽美却不（阳平）吝惜生命，即使告别也要展示给人最后一（阳平）次的惊心动魄。

所以在这阴冷的（轻声）四月里，奇迹不（阳平）会发生。任凭游人扫兴和诅咒，牡丹依然安之若素。它不（去声）苟且、不（去声）俯就、不（去声）妥协、不（阳平）媚俗，甘愿自己冷落自己。它遵循自己的（轻声）花期自己的（轻声）规律，它有权利为自己选择每年一（阳平）度的（轻声）盛大节日。它为什么（轻声）不拒绝寒冷？

天南海北的（轻声）看花人，依然络绎不（去声）绝地（轻声）涌入洛阳城。人们（轻声）不（阳平）会因牡丹的（轻声）拒绝而拒绝它的（轻声）美。如果它再被贬谪十次，也许它就会繁衍出十个（轻声）洛阳牡丹城。

(节选自《普通话水平测试实施纲要》朗读作品 30 号)

(二) 朗读测试的语调

语调是人们在语流中用高低轻重、抑扬顿挫来帮助表达思想感情的语音形式。语调是句子所特有的，它是句子的语音标志，任何句子都带有一定的语调。语调偏误就是指在用普通话朗读或说话的过程中，受方音的影响而形成的语流中具有方音色彩的语调形式。

语调与"语音四要素"中的音高、音强、音长联系很紧密。字调（声调）不准确，词语的轻重不当，句子的高低、轻重不当，是影响语调偏误的主要因素。语调偏误考查的就是这几个方面。

1. **字调**

字调是汉语音节的声调（阴平、阳平、上声、去声），是音节中具有区别意义作用的音高变化。

字调不准是直接影响普通话语调的重要因素，主要表现在声调的调型上。不同的方言字调型不尽相同。方言字调的遗留，在语句中一定会影响普通话语调的准确。如调值方面，存在阴平不够高、阳平升不到位、上声的曲折调发不好等问题；调类方面，有的地方阳平和上声相混，较普遍的是将方言的入声调带进普通话。例如：

①外祖母<u>生前</u>最疼爱<u>我</u>，我无法排除自己的<u>忧伤</u>，每天在学校的<u>操场</u>上一圈儿又一圈儿地跑着，跑得累倒在地上，扑在草坪上<u>痛哭</u>。

（节选自《普通话水平测试实施纲要》朗读作品 14 号）

②我们在<u>漆黑</u>如墨的河上又划了很<u>久</u>。一个个<u>峡谷</u>和<u>悬崖</u>，迎面<u>驶来</u>，又向后移去，<u>仿佛</u>消失在<u>茫茫</u>的远方，而<u>火光</u>却<u>依然</u>停在前头，闪闪发亮，<u>令人神往</u>——<u>依然</u>是这么近，又<u>依然</u>是那么远……

（节选自《普通话水平测试实施纲要》朗读作品 16 号）

横线部分词语的声调大多是阴平调、阳平调和上声调，应试人若是阴平读得不够高、不够平，阳平调读得升不到位、没有向上扬的感觉，上声调曲折度不够等就会影响整段朗读的语调，造成语调偏误。

[技能训练]

准确把握画线词语的声调调型，反复朗读。

1. 设若单单是有阳光，那也算不了<u>出奇</u>。请闭上眼睛想：一个<u>老城</u>，有山有水，全在天底下晒着<u>阳光</u>，暖和安适地睡着，只等<u>春风</u>来把它们<u>唤醒</u>，这是不是<u>理想的境界</u>？

（节选自《普通话水平测试实施纲要》朗读作品 17 号）

2. 纽约的冬天常有大<u>风雪</u>，扑面的<u>雪花</u>不但令人难以睁开眼睛，甚至呼吸都会吸入冰冷的<u>雪花</u>。有时前一天晚上还是一片晴朗，第二天拉开窗帘，却已经积雪盈尺，<u>连门都推不开</u>了。

（节选自《普通话水平测试实施纲要》朗读作品 23 号）

3. 天南海北的看花人，依然络绎不绝地涌入洛阳城。人们不会因牡丹的<u>拒绝</u>而拒绝它的美。如果它再被贬谪十次，也许它就会繁衍出十个洛阳牡丹城。

于是你在<u>无言</u>的遗憾中感悟到，富贵与高贵只是<u>一字之差</u>。<u>同</u>人一样，花儿也是有灵性的，更有品位之高低。品位这东西为气为魂为筋骨为神韵，只可意会。你叹服牡丹<u>卓尔不群</u>之姿，方知<u>品位</u>是多么容易被世人忽略或是漠视的美。

（节选自《普通话水平测试实施纲要》朗读作品 30 号）

2. **词的轻重格式**

语调偏误还表现在词的轻重格式上。词语的轻重格式不好，就会形成不同程度的方言语调，造成语调偏误，直接影响朗读的质量。如闽方言、粤方言等方言区的人说普通话时常常在一些格式上出问题，北方人朗读时在方言语调上也常常被扣分。解决这个问题，一要加强语感的训练，多听标准的普通话朗读，听时注意分辨轻重格式；二要记词语，普通话的双音节词语绝大部分是"中·重"格式，应试者可以重点记住"重·轻"格式和"重·中"格式的词语。

[技能训练]

朗读作品，注意词语的轻重格式。

态度创造快乐

一位访美中国女作家，在纽约遇到一位卖花的老太太。老太太穿着破旧，身体虚弱，但脸上的神情却是那样祥和兴奋。女作家挑了一朵花说："看起来，你很高兴。"老太太面带微笑地说："是的，一切都这么美好，我为什么不高兴呢？""对烦恼，你倒真能看得开。"女作家又说了一句。没料到，老太太的回答更令女作家大吃一惊："耶稣在星期五被钉上十字架时，是全世界最糟糕的一天，可三天后就是复活节。所以，当我遇到不幸时，就会等待三天，这样一切就恢复正常了。"

"等待三天"，多么富于哲理的话语，多么乐观的生活方式。它把烦恼和痛苦抛下，全力去收获快乐。

沈从文在"文革"期间，陷入了非人的境地。可他毫不在意，他在咸宁时给他的表侄、画家黄永玉写信说："这里的荷花真好，你若来……"身陷苦难却仍为荷花的盛开欣喜赞叹不已，这是一种趋于澄明的境界，一种旷达洒脱的胸襟，一种面临磨难坦荡从容的气度，一种对生活童子般的热爱和对美好事物无限向往的生命情感。

由此可见，影响一个人快乐的，有时并不是困境及磨难，而是一个人的心态。如果把自己浸泡在积极、乐观、向上的心态中，快乐必然会占据你的每一天。

（节选自《普通话水平测试实施纲要》朗读作品37号）

3. 语句的轻重

朗读过程中，那些组成句子的词和短语，在表达基本语意和思想感情的时候，绝不是并列地处在同一个地位上。就是说，有的词和短语在表达语意上显得十分重要；而与之相比，另外一些词或短语就处于一个较为次要的地位。这种情况就是朗读中的轻重音处理。

什么是重音？朗读时需要强调和突出的词或词组，甚至某个音节，叫作重音。朗读中我们强调什么，不强调什么，到底有没有依据呢？当然有，它就是我们所说的语句目的，是作者的思想感情。因此掌握重音的要点是对文章意思的理解，一般说来，句子理解正确了，重音也就容易找对。

应试者应该根据不同材料所表现的不同思想感情，具体处理句子中的轻重词语，不可随意地处理重读、轻念，传递错误的语言信息，以至扭曲作品的思想情感。

下面句子中加横线的词语是重音：

①没有一片<u>绿叶</u>，没有一缕<u>炊烟</u>，没有一粒<u>泥土</u>，没有一丝<u>花香</u>，只有<u>水</u>的世界，<u>云</u>的海洋。

（节选自《普通话水平测试实施纲要》朗读作品22号）

②我的母亲老了，她早已习惯听从她强壮的儿子；我的儿子还小，他还习惯听从他高大的父亲；妻子呢，在外面，她总是听我的。一霎时我感到了责任的重大。

（节选自《普通话水平测试实施纲要》朗读作品33号）

[技能训练]

1. 给下面的句子标上恰当的重音，然后朗读。

（1）地球上是否真的存在"无底洞"？按说地球是圆的，由地壳、地幔和地核三层组成，真正的"无底洞"是不应存在的，我们所看到的各种山洞、裂口、裂缝，甚至火山口也都只是地壳浅部的一种现象。

（节选自《普通话水平测试实施纲要》朗读作品34号）

（2）完全按照托尔斯泰的愿望，他的坟墓成了世间最美的，给人印象最深刻的坟墓。它只是树林中的一个小小的长方形土丘，上面开满鲜花——没有十字架，没有墓碑，没有墓志铭，连托尔斯泰这个名字也没有。

（节选自《普通话水平测试实施纲要》朗读作品35号）

（3）假山的堆叠，可以说是一项艺术而不仅是技术。或者是重峦叠嶂，或者是几座小山配合着竹子花木，全在乎设计者和匠师们生平多阅历，胸中有丘壑，才能使游览者攀登的时候忘却苏州城市，只觉得身在山间。

（节选自《普通话水平测试实施纲要》朗读作品36号）

（4）"等待三天"，多么富于哲理的话语，多么乐观的生活方式。它把烦恼和痛苦抛下，全力去收获快乐。

（节选自《普通话水平测试实施纲要》朗读作品37号）

（5）享受幸福是需要学习的，当它即将来临的时刻需要提醒。人可以自然而然地学会感官的享乐，却无法天生地掌握幸福的韵律。灵魂的快意同器官的舒适像一对孪生兄弟，时而相傍相依，时而南辕北辙。

（节选自《普通话水平测试实施纲要》朗读作品40号）

2. 朗读作品，正确处理语句重音。

我为什么当教师

[美] 彼得·基·贝得勒

我为什么非要教书不可？是因为我喜欢当教师的时间安排表和生活节奏。七、八、九三个月给我提供了进行回顾、研究、写作的良机，并将三者有机融合，而善于回顾、研究和总结正是优秀教师素质中不可缺少的成分。

干这行给了我多种多样的"甘泉"去品尝，找优秀的书籍去研读，到"象牙塔"和实际世界里去发现。教学工作给我提供了继续学习的时间保证，以及多种途径、机遇和挑战。

然而，我爱这一行的真正原因，是爱我的学生。学生们在我的眼前成长、变化。当教师意味着亲历"创造"过程的发生——恰似亲手赋予一团泥土以生命，没有什么比目睹它开始呼吸更激动人心的了。

权利我也有了：我有权利去启发诱导，去激发智慧的火花，去问费心思考的问题，去赞扬回答的尝试，去推荐书籍，去指点迷津。还有什么别的权利能与之相比呢？

而且，教书还给我金钱和权利之外的东西，那就是爱心。不仅有对学生的爱，对书籍的爱，对知识的爱，还有教师才能感受到的对"特别"学生的爱。这些学生，有如冥顽不灵的泥块，由于接受了老师的炽爱才勃发了生机。

所以，我爱教书，还因为，在那些勃发生机的"特别"学生身上，我有时发现自己和他们呼吸相通，忧乐与共。

（节选自《普通话水平测试实施纲要》朗读作品44号）

4. 语句的句调

句调就是句子的语调，它指的是朗读时语句声音的高低升降的变化。朗读作品时，词语的表现意义和感情色彩是丰富多彩的，就是同一个词在不同的语境中，语调也会随之变化。语调是有声语言所特有的，它是句子的语音标志。借助语调，有声语言才具有极强的表现力。在朗读文章时，升降趋势的变化应受朗读材料内部思想感情运动变化的制约。作为文章构成单位的句子，句调的处理应根据句子在文章中的地位而定，要考察它与前后句子的关系，不能机械地、教条地运用句调。

（1）平直调

指语调平稳，没有什么显著的高低升降变化。一般表示庄重、平静、冷淡及追忆等叙述、说明的句子。例如：

①中国中西部我们通常是指黄河与秦岭相连一线以西，包括西北和西南的十二个省、市、自治区。

（节选自《普通话水平测试实施纲要》朗读作品45号）

②高兴，这是一种具体的被看得到摸得着的事物所唤起的情绪。

（节选自《普通话水平测试实施纲要》朗读作品46号）

③有个塌鼻子的小男孩儿，因为两岁时得过脑炎，智力受损，学习起来很吃力。

（节选自《普通话水平测试实施纲要》朗读作品51号）

（2）上升调

语调由低逐渐升高。常用于表示疑问、反问、惊异、命令、呼唤、号召的句子。例如：

①"你以为这是什么车？旅游车？"

（节选自《普通话水平测试实施纲要》朗读作品10号）

②推开门一看，嗬！好大的雪啊！

（节选自《普通话水平测试实施纲要》朗读作品5号）

③世界杯怎么会有如此巨大的吸引力？除去足球本身的魅力之外，还有什么超乎其上而更伟大的东西？

（节选自《普通话水平测试实施纲要》朗读作品11号）

（3）下降调

语调由高逐渐降低，末了的字低而短。这种语调常用于表示肯定、赞扬、坚定、恳求、允许的句子。例如：

①近来观看世界杯，忽然从中得到了答案：是由于一种无上崇高的精神情感——国家荣誉感！

(节选自《普通话水平测试实施纲要》朗读作品 11 号)

②在它看来,狗该是多么庞大的怪物啊!

(节选自《普通话水平测试实施纲要》朗读作品 27 号)

③是啊,请不要见笑。我崇敬那只小小的、英勇的鸟儿,我崇敬它那种爱的冲动和力量。

(节选自《普通话水平测试实施纲要》朗读作品 27 号)

(4) 曲折调

语调曲折变化,对句子中某些音节特别加重、加高或延长,形成一种升降曲折的调子。这种语调常用来表示夸张、强调、反语、讽刺、惊讶等较为特殊的语气。

①水手攥它它不走,抓它,它乖乖落在掌心。

(节选自《普通话水平测试实施纲要》朗读作品 22 号)

②犯得着在大人都无须上班的时候让孩子去学校吗?

(节选自《普通话水平测试实施纲要》朗读作品 23 号)

③树,活的树,又不卖,何言其贵?

(节选自《普通话水平测试实施纲要》朗读作品 47 号)

在普通话水平的测试中,不少应试者的句调没有高低、升降和曲折的变化,表现为平直而生硬,或是有变化但变化不当,形成一种语调偏误的现象。这种现象要在短时间里克服是有一定难度的,但是只要注意读准字调、掌握词语的轻重格式,把握好语势,加上多听、多练、多想,语调就会准确丰富,就能克服语调偏误的框框,提高普通话朗读水平。

[技能训练]

1. 朗读下面的句子,选用恰当的语调。

(1) 大雪整整下了一夜。今天早晨,天放晴了,太阳出来了。推开门一看,嗬!好大的雪啊!山川、河流、树木、房屋,全都罩上了一层厚厚的雪,万里江山,变成了粉妆玉砌的世界。

(节选自《普通话水平测试实施纲要》朗读作品 5 号)

(2) 我从小到大都听他说:"你到哪里去?什么时候回家?汽车有没有汽油?不,不准去。"爸爸完全不知道怎样表达爱。除非……

(节选自《普通话水平测试实施纲要》朗读作品 10 号)

(3) 其中的一个,不由分说就坐在小凳上给我擦起皮鞋来,另一个则彬彬有礼地发问:"小姐,您是哪国人?喜欢渥太华吗?""小姐,在你们国家有没有小孩儿患小儿麻痹?谁给他们医疗费?"

(节选自《普通话水平测试实施纲要》朗读作品 21 号)

(4) 就拿奈良的一个角落来说吧,我重游了为之感受很深的唐招提寺,在寺内各处匆匆走了一遍,庭院依旧,但意想不到还看到了一些新的东西。其中之一,就是近几年从中国移植来的"友谊之莲"。

(节选自《普通话水平测试实施纲要》朗读作品 24 号)

(5) "这些……难道还不够吗?"班杰明一边微笑着,一边扫视着自己的房间,轻言细语地说,"你进来又有一分钟了。"

(节选自《普通话水平测试实施纲要》朗读作品50号)

2. 朗读下列作品,注意选用恰当的语调。

一个美丽的故事

张玉庭

有个塌鼻子的小男孩儿,因为两岁时得过脑炎,智力受损,学习起来很吃力。打个比方,别人写作文能写二三百字,他却只能写三五行。但即便是这样的作文,他同样能写得很动人。

那是一次作文课,题目是《愿望》。他极其认真地想了半天,然后极认真地写,那作文极短,只有三句话:我有两个愿望,第一个是,妈妈天天笑眯眯地看着我说:"你真聪明。"第二个是,老师天天笑眯眯地看着我说:"你一点儿也不笨。"

于是,这篇作文,深深地打动了他的老师,那位妈妈式的老师不仅给了他最高分,在班上带感情地朗读了这篇作文,还一笔一画地批道:你很聪明,你的作文写得非常感人,请放心,妈妈肯定会格外喜欢你的,老师肯定会格外喜欢你的,大家肯定会格外喜欢你的。

捧着作文本,他笑了,蹦蹦跳跳地回家了,像只喜鹊。但他并没有把作文本拿给妈妈看,他是在等待,等待一个美好的时刻。

那个时刻终于到了,是妈妈的生日——一个阳光灿烂的星期天。那天,他起得特别早,把作文本装在一个亲手做的美丽的大信封里,等妈妈醒来。妈妈刚刚睁开眼睛,他就笑眯眯地走到妈妈跟前说:"妈妈,今天是您的生日,我要送您一件礼物。"

果然,看着这篇作文,妈妈甜甜地涌出了两行热泪,一把搂住小男孩儿,搂得很紧很紧。

是的,智力可以受损,但爱永远不会。

(节选自《普通话水平测试实施纲要》朗读作品51号)

(三) 朗读测试的停连

停连是指声音的停顿和连接,两者就像一扇门一样有开门就必定有关门。朗读中除去文章开头的第一句话前和结尾的最后一句话后,停顿和连接是永远如影随形的。朗读时有停连才能更好地表情达意。停连和有声语言同时存在,它不仅是朗读者生理上的需要或单纯的语法上的需要,更是情感上的需要。

测试中,有些应试者由于对朗读材料不熟悉,或对朗读材料的内容理解不够,有可能出现停连不当所引起的误读现象。譬如停连不当致使词、句产生歧义;或者读破句、碎句影响作品要表达的意思;还有因气息造成的句子停连不当等情况。

以下是测试中常见的停顿不当的例句:

①爸把汽车停在急诊室门口,他们叫他驶开,说那空位是留给紧急车辆停放的。爸听了便叫嚷道:"你以为这是什么车?旅游车?"

"他们叫他驶开"这个句子是兼语句,正确的停顿是"他们叫他/驶开",但不少应试者却处理成"他们叫/他驶开",造成句子的意思改变或意思的含混,应视为停顿不当。

②有一次我偷了一块糖果,他要我把它送回去,告诉卖糖的说是我偷来的,说我愿意替

他拆箱卸货作为赔偿。

"他要我把它送回去"也是个兼语句，正确的停顿是"他要我/把它送回去"，若是处理成"他要/我把它送回去"或"他要我把/它送回去"都应视为停顿不当。

③除去足球本身的魅力之外，还有什么超乎其上而更伟大的东西？

正确的停顿是"还有什么超乎其上/而更伟大的东西"，有的应试者却处理成"还有什么超乎其/上而更伟大的东西"，这样就读破句了。

④时间过得那么飞快，使我的小心眼儿里不只是着急，还有悲伤。

"使我的小心眼儿里不只是着急"正确的停顿是"使我的小心眼儿里/不只是着急"，有的应试者却处理成"使我的小心眼儿/里不只是着急"，这样就读破句碎句了。

句子的停连格式一般有落停、扬停、紧连及徐连等。

(1) 落停

落停的位置往往在一个完整的意思表达之后。在一句话、一个层次、一篇文章结束时使用。句末语调下落，语气沉稳。一般在叙述的语气中比较多地使用这种方式。例如：

①然而有一天，我发现母亲正仔细地用一小块碎面包擦那给我煎牛排用的油锅。我明白了她称自己为素食者的真正原因。

（节选自《普通话水平测试实施纲要》朗读作品42号）

②人们常常只是在幸福的金马车已经驶过去很远时，才捡起地上的金鬃毛说，原来我见过它。

（节选自《普通话水平测试实施纲要》朗读作品40号）

(2) 扬停

扬停一般用在句子中没有标点的地方或一个意思还没有说完、中途又需要停顿的地方。表达雄壮、自豪、坚定及急促等情绪时使用这种方式，表现为气息饱满、音量较大，时间间歇较短。例如：

①人类给它以生命，它毫不悭吝地/把自己的艺术青春/献给了哺育它的人。

（节选自《普通话水平测试实施纲要》朗读作品22号）

②它用另一种/"能吞能吐"的/特殊功能/孕育了人类。

（节选自《普通话水平测试实施纲要》朗读作品31号）

(3) 紧连

紧连的位置在有标点而前后内容又联系较紧密的地方，表达一种紧迫感和急迫感。在有标点符号但内容紧密联系的地方，停顿后迅速连接，不用换气，听上去似乎没有接点，紧连快带。朗读时一般不换气。例如：

①山川、河流、树木、房屋，全都罩上了一层厚厚的雪，万里江山，变成了粉妆玉砌的世界。

（节选自《普通话水平测试实施纲要》朗读作品5号）

②苏东坡的四味"长寿药"，实际上是强调了情志、睡眠、运动、饮食四个方面对养生长寿的重要性，这种养生观点即使在今天仍然值得借鉴。

（节选自《普通话水平测试实施纲要》朗读作品54号）

(4) 徐连

徐连位置在短促的句子间,需要连接又需要区分的地方,似停非停,以连接为主。连续的短分句间的逗号,是徐连最典型的"连接"。一般用于较舒缓内容中的一句或一段话当中的连接,这种连接一般用于并列性的连接。朗读时,上一个词的尾音与后一个词的起始音有间歇,但又不能换气,听觉上是有间隙,但又气息相连。例如:

①我们在田野散步:我,我的母亲,我的妻子和儿子。

(节选自《普通话水平测试实施纲要》朗读作品33号)

②一锅小米稀饭,一碟大头菜,一盘自家酿制的泡菜,一只巷口买回的烤鸭,简简单单,不像请客,倒像家人团聚。

(节选自《普通话水平测试实施纲要》朗读作品32号)

③没有一片绿叶,没有一缕炊烟,没有一粒泥土,没有一丝花香,只有水的世界,云的海洋。

(节选自《普通话水平测试实施纲要》朗读作品22号)

[技能训练]

1. 在理解句子的基础上画出落停和扬停的位置,然后朗读。

(1) 我爱月夜,但我也爱星天。从前在家乡七八月的夜晚在庭院里纳凉的时候,我最爱看天上密密麻麻的繁星。望着星天,我就会忘记一切,仿佛回到了母亲的怀里似的。

(节选自《普通话水平测试实施纲要》朗读作品8号)

(2) 星光在我们的肉眼里虽然微小,然而它使我们觉得光明无处不在。

(节选自《普通话水平测试实施纲要》朗读作品8号)

(3) 我们那条胡同的左邻右舍的孩子们放的风筝几乎都是叔叔编扎的。

(节选自《普通话水平测试实施纲要》朗读作品9号)

2. 在理解句子的基础上画出连接和停顿的符号,正确处理停连,然后朗读。

(1) 夕阳落山不久,西方的天空,还燃烧着一片橘红色的晚霞。大海,也被这霞光染成了红色,而且比天空的景色更要壮观。因为它是活动的,每当一排排波浪涌起的时候,那映照在浪峰上的霞光,又红又亮,简直就像一片片霍霍燃烧着的火焰,闪烁着,消失了。而后面的一排,又闪烁着,滚动着,涌了过来。

(节选自《普通话水平测试实施纲要》朗读作品12号)

(2) 在这幽美的夜色中,我踏着软绵绵的沙滩,沿着海边,慢慢地向前走去。海水,轻轻地抚摸着细软的沙滩,发出温柔的唰唰声。

(节选自《普通话水平测试实施纲要》朗读作品12号)

(3) 水是一种良好的溶剂。海洋中含有许多生命所必需的无机盐,如氯化钠、氯化钾、碳酸盐、磷酸盐,还有溶解氧,原始生命可以毫不费力地从中吸取它所需要的元素。

(节选自《普通话水平测试实施纲要》朗读作品13号)

3. 认真研读下面文章，在正确理解文章内容的基础上，处理好停连，然后再朗读。

坚守你的高贵
游宇明

三百多年前，建筑设计师莱伊恩受命设计了英国温泽市政府大厅。他运用工程力学的知识，依据自己多年的实践，巧妙地设计了只用一根柱子支撑的大厅天花板。一年以后，市政府权威人士进行工程验收时，却说只用一根柱子支撑天花板太危险，要求莱伊恩再多加几根柱子。

莱伊恩自信只要一根坚固的柱子足以保证大厅安全，他的"固执"惹恼了市政官员，险些被送上法庭。他非常苦恼，坚持自己原先的主张吧，市政官员肯定会另找人修改设计；不坚持吧，又有悖自己为人的准则。矛盾了很长一段时间，莱伊恩终于想出了一条妙计，他在大厅里增加了四根柱子，不过这些柱子并未与天花板接触，只不过是装装样子。

三百多年过去了，这个秘密始终没有被人发现。直到前两年，市政府准备修缮大厅的天花板，才发现莱伊恩当年的"弄虚作假"。消息传出后，世界各国的建筑专家和游客云集，当地政府对此也不加掩饰，在新世纪到来之际，特意将大厅作为一个旅游景点对外开放，旨在引导人们崇尚和相信科学。

作为一名建筑师，莱伊恩并不是最出色的。但作为一个人，他无疑非常伟大，这种//伟大表现在他始终恪守着自己的原则，给高贵的心灵一个美丽的住所，哪怕是遭遇到最大的阻力，也要想办法抵达胜利。

（节选自《普通话水平测试实施纲要》朗读作品19号）

【口语综合实训】

结合朗读的要求，朗读下面的短文。

1.
我的信念
［波兰］玛丽·居里

生活对于任何人都非易事，我们必须有坚韧不拔的精神。最要紧的，还是我们自己要有信心。我们必须相信，我们对每一件事情都具有天赋的才能，并且，无论付出任何代价，都要把这件事完成。当事情结束的时候，你要能问心无愧地说："我已经尽我所能了。"

有一年的春天，我因病被迫在家里休息数周。我注视着我的女儿们所养的蚕正在结茧，这使我很感兴趣。望着这些蚕执着地、勤奋地工作，我感到我和它们非常相似。像它们一样，我总是耐心地把自己的努力集中在一个目标上。我之所以如此，或许是因为有某种力量在鞭策着我——正如蚕被鞭策着去结茧一般。

近五十年来，我致力于科学研究，而研究，就是对真理的探讨。我有许多美好快乐的记忆。少女时期我在巴黎大学，孤独地过着求学的岁月；在后来献身科学的整个时期，我丈夫和我专心致志，像在梦幻中一般，坐在简陋的书房里艰辛地研究，后来我们就在那里发现了镭。

我永远追求安静的工作和简单的家庭生活。为了实现这个理想，我竭力保持宁静的环境，以免受人事的干扰和盛名的拖累。

我深信，在科学方面我们有对事业而不是//对财富的兴趣。我的唯一奢望是在一个自由国家中，以一个自由学者的身份从事研究工作。

我一直沉醉于世界的优美之中，我所热爱的科学也不断增加它崭新的远景。我认定科学本身就具有伟大的美。

(节选自《普通话水平测试实施纲要》朗读作品43号)

2.

捐诚

青白

我在加拿大学习期间遇到过两次募捐，那情景至今使我难以忘怀。一天，我在渥太华的街上被两个男孩子拦住去路。他们十来岁，穿得整整齐齐，每人头上戴着个做工精巧、色彩鲜艳的纸帽，上面写着"为帮助患小儿麻痹的伙伴募捐"。其中的一个，不由分说就坐在小凳上给我擦起皮鞋来，另一个则彬彬有礼地发问："小姐，您是哪国人？喜欢渥太华吗？""小姐，在你们国家有没有小孩儿患小儿麻痹？谁给他们医疗费？"一连串的问题，使我这个有生以来头一次在众目睽睽之下让别人擦鞋的异乡人，从近乎狼狈的窘态中解脱出来。我们像朋友一样聊起天儿来……

几个月之后，也是在街上。一些十字路口处或车站坐着几位老人。他们满头银发，身穿各种老式军装，上面布满了大大小小形形色色的徽章、奖章，每人手捧一大束鲜花，有水仙、石竹、玫瑰及叫不出名字的，一色雪白。匆匆过往的行人纷纷止步，把钱投进这些老人身旁的白色木箱内，然后向他们微微鞠躬，从他们手中接过一朵花。我看了一会儿，有人投一两元，有人投几百元，还有人掏出支票填好后投进木箱。那些老军人毫不注意人们捐多少钱，一直不//停地向人们低声道谢。同行的朋友告诉我，这是为纪念二次大战中参战的勇士，募捐救济残废军人和烈士遗孀，每年一次；认捐的人可谓踊跃，而且秩序井然，气氛庄严。有些地方，人们还耐心地排着队。我想，这是因为他们都知道：正是这些老人们的流血牺牲换来了包括他们信仰自由在内的许许多多。

我两次把那微不足道的一点儿钱捧给他们，只想对他们说声"谢谢"。

(节选自《普通话水平测试实施纲要》朗读作品21号)

3.

一分钟

纪广洋

著名教育家班杰明曾经接到一个青年人的求救电话，并与那个向往成功、渴望指点的青年人约好了见面的时间和地点。

待那个青年如约而至时，班杰明的房门敞开着，眼前的景象却令青年人颇感意外——班杰明的房间里乱七八糟、狼藉一片。

没等青年人开口，班杰明就招呼道："你看我这房间，太不整洁了，请你在门外等候一分钟，我收拾一下，你再进来吧。"一边说着，班杰明就轻轻地关上了房门。

不到一分钟的时间，班杰明就又打开了房门并热情地把青年人让进客厅。这时，青年人的眼前展现出另一番景象——房间内的一切已变得井然有序，而且有两杯刚刚倒好的红酒，在淡淡的香水气息里还漾着微波。

可是，没等青年人把满腹的有关人生和事业的疑难问题向班杰明讲出来，班杰明就非常客气地说道："干杯。你可以走了。"

青年人手持酒杯一下子愣住了，既尴尬又非常遗憾地说："可是，我……我还没向您请教呢……"

"这些……难道还不够吗？"班杰明一边微笑着，一边扫视着自己的房间，轻言细语地说，"你进来又有一分钟了。"

"一分钟……一分钟……"青年人若有所思地说："我懂了，您让我明白了一分钟的时间可以做许//多事情，可以改变许多事情的深刻道理。"

班杰明舒心地笑了。青年人把杯里的红酒一饮而尽，向班杰明连连道谢后，开心地走了。

其实，只要把握好生命的每一分钟，也就把握了理想的人生。

(节选自《普通话水平测试实施纲要》朗读作品50号)

第四节 命题说话测试技巧与训练指导

一、命题说话测试的测查目的

本题测查应试人在无文字凭借的情况下说普通话的水平，重点测查语音标准程度，词汇、语法规范程度和自然流畅程度。

二、命题说话试卷构成分析

（一）研究说话题目

《普通话水平测试大纲》给定的说话题目从第一版的50个缩减到现在的30个。其中，缩减了可能引起应试人感情大幅度起伏的题目，缩减了内容宽泛的大题目。现在的说话题目，客观真实，题点明确，更利于应试人发挥。应试人可以从以下几方面予以准备：

1. 为题目归类、理清思路

记叙描述类（1. 我的愿望；3. 我尊敬的人；5. 童年的记忆；7. 难忘的旅行；8. 我的朋友；15. 我的假日生活；16. 我的成长之路；20. 我的家乡（或熟悉的地方）；29. 我向往的地方）

这类话题比较容易，只要按照事情发展的时间顺序往下说就行了。

①是谁（是什么）？
②为什么？

③举例子。
④怎么办？

说明介绍类（2．我的学习生活；4．我喜爱的动物（或植物）；6．我喜爱的职业；9．我喜爱的文学（或其他）艺术形式；11．我的业余生活；12．我喜欢的季节（或天气）；18．我知道的风俗；19．我和体育；22．我喜欢的节日；23．我所在集体（学校、机关、公司等）；26．我喜欢的明星（或其他知名人士）；27．我喜爱的书刊；30．购物（消费）的感受）

这类话题忌讳只列出干巴巴的几个条目、不能展开详细说明。可以从一个事物的几个方面去说明或介绍。

①是什么（是谁或什么样的）？
②表现在哪几个方面？
③每个方面是怎么样的？
④自己的态度或打算。

议论评说类（10．谈谈卫生与健康；13．学习普通话的体会；14．谈谈服饰；17．谈谈科技发展与社会生活；21．谈谈美食；24．谈谈社会公德；25．谈谈个人修养；28．谈谈对环境保护的认识）

这类话题需要比较缜密的思维和更强的概括能力。

①是什么（提出自己的观点）？
②为什么（归纳出几条理由）？
③举例子（每条理由后分别举例）。
④怎么办（提出建议）。

当然，这些分类也不是绝对的，有些题目可以跨类。比如介绍说明类的和议论的题目不少可以跨类，"我的愿望""谈谈服饰"既可说成议论性的题目，也可按叙事类的题目来说。从说话的表达方式上来讲，说人、叙事相对说明、议论难度要小一些，因此，在不影响说话中心的基础上，应尽可能地将题目往叙事、说人方向上靠。在准备说话时要在题目归类上多下点功夫。

2. 合并说话题目，减少内容准备

在研究题目的基础上，我们可以发现，有些题目之间存在内在联系，我们可以将其合并，减少内容的准备。如"我尊敬的人"和"我的朋友"可以合并成为一个说话题，"我的假日生活"和"难忘的旅行""我向往的地方""我的业余生活"等可以合并为一个话题。这样一来我们可以减少一些说话题目，将注意力转移到语音的规范方面。

（二）准备说话内容，确定说话表达方式

1. 材料的准备

（1）准备足够 3~4 分钟说话的材料

人说话时的正常语速，每分钟大约在 180 个音节。3 分钟时间应准备 540 个左右音节的说话内容。由于紧张，测试中应试人往往有忘词现象，因此，尽可能多准备一些材料。

(2) 按题目准备说话内容

①准备说一个人的材料：思考为什么要说他，围绕他选什么材料，突出他的什么个性特征、精神风貌等。

②准备一两件事的材料：这些事是让人难忘的、感兴趣的、愉快的事。要回忆清楚事情的来龙去脉、前因后果，事情发生、发展过程中的细节，表现事件的意义，加深听者的印象。

③准备好议论题目的材料：议论题目的材料可以从事实材料和理论材料两个方面去准备。事实材料最好是自己亲身经历的人、事，周围熟悉的人、事等，这样在考试中不容易忘词。可根据题目准备一些理论依据，不必很深奥，只要在说话中表明思想观点，明辨是非曲直就可以了。

2. 表达方式的准备

语言的基本表达方式有叙述、说明、议论、抒情。通常抒情并不单独存在，只是附着在其他方式上。30个说话题目，基本是叙述、说明和议论的题目。从我们日常生活用语来看，人们感觉议论比较难，叙述较为简单。人们在日常生活中不可能只用一种语言表达方式来说话。应试人尽管抽到的题目是叙述类或议论类，但他在说话时，有可能兼用几种语言表达方式完成说话题目。

（1）叙述

叙述是语言表达最基本的方式，也是应试人最擅长的方式。30个说话题目，绝大多数都可以主要采取"叙述"这种方式来表达。叙述要求把事件的前因后果，发生、发展、结局说出来。要求是：说得清楚、明白，过程完整。

测试前应做好如下准备：

①根据说话题目，确定说话内容：说什么事？涉及什么人？

②想清楚事情的来龙去脉：发生—发展—高潮—结局。

③确定叙述的风格和态度（基调）：客观、朴素、口语化。

（2）议论

议论也是常用的语言表达方式，人们用它来阐明自己对人物、事物或事件的看法、态度，褒贬好坏、辨明是非。30个说话题目中，有三分之一左右的题目，要求我们主要采取这种语言表达方式来说话。相对叙述而言，议论的难度要大些，这是因为议论要讲道理，讲道理靠的是人的逻辑思维能力、推理能力等。有的人逻辑思维能力并不强，大脑中理论材料储备得不多，自然就对议论性的题目感到为难。解决这个问题可从以下几个方面入手：

①化"议论"为"叙述"。

②从一件事入手展开议论。先谈事实，再讲道理，化难为易。

③说话的态度应该是客观冷静、实事求是。

④兼用议论点评简单的道理，表明自己对事情以及人物的看法。

（3）说明介绍

30个说话题目中，有一部分题目是第一人称视角的说明介绍。这些内容都和自己的成长、生活、学习、工作有关，因此，不需要刻意的准备材料，应该把主要的精力集中在如何使用规范的普通话语言上来。

①无论是介绍书刊、文学形式、明星、美食、业余生活，还是自己的家乡和所喜爱的季节，在准备过程中，要弄明白它的特点是什么，做到胸中有数，介绍的时候才能娓娓道来、条理清晰。

②说明介绍话题，说话时不需要太多的情感表达，语调准确，亲切自然就可以了。

三、命题说话试卷扣分项标准

（一）语音标准程度，共25分，分六档

一档：语音标准，或极少有失误。扣0分、1分、2分。

失误3~4次，扣1分；失误5次，扣2分。

二档：语音错误在10次以下，有方音但不明显。扣3分、4分。

方音程度包含音质性失误和超音质性失误两个方面。音质性失误是指声、韵缺陷。超音质性失误是指轻声、变调、字调、轻重音格式、语调等失误。

语音错误在10次以下，有1类不明显语音缺陷，扣3分；

语音错误在10次以下，有2类以上不明显语音缺陷，扣4分。

三档：语音错误在10次以下，但方音较明显；或语音错误在10~15次，有方音但不明显。扣5分、6分。

音质性失误较多，扣5分；

超音质性失误较多，扣6分。

四档：语音错误在10~15次，方音比较明显。扣7分、8分。

音质性失误较多，扣7分；

超音质性失误较多，扣8分。

五档：语音错误超过15次，方音明显。扣9分、10分、11分。

语音错误超过15次，失误类型较少，程度较轻，扣9分；

语音错误超过15次，失误类型稍多，程度稍重，扣10分；

语音错误超过15次，失误类型多，程度重，扣11分。

六档：语音错误多，方音重。扣12分、13分、14分。

语音错误超过30次，音质性失误数量、类型超过超音质性失误数量、类型，扣12分；

语音错误超过30次，音质性失误次数、类型与超音质性失误次数、类型相当，扣13分；语音错误超过30次，且多为超音质性失误，扣14分。

（二）词汇、语法规范程度，共10分。不规范指存在方言词汇（含语气词）、语法和错误词汇、语法两种情况，分三档

一档：词汇、语法规范。扣0分。

二档：词汇、语法偶有不规范的情况。扣1分、2分。

三档：词汇、语法屡有不规范的情况。扣3分、4分。

本题量化计算，方言性质的失误每出现一次扣0.5分。

（三）自然流畅程度，共5分，分三档

一档：语言自然流畅。扣0分。

二档：语言基本流畅，口语化较差，有书面语或背诵腔。略有表现，扣0.5分；一般，扣1分；明显，扣1.5分。

三档：语言不连贯，语调生硬。指停连、节律、重音、轻声有偏差，相对音高不一致，语句重复、冗余，程度一般，扣2分；程度严重，扣3分。

（四）说话缺时扣分

缺时有两种情况：一是说话最终时间不够3分钟；二是说话过程中时断时续，每次中断6秒以上即可累计。均按缺时扣分。

缺时6至20秒，扣1分；缺时20至40秒，扣2分；缺时40至60秒，扣3分；缺时1分01秒至1分29秒，扣4分；缺时1分30秒至1分59秒，扣5分；缺时2分至2分29秒，扣6分；缺时2分30秒至3分钟，此项成绩为0分。

（五）离题、内容雷同，视程度扣4分、5分、6分

"离题"是指应试人所说内容不符合规定的话题。

基本离题或离题，扣5分、6分；

部分离题，扣4分；离题20秒以上即可扣分。

"内容雷同"包括：变相使用《普通话水平测试纲要》中的60篇朗读短文；使用报刊、书籍、网络等现成文章；多人使用同一篇文章；读稿；同一应试人所说内容前后雷同。

视程度扣4~6分。

离题和内容雷同不重复扣分。

（六）无效话语，累计占时酌情扣分

"无效话语"指应试人的话语与要测查的语言特征无关，无评判效度。如语句不断重复、反复纠错、读秒、唱歌、念诗、数数字等，可视之为缺时扣分。

无效语料累计占时1分钟以内（含1分钟），扣1分、2分、3分；累计占时1分钟以上，扣4分、5分、6分；即20秒扣1分。有效话语不满30秒（含30秒），本测试项成绩计为0分。

【口语综合实训】

按照普通话水平测试命题说话的考试要求，准备下面的话题，说话时间3分钟。

1. 童年的记忆
2. 学习普通话的体会

3. 我尊敬的人
4. 谈谈个人修养
5. 我的家乡（或熟悉的地方）
6. 购物（消费）的感受
7. 我向往的地方
8. 谈谈社会公德（或职业道德）
9. 难忘的旅行
10. 我喜爱的书刊
11. 我的成长之路
12. 谈谈对环境保护的认识
13. 我的业余生活
14. 我喜爱的职业
15. 谈谈卫生与健康
16. 我喜爱的文学（或其他）艺术形式
17. 我喜爱的动物（植物）
18. 我的学习生活
19. 我的朋友
20. 我的假日生活
21. 我的愿望（或理想）
22. 我喜欢的季节（或天气）
23. 我喜欢的节日
24. 我喜欢的明星（或其他知名人士）
25. 我知道的风俗
26. 我所在的集体（学校、机关、公司等）
27. 我和体育
28. 谈谈服饰
29. 谈谈科技发展与社会生活
30. 谈谈美食

第六章　普通话水平测试常见问题及应对技巧

【本章导学】

良好应对普通话水平测试的要求之一，是了解测试的常见问题并在此基础上掌握应对方法与技巧。学习者通过本章的学习，将更加清楚实际测试场景中的常见问题，做到心中有数。同时还要在了解这些问题的基础上，进一步加强测前训练、增强心理素质，做到胸有成竹、心中有数。

【任务导入】

梳理普通话水平测试中遇到的问题，尝试分析问题产生的原因，努力找到解决问题的方法。

第一节　单音节字词常见的问题及应试技巧

一、单音节字词常见问题

（一）应试方法错误

应试方法不正确会导致不必要的失分。有的应试者因不清楚普通话水平测试的测查角度，自认为普通话不错，因此，在普通话水平测试过程中发音随意，不注意发音的规范化和标准化，从而影响了测试成绩。而有的应试者则在普通话水平测试过程中刻意发音导致矫枉过正，使字音听感差，造成语音缺陷而失分。当然，也有的应试者不注重平时的普通话语音训练，测前临时抱佛脚，测试成绩可想而知。

（二）应试心理调适不当

应试者应试前若不清楚测试规程将影响自身测试时的心理状态，进而直接影响普通话水平测试成绩。不熟悉测试规程在测试中必然会心理紧张，心理紧张容易造成思维障碍，如思维不清晰、说话不连贯、面红耳赤甚至心慌出汗颤抖等。由于过度紧张、气息不畅、呼吸失调就造成了读音时声音发颤、语速过快或过慢、发音吐字不清、归音不到位。由于心理失控和呼吸障碍，头脑出现空白，以致连平时熟悉的常用字都不认识。有的应试者一进考场因心情紧张，拿着单音节字词测试题就竖着念，或速度不符合要求，也不注意吐字归音，动程明显不够等等。如此种种，导致一些不必要的发音失误和缺陷，直接影响了普通话水平测试成绩。

有些应试者在读单音节词语时，往往不认真端详揣摩词语，看个大概就读，造成读音失误。

例如：

拔（bá）——拨（bō）　　槐（huái）——愧（kuì）
剌（là）——刺（cì）　　秦（qín）——奏（zòu）
堆（duī）——推（tuī）　　骟（shàn）——骗（piàn）
苟（gǒu）——荀（xún）　　肄（yì）——肆（sì）
浸（jìn）——侵（qīn）　　抑（yì）——仰（yǎng）
粤（yuè）——奥（ào）　　晌（shǎng）——响（xiǎng）

有些应试者在测试时由于紧张往往会将一些字的音节错读为另外一些经常和这个字连用或意义相近的字的读音。

例如：

晕（yūn 读作 hūn 昏）　　掐（qiā 读作 niē 捏）
袈（jiā 读作 shā 裟）　　砝（fǎ 读作 mǎ 码）
铿（kēng 读作 qiāng 锵）　　储（chǔ 读作 xù 蓄）
冷（lěng 读作 liáng 凉）　　晾（liàng 读作 shài 晒）
葡（pú 读作 táo 萄）　　鹤（hè 读作 què 鹊）

测试时的紧张、慌乱心理，原因主要有两个方面：

一是平时缺乏锻炼。大多数应试者平时缺乏在正式场合说话的锻炼，心理素质不够好。

二是因自身的准备不充分，受消极暗示的干扰。不少应试者在测试前因准备不充分，测试前总在想："我的语音基础不行、考不到合格分怎么办？"测试过程中会想："前面那个字没有读好，会不会扣分？"等等。这种消极暗示不仅加重自己的心理负担，还常常导致测试中注意力分散而出现失误。

二、单音节字词应试技巧

读单音节字词是普通话水平测试中的基础检测，它能全面而精确地考查应试者普通话各音节成分的发音状况，任何一点疏忽都将影响其发音标准程度。所以，在进行单音节字词测试时，掌握一些必要的测试要领与技巧，对确保测试时发挥出正常水平具有重要意义。

（一）声韵调发音要标准

普通话水平测试过程中，读单音节字词时，许多应试者读音错误率高、缺陷明显，以致整体上方言明显，测试成绩不理想。究其原因，在于最基本的声母、韵母、声调的发音要领没有把握好，因而造成发音错误或发音不够圆满。因此，平时学习和练习普通话时要采取灵

活多样的方法严格规范声母、韵母及声调的发音。要做到:

1. 声母发音要找准部位,方法正确

一是不能把普通话里的某类声母的发音读成另一类声母,比如把"zh"读成"z",把"l"读成"n"等。二是不能把普通话里的某一类声母的正确发音部位用较接近的部位代替,造成读音缺陷。因此,必须找准自己所讲方言的语音系统与普通话语音系统的对应规律,按照普通话语音记字音,并通过认读练习发准这些字的普通话读音。如鼻边音分不清的应试者,应该在训练中既分别记住哪些字是边音声母,哪些字是鼻音声母,又要练习含有这两个声母的所有音节的发音,把二者结合起来,才可能把字认对、音念准。

2. 韵母要到位

韵母有单韵母、复韵母和鼻韵母。单韵母发音要吐字如珠,一个就是一个,不拖泥带水。复韵母和鼻韵母要有动程,归音要到位,发出来的音要圆润。韵母的读音缺陷多表现为合口呼、撮口呼的韵母圆唇程度明显不够,语感差;或者开口呼韵母开口度明显不够,听感性质不符;或者复韵母动程不够等。鼻韵母发音还要注意韵尾归音的问题。

3. 声调要发全

想把普通话四个声调的调值发全,既要清楚地读出平、升、曲、降的区别,又要掌握好高低升降的程度,调值明显偏低或偏高,特别是四声的相对高点或低点明显不够的,判为声调读音缺陷。阴平调调值为55度,不能读成44或33;阳平调调值为35度,不能读成降调42度或高平调55度;上声调调值为214度,是一个先降后升的曲折调,不能把它读成55度的高平调或读成54度的降调,45度的升调;去声调值为51度,不要读成中降调31度或读成降升调。读单音节字词要和谐自然,不能把声韵调割裂开来,顾此失彼。

(二) 不要将形近字误读

汉字的形体很多是相近或相似的,单独认读,稍不注意很容易读错。形近字误读有两种情况。一是有的人因为朗读过快,或过于紧张,把很简单的字也读错了,如把"太"读作"大","昊"读作"吴"等;二是有些日常生活中常见的字,在词语中能念准,但是脱离一定语言环境,单独读却感到陌生,一下子难以念准,极易念错。如氯(lǜ)、秽(huì)、赅(gāi)、骇(hài)等。平时读书要养成良好的阅读习惯,遇到不认识的字或拿不准字音的字,要勤查字典词书,弄准字音,不可马虎、信口开河、随意读音。

(三) 多音字可选读一音

单音节字词测试中有不少多音字,测试时念任何一个音都是对的。如:处(读 chǔ 或 chù)、重(读 chóng 或 zhòng)、强(读 qiáng 或 qiǎng)都算对。不必费时间琢磨到底读哪一个音,分散精力,影响情绪。

(四) 速度要快慢适中

读单音节字词,只要每个音节读完整,一个接一个地往下读,就不会超时。有的应试者因担心时间不够而快速抢读,不能完整读完音节应有的长度,导致音节未读完整,出现

"吃"字现象，造成失误，因此切忌抢读。还有的应试者对时间估计不准，读得太慢，出现超时扣分的情况，因此，读字时间也不能太慢，不能每个字都揣摩或试读。速度太慢，说明基础太差、不熟练、准备不充足。还有的应试者控制不住时间分配，出现前急后缓，或者前缓后急现象。再有一种现象就是，有的应试者像朗读诗歌一样读单音节字词，总是五言或七言一顿，这种固定节奏的读法一定要避免。

为了有效防止出现这些不利情况，平时在学习普通话、进行单音节训练时，一定要重视对时间的合理分配，反复调整，力求在有限的时间内，将各个音节读得字正腔圆、舒展流畅而又从容不迫。

（五）朗读要从左到右横读

单音节字词100个，测试题一般分为10排，每排10个字。朗读时从第一排起，逐排从左到右依次朗读，不要从第一个字起从上往下读，也不要"之"字形来回读。

（六）学习和掌握《普通话异读词审音表》

注意哪些字的音统读了，哪些字的音改变了。要按照这个表所审定的来读。

（七）读错了应及时纠正

一个字允许读两遍，即应试者发觉第一次读音有口误时可以改读，按第二次读音评判。如"倩"先读qīng，后改读qiàn，判对；先读qiàn后改读qīng，则判错。注意不允许读第三遍、第四遍，隔字词改读无效，也不能每一个字都重复读两遍。如果对有的字拿不准正确读音，不必反复思虑揣摩，以免影响后面的朗读。

（八）调整心理状态，积极应考

测试前的紧张心理谁都会存在。事实上，心理学研究表明，适度的紧张对考试是有帮助的，它能使人积极应对问题情景。测试时漫不经心、过度放松反倒对测试不利。因此，测试时谁能保持积极的情绪状态、克服过度紧张，谁就能顺利圆满地完成测试。

下列方法对调整心理状态会有帮助：

①平时加强语音练习，多讲、多练，大胆地在众人面前说普通话，尤其在课堂上争取机会练习普通话，熟能生巧、胸有成竹就不会慌张。

②熟悉测试规程，不要自己吓唬自己。在勤学苦练的基础上，进行积极的心理暗示，比如"我肯定可以过关""我这么努力一定会成功"，等等，坚决不想消极的因素和消极的结果。

③舒缓紧张的情绪。进考场前有意识地转移注意力，把注意力转移到其他让自己感到轻松愉快的事情上，如聊聊天、说说笑话、哼哼小曲等。这样，大脑的兴奋点转移，紧张情绪自然得到缓解。

④测试时集中注意力，看准每一个字，偶有读音失误，也不要慌张。若发现错读就及时纠正，千万不要去想读错了该怎么办、会扣多少分、会对测试成绩有什么影响，等等。

【口语综合实训】

读下面的单音节字。

1. 寺 映 寻 乙 弦 捏 祸 吞 眨 挽
   多 捅 波 掷 揪 挎 堤 免 蒜 旅
   病 闹 滑 约 较 接 共 矿 准 浪 扶
   梦 仅 拐 夺 折 闪 早 枪 肉 瘦
   凡 盆 床 白 愿 胸 捕 趁 浪 鱼
   岁 吹 针 湿 歪 暗 刺 梨 抓 响
   顶 猜 二 胃 俩 日 登 瞧 走 黑
   擦 宽 扔 抑 些 劝 甩 托 肥 隔
   臀 阔 怒 内 穴 硅 崖 莫 翁 聘
   掐 总 偿 湾 岔 优 蹭 涌 溜 匀 卡

2. 塔 抹 自 败 谁 捏 真 符 拧 迭 吓
   孕 薛 女 闰 卵 扣 跨 雄 比 篇
   炸 错 思 带 饶 快 韧 棱 评 扭 表
   群 雀 瓮 滚 睡 竿 刮 窘 弥 拾 捏
   擦 者 吃 柴 燥 阔 堂 僧 锌 品 棉
   俊 觉 床 吞 追 攥 托 浆 晾 贾 硫
   波 车 室 美 扫 参 足 统 虫 烟 秒
   癣 屈 妆 蒜 挥 夺 行 娘 赤
   颇 测 尔 给 钩 盼 反 雌 四 志 森
   全 虑 谎 攒 怀 划 资 讽 燃 陈 辫

3. 鹤 海 自 杂 猜 则 走 散 娘 柳 箩
   时 日 黑 猜 旗 招 俩 渺 突 揆 多 笼
   扔 层 尔 中 饼 名 宁 娘 女 掠 乏 镐
   免 聘 当 水 沫 困 棍 光 陪 给 老 同
   快 兑 当 水 沫 埋 泰 背 仿 糠 冯 锯
   伯 当 突 返 胆 愤 郡 减 圈 选 学 俗
   澈 舌 弓 疲 剃 幻 转 寻 有 揣 桦 处 鸭
   曲 瓮 兄 桨 亲 银 先 彼 别 桥 桔 妙

4. 扒 波 措 特 牌 匪 抛 访 第 宾 丢
   发 措 惹 达 道 瞒 愤 题 捏 鸟 来 添
   歌 字 旨 雷 犯 躺 汗 跟 猛 厅 谱

瓷	拭	饵	猜	凹	授	肯	冷	肿	家
鳃	揍	艘	尝	横	宠	融	恰	撩	扭
修	碾	病	请	酿	窘	强	挂	琼	滑
跨	活	拐	租	弱	拽	所	粗	衰	挥
筐	吹	攥	春	妆	蹲	损	蕊	双	翁
据	掘	绢	姐	靴	癣	驯	允	宽	收

第二节 双音节词常见的问题及应试技巧

朗读双音节词的要求与单音节字词基本相同，但比朗读单音节字词有更高的要求。

一、难点音并列在一起造成转化失误

要做好充分的考前训练，确保测试过程中发音方法或发音部位及时调整变更。

（一）平翘相间音

赞助 zàn zhù　　宗旨 zōng zhǐ　　珠子 zhū zi
尊重 zūn zhòng　储藏 chǔ cáng　　长处 cháng chu
素食 sù shí　　　私事 sī shì　　　丧失 sàng shī

（二）边、鼻相间音

嫩绿 nèn lǜ　　　老年 lǎo nián　　能量 néng liàng
冷暖 lěng nuǎn　奶酪 nǎi lào　　　烂泥 làn ní

（三）前后鼻韵母相间音

烹饪 pēng rèn　　聘请 pìn qǐng　　成品 chéng pǐn
平心 píng xīn　　冷饮 lěng yǐn　　盆景 pén jǐng

（四）舌根音和唇齿音相间的音

返还 fǎn huán　　盒饭 hé fàn　　　粉红 fěn hóng
缝合 féng hé　　　富豪 fù háo　　　黄蜂 huáng fēng

二、双音节词语中多音字的误读

测试前应当多收集整理相关多音字的语境，丰富发音积累。

如：下载　因为　尽管　供应　恰当　宁愿

三、读双音节词语不连贯

考前训练中，务必把双音节词语视为不可分割的整体进行练习，防止读字式的错误训练方法。

双音节词语一般是两个语素组合表示一个意义；也有的是两个音节构成的单纯词，分开不表示任何意义。朗读时，如果把它们割裂开来一字一字地读，势必造成失误。

四、词语中重音格式失误

双音节词语除轻声词之外，一般都是"中重"格式，即第二个音节读得重一些。如：

豆沙　蜜蜂　车床　饼干　百货　清真　批发　类似　乐观
单凭　摄影　卧铺　遗嘱　尊敬　审核　溶解　朗诵　列车
名称　性能　卫星　旅馆　服装　出车　政策　早退　杂技

【口语综合实训】

读下面的双音节词。

1. 削价　雄壮　衰败　浅海　张罗　下跌　快艇　强硬　婶子　胖墩儿
   举止　循环　选取　热闹　渺小　工夫　穷人　黄色　困境　大伙儿
   群体　轨道　远方　纯粹　两极　全民　决策　抓紧　补贴　泪珠儿
   扭转　耕作　散射　模范　薄弱　差别　创造　存在　普遍　年头儿
   门口　面孔　封闭　花粉　赔款　劳动力　手榴弹　似是而非

2. 缓解　抢险　本科　秀气　脑力　管家　俯首　硫磺　塞子　包干儿
   染料　寻找　最初　活泼　寺庙　从来　确定　日趋　帐篷　小说
   全局　模仿　停止　岁月　外商　否则　抓紧　磁铁　云彩　差点儿
   女工　退化　夏季　况且　增添　牛顿　尊敬　水塔　看穿　大婶儿
   重合　哲学　改良　正式　人民币　国务院　背道而驰　灯泡儿

3. 取暖　洗刷　浅薄　首饰　相称　巧妙　钻研　探索　窘迫　门槛儿
   内地　翅膀　许久　秀才　两样　况且　成果　下等　军阀　耳垂儿
   作坊　损耗　仍然　摧毁　逃避　思路　咖啡　枕头　率领　照片儿
   灭亡　准则　淋巴　学院　商船　熔点　绝对　喉咙　资料　挨个儿
   刹车　全民　覆盖　支配　加工　蒙古包　丹顶鹤　举足轻重

4. 垂直　放射　热带　改造　疲劳　乡村　区别　吃饭　春秋
   把门儿　参谋　协商　沸腾　透明　流水　兄弟　月光　正当
   掠夺　心眼儿　恰好　内容　两岸　思维　困难　画家　迫害
   夸张　会计　聊天儿　穷人　群众　选择　军阀　始祖　总管
   脚背　举目　冷清　胡同儿　深奥　暖和　人种　民兵　状元
   电磁波　派出所　大惊小怪

第三节　朗读测试的常见问题与应对技巧

朗读，是把文字作品转化成有声语言的一种语言创作活动，它是深入体味文字作品、提高语言表达能力、使日常语言达到规范的一种有效途径。

普通话水平测试中短文朗读的分值为 30 分，约占整个测试的三分之一。它所考核的范围包括：应试者朗读每个字音的标准程度、对短文的熟悉程度、朗读的语速是否适中以及语调是否规范等。其评分标准很细化，应试者几乎不可能在这一项目得到满分。因此，要想在这一项得高分，就要尽最大的努力去克服不应该出现的各种问题。

一、朗读短文时出现的主要问题

（一）改变作品原貌，出现了错漏增减

为此要做到"五不"，即不读错字、不增字、不减字、不改字、不颠倒字词顺序。

每个人都有自己的朗读习惯，有的人朗读时不喜欢严格按作品原文朗读，而按照自己的平时习惯去搭配词语，出现添字、减字的情况极为常见。用相近或相似的字代替另一个字也时有发生。普通话水平测试中的朗读项将这几种行为都作为扣分的因素。因此，我们首先要熟悉朗读篇目，查准冷僻字、难点字的读音，在平时的练习中就养成良好的朗读习惯，严格按照朗读短文的原字原句进行朗读。其次，还要提高自己的阅读速度和效率，养成眼到、脑到，然后再出声的习惯，这样，测试时才能减少不必要的扣分。

①错读实例。如：将作品《父亲的爱》中的"使我们一家人融洽相处的是我妈"错读成"让我们一家人融洽相处的是我妈"；将作品《散步》中的"我想找一个两全的办法"错读成"我想找一个两全的方法"。

②增读实例。如：将作品《达瑞》中的"每个月只需付给他一美元"增读成"每个月只需要付给他一美元"；将作品《捐诚》中"在你们国家有没有小孩儿患小儿麻痹"读成"在你们国家有没有小孩儿患小儿麻痹症"。

③漏读实例。如：将作品《麻雀》中"大张着的狗嘴扑去"读成"大张着狗嘴扑去"；将作品《丑石》中"花儿也不再在它身边生长"读成"花儿也不在它身边生长"。

④改读实例。如：将作品《麻雀》中"狗跑在我前边"读成"狗跑在我前面"；将作品《一个美丽的故事》中"别人写作文能写二三百字"读成"别人写作文能写两三百字"。

⑤颠倒字词顺序实例。如：将作品《第一场雪》中"到了夜里就万籁俱寂"误读成"到了夜里就万籁寂俱"；将作品《胡适的白话电报》中的"干不了，谢谢"误读成"不干了，谢谢"；将作品《世间最美的坟墓》中的"不留名姓地被人埋葬"读成"不留姓名地被人埋葬"。

(二) 多音字的读音选择有误

在汉字中有很多多音字，在不同语境中要选择不同的读音，朗读短文尤其要注意多音字的正确读音。如：将作品《课不能停》中"供（gōng）不起午餐"误读成"供（gòng）不起午餐"；将作品《丑石》中"牛似（shì）的模（mú）样"误读成"牛似（sì）的模（mó）样"。

(三) 没有语流音变

普通话的语流音变主要包括变调、轻声、儿化和语气词"啊"的变化。如果朗读短文不注意各种音变的正确运用，就会出现各种问题，影响朗读效果。如作品《和时间赛跑》中的变调：一（yí）样、一（yì）天、一（yí）个、一（yí）页、一（yì）种、不（bú）会等；作品《父亲的爱》中必读轻声音节：我们、妈妈、明白、孩子、他们、人们、样子等；作品《第一场雪》中的儿化韵：一阵儿、一会儿、银条儿、雪球儿、雪末儿等；作品《四块糖果》中的"啊"的音变："应该奖励你啊（ya）"和"而是自己的同学啊（ya）"。

(四) 停连不当

停连包括停顿和连读。只要有两个词相连，就有停连问题。句子越长，内容越丰富，停顿就越多；句子越短，内容越浅显，停顿就越少。感情凝重深沉时，停顿较多；感情欢快急切时，连接较紧。停连是否得当，体现了应试者对朗读作品的理解程度和表达效果。如果停连不当，重则肢解词语或句子，轻则造成语义的不连贯。如：将作品《西部文化和西部开发》中"黄河中游出土过蓝田人∧头盖骨"读成"黄河中游出土过蓝田人头∧盖骨"；将作品《差别》中"向老板汇报说∧到现在为止"读成"向老板汇报说到∧现在为止"。

应试者出现这些问题的原因主要有两个方面：一方面，对朗读技巧运用不够自如；另一方面，对短文朗读测试不够重视，有些应试者自认为这些短文比较简单，张口就能顺利地读完，有些应试者则认为许多篇目在中小学语文课本上学过，因而掉以轻心。

二、朗读短文的应试技巧

(一) 控制适中的朗读语速

语速是指朗读说话的快慢速度。语速可以影响文章节奏的变化和情感表达的效果，因而在朗读、演讲和语言交际中有重要作用。朗读中的流畅不能简单地等同于顺畅和快捷，而应造成一种声音行进、流动的语言态势。要做到既明晰，又畅达，词语序列就自然会与时间发生密切的关系，在一定时间里，容纳一定数量的词语数量，就构成了语言的速度。而普通话水平测试中的朗读语速既要依据短文实际表达的需要，又要按要求控制时间在4分钟以内。它测查的目的主要是应试人的语音标准程度和朗读技巧的适当运用。

在朗读测试的过程中最好是采用适中的速度。一定时间里的语速有其客观的绝对标准。《普通话水平测试纲要》对朗读的限时是 4 分钟，超时扣 1 分。在实际测试中，应试者的语速掌握在 2 分 30 秒左右为好。朗读时间不足 1 分 30 秒，或将近 4 分钟，都会给人造成语速过快或过慢的印象，可能导致语调偏误方面的扣分。总之，朗读的速度要做到快而不乱、慢而不拖。

（二）吐字清晰，不吃字，不打结，不回读

由于测试是当场评分，因此应试者的吐字必须清晰、准确，便于计算机在较短时间内判断记分。测试前，应试者应认真分析朗读作品，把握作品的篇章结构，做到心中有数。朗读时，必须保持思维链条的完整清晰，不吃字，不打结，尤其不可回读。在普通话测试的前两项中（单、多音节测试），如有错读现象允许读第二遍，并以第二遍为准。但在朗读项测试中，回读属扣分因素，如有错读决不能读第二遍，回读不但不能挽回错读的失分，反而会使应试者丢分更多。因此，应试者在平时的朗读练习中，就要养成良好的朗读习惯，朗读前先解决好短文中的难点字词句，朗读时全文一气呵成，中途不停顿、不查字典、不回读，这样才能有效避免测试中出现错读时下意识的回读现象。

（三）读准常用字词

在测试中，有一些常用的词应试者常常会读错，如因为（wèi 读成 wéi）、比较（jiào 读成 jiǎo）、尽（jǐn 读成 jìn）管、处（chǔ 读成 chù）理、结（jié 读成 jiē 果、地方（fāng 读成 fāng)，等等。这些高频词反复读错，将会导致大量失分，应试者多加注意。

（四）养成良好的说话习惯

朗读相当于照着稿子说话，说话需要准确地表达出说话人的意图，因此应试者应当注意说话的自然流畅程度、语气和语调的正确性。

由于受方言的长期影响，应试者在朗读时会出现一字一顿或一词一顿的现象，或者随意地根据自己生理的换气而停顿，这些都达不到流畅自然的朗读效果，并且也很容易出现语调偏误的问题。因此，应试者更应该注意培养平时交谈说话的良好习惯，而且更要努力克服方言腔调。

（五）熟练地运用朗读的外部技巧

朗读表达的外部技巧主要是指声音形式的四大支柱——语气、停连、重音、节奏。在普通话水平测试中，要做到语气自然、停连恰当、重音准确、节奏适中。

朗读过程中，要把握不同类型作品的朗读要求。普通话测试短文，大致可以分为四种类型：记叙文作品、抒情性作品、议论性作品、说明性作品。

记叙类作品主要是通过对人物、事件的具体叙述来赞扬某种品质，肯定某种行为，表达某种认识。如《迷途笛音》《达瑞的故事》《永远的记忆》《差别》《落花生》《陶行知的四块糖果》《天才的造就》等篇目，或者追忆某个人物的成长历程或一段往事，或者叙述一件事情的发展过程，其间常常穿插有人物的对话。朗读这类作品时，要注意体现出事件发展的阶段性，内容层次间的转换要自然，人物语言和叙述性、描写性语言应有所区别，但不必过

分追求切合人物身份的语言效果。

抒情性作品重在抒情，常常也要通过叙事、写景、状物或议论来表达思想感情，但这些叙事、写景、状物或议论只是抒情的一个由头，是借叙事、写景、状物或议论抒发一种特定的情怀，感情色彩较为浓厚，通常被人们称为"美文"。如《和时间赛跑》《语言的魅力》《繁星》《海滨仲夏夜》《可爱的小鸟》等篇目。朗读这类作品时要倾注更多一些感情色彩，尽量传达出作品特有的美感。

议论性作品一般由论点、论据和论证构成，重在陈述自己的一个观点或阐述一个道理，如《态度创造快乐》《我为什么当教师》《我的信念》《读书人是幸福人》《提醒幸福》《国家荣誉感》等篇目。议论性作品一般逻辑性、思辨性较强，行文严谨，语言比较书面化，朗读这类文章无须注入太多感情色彩，表达应平实、准确、清晰，但同样需要抑扬顿挫、轻重缓急的语流变化，否则就会显得干巴而枯燥无味。

说明性作品一般着重于说明一个客观事物的性质、功用或特征。这类文章逻辑性较强，行文严谨，语言比较书面化；也可能行文活泼，语言比较口语化。如《中国的宝岛——台湾》《西部文化与西部开发》《莫高窟》《海洋与生命》《苏州园林》等篇目。说明性作品的朗读基调与议论性作品比较接近，重在表达的平实、准确、清晰，无须注入太多的感情色彩，但仍需要升降抑扬的语流变化。

这些体裁的短文在朗读时对技巧有一定的要求，不能单纯地停留在念字说句上。所以，应试者要在普通话学习和培训中认真领悟朗读技巧的运用方法，并在平时的练习中加以实践和操练，以求熟练地把这些技巧运用在朗读测试中。

【口语综合实训】

按照普通话测试要求，朗读下面的文章选段。

1. 没有一片绿叶，没有一缕炊烟，没有一粒泥土，没有一丝花香，只有水的世界，云的海洋。

一阵台风袭过，一只孤单的小鸟无家可归，落到被卷到洋里的木板上，乘流而下，姗姗而来，近了，近了！……

忽然，小鸟张开翅膀，在人们头顶盘旋了几圈儿，"噗啦"一声落到了船上。许是累了？还是发现了"新大陆"？水手撵它它不走，抓它，它乖乖地落在掌心。可爱的小鸟和善良的水手结成了朋友。

瞧，它多美丽，娇巧的小嘴，啄理着绿色的羽毛，鸭子样的扁脚，呈现出春草的鹅黄。水手们把它带到舱里，给它"搭铺"，让它在船上安家落户，每天，把分到的一塑料筒淡水匀给它喝，把从祖国带来的鲜美的鱼肉分给它吃，天长日久，小鸟和水手的感情日趋笃厚。清晨，当第一束阳光射进舷窗时，它便敞开美丽的歌喉，唱啊唱，嘤嘤有韵，宛如春水淙淙。人类给它以生命，它毫不悭吝地把自己的艺术青春奉献给了哺育它的人。可能都是这样？艺术家们的青春只会献给尊敬他们的人。

小鸟给远航生活蒙上了一层浪漫色调。返航时，人们爱不释手，恋恋不舍地想把它带到异乡。可小鸟憔悴了，给水，不喝！喂肉，不吃！油亮的羽毛失去了光泽。是啊，我们有自己的祖国，小鸟也有它的归宿，人和动物都是一样啊，哪儿也不如故乡好！

慈爱的水手们决定放开它，让它回到大海的摇篮去，回到蓝色的故乡去。离别前，这个大自然的朋友与水手们留影纪念。它站在许多人的头上、肩上、掌上、胳膊上，与喂养过它的人们，一起融进那蓝色的画面……

（节选自《普通话水平测试实施纲要》王文杰《可爱的小鸟》）

2. 那是力争上游的一种树，笔直的干，笔直的枝。它的干呢，通常是丈把高，像是加以人工似的，一丈以内，绝无旁枝；它所有的桠枝呢，一律向上，而且紧紧靠拢，也像是加以人工似的，成为一束，绝无横斜逸出；它的宽大的叶子也是片片向上，几乎没有斜生的，更不用说倒垂了；它的皮，光滑而有银色的晕圈，微微泛出淡青色。这是虽在北方的风雪的压迫下却保持着倔强挺立的一种树！哪怕只有碗来粗细罢，它却努力向上发展，高到丈许，两丈，参天耸立，不折不挠，对抗着西北风。

这就是白杨树，西北极普通的一种树，然而决不是平凡的树！

它没有婆娑的姿态，没有屈曲盘旋的虬枝，也许你要说它不美丽，——如果美是专指"婆娑"或"横斜逸出"之类而言，那么，白杨树算不得树中的好女子；但是它却是伟岸，正直，朴质，严肃，也不缺乏温和，更不用提它的坚强不屈与挺拔，它是树中的伟丈夫！当你在积雪初融的高原上走过，看见平坦的大地上傲然挺立这么一株或一排白杨树，难道你就只觉得树只是树，难道你就不想到它的朴质，严肃，坚强不屈，至少也象征了北方的农民；难道你竟一点儿也不联想到，在敌后的广大土地上，到处有坚强不屈，就像这白杨树一样傲然挺立的守卫他们家乡的哨兵！难道你又不更远一点想到这样枝枝叶叶靠紧团结，力求上进的白杨树，宛然象征了今天在华北平原纵横决荡用血写出新中国历史的那种精神和意志。

（节选自《普通话水平测试实施纲要》茅盾《白杨礼赞》）

3. 自从传言有人在萨文河畔散步时无意发现了金子后，这里便常有来自四面八方的淘金者。他们都想成为富翁，于是寻遍了整个河床，还在河床上挖出很多大坑，希望借助它们找到更多的金子。的确，有一些人找到了，但另外一些人因为一无所得而只好扫兴归去。

也有不甘心落空的，便驻扎在这里，继续寻找。彼得·弗雷特就是其中一员。他在河床附近买了一块没人要的土地，一个人默默地工作。他为了找金子，已把所有的钱都押在这块土地上。他埋头苦干了几个月，直到土地全变成了坑坑洼洼，他失望了——他翻遍了整块土地，但连一丁点儿金子都没看见。

六个月后，他连买面包的钱都没有了。于是他准备离开这儿到别处去谋生。

就在他即将离去的前一个晚上，天下起了倾盆大雨，并且一下就是三天三夜。雨终于停了，彼得走出小木屋，发现眼前的土地看上去好像和以前不一样：坑坑洼洼已被大水冲刷平整，松软的土地上长出一层绿茸茸的小草。

"这里没找到金子，"彼得忽有所悟地说，"但这土地很肥沃，我可以用来种花，并且拿到镇上去卖给那些富人，他们一定会买些花装扮他们华丽的客厅。如果真是这样的话，那么我一定会赚许多钱，有朝一日我也会成为富人……"

于是他留了下来。彼得花了不少精力培育花苗，不久田地里长满了美丽娇艳的各色鲜花。

五年以后，彼得终于实现了他的梦想——成了一个富翁。"我是唯一的一个找到真金的人！"他时常不无骄傲地告诉别人，"别人在这儿找不到金子后便远远地离开，而我的'金子'是在这块土地里，只有诚实的人用勤劳才能采集到。"

（节选自《普通话水平测试实施纲要》陶猛 译《金子》）

4. 很久以前，在一个漆黑的秋天的夜晚，我泛舟在西伯利亚一条阴森森的河上。船到一个转弯处，只见前面黑黢黢的山峰下面一星火光蓦地一闪。

火光又明又亮，好像就在眼前……

"好啦，谢天谢地！"我高兴地说，"马上就到过夜的地方啦！"

船夫扭头朝身后的火光望了一眼，又不以为然地划起桨来。

"远着呢！"

我不相信他的话，因为火光冲破朦胧的夜色，明明在那儿闪烁。不过船夫是对的，事实上，火光的确还远着呢。

这些黑夜的火光的特点是：驱散黑暗，闪闪发亮，近在眼前，令人神往。乍一看，再划几下就到了……其实却还远着呢！……

我们在漆黑如墨的河上又划了很久。一个个峡谷和悬崖，迎面驶来，又向后移去，仿佛消失在茫茫的远方，而火光却依然停在前头，闪闪发亮，令人神往——依然是这么近，又依然是那么远……

现在，无论是这条被悬崖峭壁的阴影笼罩的漆黑的河流，还是那一星明亮的火光，都经常浮现在我的脑际，在这以前和在这以后，曾有许多火光，似乎近在咫尺，不止使我一人心驰神往。可是生活之河却仍然在那阴森森的两岸之间流着，而火光也依旧非常遥远。因此，必须加劲划桨……

然而，火光啊……毕竟……毕竟就在前头！……

（节选自《普通话水平测试实施纲要》［俄］柯罗连科《火光》，张铁夫译）

第四节 命题说话测试的常见问题与应对技巧

"命题说话"是普通话水平测试的最后一项内容，是对应试者普通话水平的综合考查。从普通话水平测试各项考核内容的权重来看（以四项考试为准），"说话"项所占的比重最大，占40%，这是分值最高的一项，对确定应试者的普通话等级至关重要。

一、命题说话的测试要求

（一）语音标准程度

命题说话与平时说话不太一样。平时说话，人们只会在意你说了什么，而不会在意你语音是不是标准；而在测试时，除了要注意你说些什么外，还会特别注意你的语音标准情况。

衡量话音标准程度的主要指标是"有无语音失误"和"有无方音"。

"有无语音失误"主要指声、韵、调是否正确，变调、儿化、轻声以及语气词"啊"音变处理是否恰当等。所谓"失误"是指由于心理紧张导致的发音器官紧张或语速过快造成的口齿不清等现象。这种失误是不成系统的。

"有无方音"主要指是否带有成系统的语言错误或缺陷，或带有方言语调。

（二）词汇、语法规范程度

命题说话虽然预先有一定的时间准备，但仍属于即兴说话。在没有文字凭借的情况下，应试者一方面要注意语音是否标准，另一方面又要注意词汇语法的规范，的确有些难度。由于受方言的语音、词汇、语法的影响，一些应试者在平时说话时很少注意到自己的语言在上述方面是否规范，习惯成自然，在应试时，由于测试环境和心理紧张因素的影响，问题可能会更加突出。而普通话水平测试命题说话中必须测查应试者的语法、词汇是否符合普通话的规范，应试者只能根据要求来准备说话的内容，使用普通话的词汇和语法格式，不能使用典型的方言词汇和方言语法格式。

要达到这一要求，必须做到以下几点：首先，要在平时有意识地积累词汇，丰富自己的词汇量。其次，注意克服使用方言词语的习惯和不规范的表达方式。另外，避免使用特殊结构的词语和不规范的新生词、外来词等。

①避免方言词：如啥（什么）、可远哩（很远）、（我）俺等。

②少用书面词语：如众人（大家）、就寝（睡觉）、家父（爸爸）等。啥（什么）、可远哩（很远）。

③不用时髦语：如帅呆了、酷毙了、作秀、粉丝等。

④不用方言句式：如知不道（不知道）等。

⑤不用外来词：如派对等。

（三）自然流畅程度

"自然流畅程度"是测试应试者在说话过程中语脉是否连贯，语流是否顺畅，语体是否贴近生活口语，语调是否生动自然。从测试角度来说，语体带有书面色彩、无意义的重复、不当的停顿过多，都将影响得分。为此，需要引起高度重视。

所谓自然，就是不要背稿，要口语化、语调柔和、语气亲切、听感好。在词语选择方面，应选择贴近生活的口语词汇。

口语的特点：

用语句式比较松散，短句多；

少用或干脆不用关联词语；

常使用非主谓句；

多使用追加和插说的方法，句间关联不紧密；

停顿和语气词多。

所谓"流畅"，就是不能有较长时间的停顿和无意义的重复。在说话时应尽量避免使用长句、复句，更不可刻意追求词语的华美，要恰当使用语气助词。

另外，应调整心理状态，让自己的内心尽量放松，这样，才能使语气语调具有日常口语般的舒缓柔和、亲切自然的特点。

影响自然流畅程度的两个问题：

1. **口语化程度不够**

比如："那天下午五时许，我正独自往家赶，忽然，大雨倾盆而下，我毫无办法，只好迅速跑到旁边店里避雨。"

"那天下午五点多钟的时候，我一个人正往家赶，忽然，哗啦哗啦就下起了大雨，没办法，我只好赶快跑到那边的商店去躲雨。"

2. **结结巴巴，话语不连贯**

①思维出现障碍时的填空。用重复刚刚说过的话或"啊、这个、那个、后来、基本上、反正"等毫无表达作用的口头禅来填补一时接不上的话语。

②思维跟不上话语而引起的反复。说话时边想边说，发现不合适就推倒重来。

③同样内容的话反复、颠倒地说。

（四）把握时间，语速适中

《普通话水平测试纲要》规定的说话时间为 3 分钟。因此，应试者要在训练过程中建立较为精确的时间概念，根据所准备的素材合理安排布局，尽量使说话内容得以整体展现。

日常生活中，人们的语速因性格、年龄、职业等因素影响，存在较大的个体差异，有的差异甚至可以以倍数计算。测试时的语速，大体要求在每分钟 200～270 个音节。一般来说，语速较快，能给人一种语流畅达的感觉，但语速过快容易导致发音时口腔开口度不够、复元音韵母动程不够、韵尾归音不够。而语速过慢，则容易导致语流凝滞话语不连贯。为适应同期录音的需要，应试者的吐字必须清晰有力，语速必须快慢适中。

在测试过程中，应试者容易对时间概念产生偏差。如果测前准备不充分，往往感到 3 分钟时间很长，命题说话时没有具体内容，或者只开了个头就无话可说了，只好东拉西扯或简单重复相同的内容。而准备充分的人有时又可能因为内容还未说完而感到疑惑："3 分钟就到了？"因此在平时的说话练习中，要注意时间的把握，准备充足的说话素材，如果准备的内容还未说完便到了 3 分钟，不会影响测试成绩，但未到 3 分钟便无话可说，则会导致缺时扣分。

二、命题说话的应试注意事项及技巧

（一）注意事项

1. **调节情绪，从容自信**

普通话水平测试采用口语的形式，给应试者造成一定的心理压力。实际上，在你有了普通话思维和表达习惯及说话技巧后，就要在心理上做积极的准备，充满信心，大胆沉着。

2. **组织材料，安排顺序**

对归纳好的话题进行选材，列好提纲。说话时依照一定的顺序，方能条理清晰、语言通畅，避免因思路混乱造成语流阻塞、停滞，影响说话成绩。

3. 展开例子，延伸内容

说话限时3分钟，这对不少人来说还是比较长的，许多应试者往往感到无话可说。因此，在准备材料时要多准备一些例子，同时还要针对某个例子或情节展开描述，延伸和拓展其内容，把这个例子或情节描述得尽可能详细。

4. 测前练习，把握关键

测试前可选择一些话题进行练习，最好同学之间互相说。练习和应试时，要把握关键的地方，如开头切入题目，充实中间部分的内容，省略结尾，只要不到时间，就按照自己的思路一直说下去。

（二）应试技巧

1. 选择自己熟悉的和感触较深的内容

选择自己熟悉的和感触较深的内容，可以摆脱无话可说的尴尬。说真话实话，不要胡编乱造。胡编乱造很难自圆其说，更不用说流畅自然了。即兴说话时说真话实话，说亲身经历的、亲眼看见的、亲耳听说的就能最大限度地保证说话的流畅。

2. 转换表达方式，以叙述为主

30个话题中以叙述类居多，而叙述类话题比较有利于应试者发挥。所以针对说明类、议论类话题，应试者可以设法将说明或议论转换成叙述。如《谈谈个人修养》这一话题，应试者可以先发几句议论，然后转换成叙述："个人修养对一个人来说十分重要。我有个朋友，他的个人修养就很高。有一次……还有一次……"

3. 考前熟记准备的说话内容与题材

其实应试者还可以将话题再次合并归类。如《我的学习生活》《我的假日生活》《我的业余生活》《我喜爱的文学艺术形式》等就可以再度归为一个话题，到应试时再做技术处理。再次合并归类后，大约也就七八个话题，应试者可以把每个话题都练习一遍，甚至可以熟记，记住每个话题所选用的题材、事例，应试时就能胸有成竹了。

4. 扬长避短

如应试者在语音方面存在系统缺陷，如平翘舌音不分、前后鼻音不分、f与h不分、鼻边音不分、儿化音不到位等，在准备说话内容时应该避开这些难点。

比如，有的应试者是n、l不分，则尽量避免鼻音和边音，如要说"牛奶"这个词，可以换成"豆浆"；再如，有的应试者平翘舌音不分，在说话中应尽量避免出现平卷舌音，如表达"知识"这个词，应试者可以将其换成"学问"；再比如：舌面音靠前，就尽可能少用j、q、x做声母的音节，如把"母亲"换成"妈妈"，等等。

（三）灵活运用

1. 移花接木

应试时，命题说话的话题如果与应试者事先准备的不一致，可以使用嫁接法处理。比如，应试者准备的话题是《我的学习生活》，而应试命题话题是《我的假日生活》，应试者可以说："我的假日生活丰富多彩，其中我最喜欢的还是学习。在假日里我喜欢读一些文学名著……"

2. 改头换面

应试时，应试者复述事前熟记的内容，可以避免因准备不充分导致缺时而被大量扣分。在复述时，要尽量淡化背诵的痕迹，让测试员听不出来是背诵稿子，关键之处就是技术处理。一是将准备的内容口语化，如在准备稿件时就充分考虑到这一点，多用常用的口语词汇；二是可以适当使用语气词"吧""吗"或一些口头禅"这个""那个"等，但要注意避免过多使用；三是少用文言词和书面色彩较浓的词语，多使用简单句子和短句，避免使用结构复杂的长句；四是力求通俗浅显、灵活流畅。

3. 拓宽话题

有些话题没有做更多的限定，应试者不要自己限死话题。如《我喜爱的动物》这个话题，应试者说："我喜爱的动物是猫。从前我家里就养了一只猫……"说完"猫"后，如果时间还没到，应试者可以接着说："除了猫之外，我还喜爱狗。我家以前也养过一只狗……"如《我喜欢的季节》这一话题，有些应试者误以为是《我最喜爱的季节》，这样会由于题目的自我限定导致无话可说。应试者不要只限定在某个季节上说话，说完春天还可以说夏天，说完夏天时间没到，还可以说秋天或者冬天。在应试时，如果准备的内容说完而规定时间还没有到，可以联系相关的内容继续往下说。

4. 控制语速

为了顺利说满3分钟，又减少不必要的错误，应试者还应该控制语速。语速适中，发音从容，可以提高语音的标准程度。测试时，有人说话语速非常快，结果，语音失误频频出现，词汇、语法错误也接二连三。更有甚者，规定的时间未到，而准备的内容已经很快说完，在余下的时间里不知所措，这种情况是非常令人惋惜的。所以，在测试中，不妨把语速放慢些：一是可以一边说一边注意自己的发音，避免发音上的失误；二是可以一边说一边斟酌词句，大大降低用词和语法上的错误；三是可以一边说一边检查说话过程中的一些疏漏，及时更正或补救。当然应试者说话的语速也不能过慢，因为语速过慢会影响语句的完整，使人听起来感觉别扭，不像是日常说话了，也会直接影响得分。

5. 不要选择大喜或大悲的内容

多数人说话往往受到情绪的影响，一旦情绪异常激动，就很难调整好气息，以至于影响到正常的说话。所以，在选择说话内容的时候，最好不要选择大喜或大悲的内容，以免因此说不出话来。

6. 避免使用方言词汇和方言语法

不要使用方言词汇。比如：不要把"钥匙"说成"锁匙"、把"洗衣粉"说成"肥皂粉"、把"哪里"说成"哪旮瘩"、把"自行车"说成"脚踏车"、把"冰棍儿"说成"棒冰"等。

不要使用方言语法。比如"再吃一碗添""先坐一下起"等。

要明确说话不是普通话知识的考试，也不是文化水平的考核，更不是口才的评估。只是对应试者的语音面貌、词汇语法的规范程度和自然流畅程度做评价和测试,对结构、布局谋篇、立意如何,不做评判的标准。当然,说话者一定要让人听明白你在说什么。

【口语综合实训】

调整好应试状态,运用一定的应试技巧,完成下面的测试题。

1. **读单音节字词**(100个音节,共10分,限时3.5分)

标 正 免 翁 据 改 捎 铁 尿 碗
辰 绣 俩 昏 骑 肥 叛 铭 穷 杭
德 揩 耍 胚 迷 戳 宾 广 硬 特
封 须 荡 柴 片 君 黑 甩 丢 挫
扁 坑 列 爬 墨 爽 布 抵 临 恐
廷 卷 瓜 确 繁 懂 遵 拟 根 浅
祠 捶 酿 咬 进 老 快 围 胸 僧
恰 谎 波 痰 硫 文 否 囊 绝 盯
装 揍 选 刃 熬 阳 撰 餐 随 隐
船 汝 咂 舟 日 恶 寻 涉 臊 诛

2. **读多音节词语**(100个音节,共20分,限时2.5分)

苍白 难道 而且 灵敏 公司 高血压
和平 于是 豆腐 处女 爆发 管弦乐
弱点 干脆 方针 没准儿 规划 心旷神怡
自己 全球 天下 别扭 猛然 热闹
年头儿 种类 创办 尺度 究竟 愿望
贫困 采用 戒指 群落 增长 撒娇
小麦 嗓门儿 锻炼 粉笔 差价 相声
胡同儿 客体 水手 破坏 车辆 火灾

3. **朗读短文 作品33号**(400个音节,共30分,限时4分钟)

我们在田野散步:我,我的母亲,我的妻子和儿子。

母亲本不愿出来的。她老了,身体不好,走远一点儿就觉得很累。我说,正因为如此,才应该多走走。母亲信服地点点头,便去拿外套。她现在很听我的话,就像我小时候很听她的话一样。

这南方初春的田野,大块小块的新绿随意地铺着,有的浓,有的淡,树上的嫩芽也密了,田里的冬水也咕咕地起着水泡。这一切都使人想着一样东西——生命。

我和母亲走在前面,我的妻子和儿子走在后面。小家伙突然叫起来:"前面是妈妈和儿子,后面也是妈妈和儿子。"我们都笑了。

后来发生了分歧:母亲要走大路,大路平顺;我的儿子要走小路,小路有意思。不过,一切都取决于我。我的母亲老了,她早已习惯听从她强壮的儿子;我的儿子还小,他还习惯听从他高大的父亲;妻子呢,在外面,她总是听我的。一霎时我感到了责任的重大。我想找一个两全的办法，找不出；我想拆散一家人，分成两路，各得其所，终不愿意。我决定委屈儿子，因为我伴同他的时日还长。我说："走大路。"

但是母亲摸摸孙儿的小脑瓜，变了主意："还是走小路吧。"她的眼随小路望去：那里有金色的菜花，两行整齐的桑树，//尽头一口水波粼粼的鱼塘。"我走不过去的地方，你就背着我。"母亲对我说。

这样，我们在阳光下，向着那菜花、桑树和鱼塘走去。到了一处，我蹲下来，背起了母亲；妻子也蹲下来，背起了儿子。我和妻子都是慢慢地，稳稳地，走得很仔细，好像我背上的同她背上的加起来，就是整个世界。

(节选自《普通话水平测试实施纲要》莫怀戚《散步》)

4. **命题说话**（下列话题任选一个，共40分，限时3分钟）

(1) 我的学习生活。

(2) 我喜欢的季节（或天气）。

第七章　教师教学口语技能训练

【本章导学】

教师教学口语表达技能直接影响教学质量和教师形象。学习并掌握教师教学口语技能是成为一名合格教师必须具备的专业素质。学习本章，重点要理解教学口语的特点和要求，掌握导入、讲授、提问、结束、应变等主要教学环节的口语表达技巧，领会并基本掌握不同学科教学口语的特点、技巧并针对不同教学对象进行灵活运用。

【任务导入】

1. 思考教师教学口语有哪些特点与要求。
2. 教师教学环节有哪些？如何进行各环节的口语技能训练？
3. 请根据自己学习经历中的所见所闻，搜集10条"教师忌语"，然后在课堂交流，研究如何避免今后在教学中用到这些"忌语"。

教学口语是教师在课堂教学中的工作用语，是教师教书育人的重要工具。它包括课堂主要环节的教学用语，及针对不同学科、不同对象所运用的教学语言。

第一节　教学口语的特点与要求

教学活动是以文化的传递和创新为主要任务的特殊交往活动。而教学口语则是展开交往活动的重要工具，教学口语水平的高低，在很大程度上决定着教学效果的好坏。苏霍姆林斯基曾说："教师的语言修养在很大程度上决定着学生在课堂上的脑力劳动的效率。"从这个意义上说，教学活动的特殊性对教师的教学口语提出了特殊的要求。作为一名教师，应不断提高自己的语言修养，认真锤炼课堂教学的语言艺术，努力使自己的教学口语达到教学活动的特殊要求。

教学口语是教师用于课堂教学的工作用语。它是教师在课堂上根据教学任务，针对特定的学习对象，使用规定的教材，按照一定的方法，在有限的时间内，为达到某种预期的效果而使用的语言。

教学口语的特点和相应要求是：

一、规范性

规范性是指教学口语力求用语规范、科学准确，包含正确的知识信息。这就要求：

（一）语音准确

教师用普通话进行教学，力求发音准确、吐字清晰、语流畅通，做到不要读错音或满口方言。

（二）语义清晰

教师在课堂上使用的语言，用词要恰当，语言表达内容要准确，要能正确传授知识、深刻地分析问题。如果教学语言出现含混不清的概念、模棱两可的判断或模糊不清的表述，就会令学生费解，让学生如坠云雾。

（三）语法规范

语言的表达逻辑性强，符合语法规范。如果教学语言逻辑混乱，就会造成学生思维的混乱，达不到教学目的。

（四）语言专业化

教师在课堂上教哪一门学科，就应该使教学语言符合本学科的特点，就应该确切地使用哪一门学科的专业术语，以使自己的教学语言专业化。在教学中，正确地运用术语，一说就懂，简明扼要；不用术语，或者用日常生活用语来代替科学术语，不但不利于交流，而且会不严密，甚至还可能出现错误。

【示例】

《燕子》教学片段

师：在第4自然段中，作者用了两个打比方的句子，你能找到吗？
（学生阅读圈画。）
师：第一句，作者叙说的事物是——
生：电杆之间连着几痕细线。
师：作者把它比作——
生：五线谱。
师：在这句话中，我们把要叙说的事物（细线）叫作"本体"，用来比喻的事物（五线谱）叫作"喻体"，连接"本体"和"喻体"的词语（像）叫作"比喻词"。你能从第二句"停着的燕子成了音符"中找出"本体""喻体"和"比喻词"吗？
生：（答略）
师：作者为什么把电线比作五线谱？

生：因为电线有"线"，五线谱也有"线"。

师：噢，有点儿"形似"。"类似点"是构成比喻的关键。

生：因为小燕子很可爱，被称作"春天的使者"，它"为春光增添了许多生机"，五线谱谱出的是"一支正待演奏的春天的赞歌"，两者都带着赞美春天的思想感情。

师：你说得很对！比喻要符合感情基调，不仅要"形似"，更要"神似""情似"。你能把下面两句写成比喻句吗？（课件出示）

1. 春天，蓝蓝的天空多像……
2. 春天，碧绿的池塘成了……

【评析】

在这一教学片段中，教师引导学生随文学习修辞语法的层次十分清楚：第一步是辨别，找出课文中运用比喻手法的句子；第二步是学习规则，懂得构成比喻的三要素；第三步是实践规则，明确"类似点"是构成比喻的关键；第四步是迁移运用，使学生不仅懂得比喻句的结构特点，还能说或写比喻句。教师每一句话，语义表达非常清晰，任务明确，逻辑性强。比喻修辞手法的教学非常成功。

二、教育性

教学是有目的、有计划地增进人的知识和技能，影响人的思想和素质的活动，因此，教师语言具有教育性。教师育人，这是教师的本职工作，应该体现在各学科教学的每个环节之中。这就要求做到：

（一）知识讲授中的教育性

教学口语所传递的知识内容总包含着一定的思想，这些思想对学生的人格、信念、理想、志趣有着潜移默化的影响，有时甚至是决定性的影响。

（二）情感交流中的教育性

教学语言必须情感充沛，动之以情，晓之以理，寓理于情，情理相融。

【示例】

窦桂梅老师《圆明园的毁灭》教学片段

师：让我们永远记住这一天——1860年10月6日。就是从这以后，圆明园化为一片灰烬，什么都没有了。（教师慢慢擦黑板，只留课题，其余都擦去，稍留残迹，全场沉默。）

师：现在，圆明园什么都没有了，那么，留给你的是什么？（指着课题问。）

生：这样宏伟的建筑毁于一旦，我只有难过呀！

生：留给我的是愤恨！

师：那就请你愤恨地表达吧。（用不同的语气进行朗读训练。）

生：我很无奈。

师：那就请你"无奈"地说一说。（同一个句子，读出的是无奈的语气。）

生：有泪水，有叹息，有无奈，有痛苦……（学生分别说出自己心中的感受，并带着属于自己的感受朗读这句话。）

师：最后，请全体同学把这句话告诉自己，告诉天下所有的人！（学生读略）

【评析】

教学过程不只是传授知识的过程，也是情感交流并引起共鸣的过程。此段教学，教师在课堂上以沉痛的心情、低沉的语调感染学生，引导学生思考："现在，圆明园什么都没有了，那么，留给你的是什么？"学生积极思考，深切感悟，深刻地理解当时中国所蒙受的耻辱，了解当今祖国的强大，激发"不忘国耻、振兴中华"的历史责任感和使命感。声发于情，意寓于情，理融于情，声情并茂，学生为之所感，为之所动。

三、启发性

教学语言的启发性是指教学口语要根据知识内容和学生发展的特点，给学生以启迪、开导、点拨。教学口语要体现启发性，就要做到导之以思，诱之以趣，根据教学规律和学生发展的特点和需要，循循善诱，举一反三，引导学生积极思考、深入领会。这就要求：

①用语具有诱发和启示的内涵，以期形成学生的情感共鸣和心理震颤。

②用语引疑求趣，以形成对学生智力、智能的刺激。教学口语的启发性通常表现为通过巧妙提问、适当点拨来调动学生思维的积极性，引起探索的兴趣。

③用语符合学生的心理特点，以利于发展学生的想象力。

【示例】

斯霞老师《狐狸与乌鸦》教学片段

师：什么是"奉承话"？

生：奉承话，就是说人家好的地方。

师：是这样的吗？老师表扬一位同学，说他有些方面做得好，老师是不是在说奉承话呢？

生：老师表扬同学不是奉承话。

师：说人家好的地方，有两种：一种是人家就是好，是老实话，是表扬人的话，目的是自己向人家学，也希望大家向他学，这不算是奉承话；另外一种就不同了，说人家好，故意夸大，有时候把别人并不好的地方，也花言巧语地说得非常好，把别人说得快快活活的，心里却有自己的打算，这就是奉承话了。人人都知道乌鸦的羽毛没有公鸡的羽毛漂亮，更比不上凤凰的羽毛多彩多姿。如果硬说乌鸦黑乎乎的羽毛最漂亮，这就是讨好对方，心里却有自己的鬼主意。这种不切实际的话就是奉承话。

【评析】

斯老师先摸清学生错误理解"奉承话"的症结，再集中讲授。讲授时，抓住"说人家好的地方"的不同情况进行区别性说明，把侧重点放在对"奉承话"特征的分析上。为了突出这个侧重点、讲清这个难点，斯老师做词义解释后，结合课文中的有关情节做对照说明。在这两层讲授中，斯老师有意识地选用了"花言巧语""讨好""有自己的打算""有自己的鬼主意"这些词或短语，使学生对"奉承话"这个概念有了正确全面的理解。

四、艺术性

于漪老师说："语言不是蜜，但可以粘东西。教师语言不是蜜，但可以牢牢粘住学生的注意力，引导他们在知识的海洋中扬帆远航，引导他们追求生活的真谛，奋然前行。"怎样才能让语言发挥"蜜"的作用，粘住学生呢？在课堂上，这就要求教师的教学口语讲究艺术性，做到生动形象、幽默风趣、富有音乐美。

（一）教学口语要形象生动、妙趣横生、充满活力

生动的语言，深入浅出，能使深奥的道理形象化、抽象的道理具体化，同时能使学生精神振奋、思维活跃、兴趣盎然。生动的教学语言，可以运用抑扬顿挫的有声语言来模拟表现，绘声绘色；可以运用各种修辞手法和富有表现力的词语进行描绘；可以讲故事、举事例、编谜语、做游戏；可以运用体态语，利用表情、目光、动作等进行演示，增强语言表现力；还可以运用幽默技巧，增强语言活力，引起学生丰富的联想，活跃课堂气氛。

（二）教学口语应该讲究声音技巧，使语音富有音乐美

从语速上来讲，要做到刚柔相济、疾徐适宜。语速的快慢要根据教学内容的特点、学生的认知水平和思维状态、教学环境等的变化来确定。比如，当教师提出一些难度较大的思考题时，语速应慢一些，让每一个学生都能听清楚。一般来说，叙述的语言语速应适中，激昂的语言语速应加快，关键之处语速应稍慢。总之，一堂课的教学语言语速应有变化，不能老用一种速度讲，否则就会影响教学效果。从语调上来讲，要做到高低起伏、变化有致。在课堂教学中，应根据教学内容适时变化：愉快时，语调舒畅、明白、轻松；激昂时，疾风暴雨，排空而过；深沉时，春风入夜，"润物细无声"；愤怒时，语沉字重，铿锵有力，掷地有声，愤懑之情溢于言表；悲壮时，低沉厚重，惋惜之情油然可见……这样，教学口语才能富于感染力，产生较好的教学效果。

【示例】

张齐华老师《圆的认识》教学片段

师：俗话说，"没有规矩，不成方圆"。意思是说，如果没有圆规，是——

生：画不出圆的。

师：同学们都准备了一把圆规，你能试着用它在白纸上画出一个圆吗？

生：能。

（学生尝试用圆规画圆，交流，明确圆规画圆的基本方法。）

师：可要是真没有了圆规，比如在圆规发明之前，我们就真画不出一个圆了吗？

生：不可能。

师：今天，每个小组还准备了很多其他的材料。你能利用这些材料，试着画出一个圆吗？

生：能。

（学生以小组为单位，利用手中的工具和材料画圆。）

师：张老师发现，每个小组都有了各自精彩的创造。让我们一起来分享。

生：我们组将圆形的瓶盖按在白纸上，沿着瓶盖的外框画了一个圆。

师：那叫"拷贝不走样"。（生笑）

生：我们手中的三角板中就有一个圆形窟窿，利用它，很方便地画出了一个圆。

师：真可谓就地取材，挺好！（笑）

生：我们组在绳子的一端系一支铅笔，另一端固定在白纸上，绳子绷紧，将铅笔绕一圈，也画出了一个圆。

师：看得出，你们组的创作已经初步具备了圆规的雏形。

生：我们组在绳子的一端系上一块橡皮，抓住绳子的另一端一甩，也同样出现了一个圆。

师：尽管这一方法没有能在白纸上最终"画"出一个圆，但他们的创造仍然是十分美妙的，不是吗？（生热烈鼓掌）

师：可是，既然不用圆规，我们依然创造出了这么多画圆的方法，那么俗语中为什么还会有"没有规矩，不成方圆"的说法呢？

生：我想，大概是古时候的人们没想到这些方法吧？（生笑）

生：我觉得不是这样，因为，或许一开始，"没有规矩，不成方圆"指的是没有"圆规"和"矩"画不出方和圆，但是流传到后来，它的意思已经发生了改变，不再仅仅指原来的意思了，而是指很多事情必须讲究规矩、遵循章法。（不少同学投以赞许的目光。）

师：真没想到，一条普通的数学规律，经过千年流传，竟逐渐成为我们生活中一条重要的人生准则。当然，同学们能够利用各自的智慧，成功演绎"没有规矩，仍成方圆"，足以说明大家不凡的创造力了。

【评析】

教师引用"没有规矩，不成方圆"这句古语进行教学，挑战在没有圆规的情况下如何画圆，引导学生自主学习进一步认识圆，同时创设疑问，培养学生解决问题的能力。最后引导学生讨论"没有规矩，不成方圆"的多重意义。教师评价学生表现时，语言幽默，活跃了课堂气氛。整个教学既富有启发性，又颇具艺术性。

【口语综合实训】

1. 教学口语的特点和要求是什么，请结合小学某一堂课的教学实录谈谈你的理解。
2. 下面是《奇妙的对称图形》教学片段，请赏析老师的教学口语。

剪对称图形

师：看着老师剪出了这些对称图形，小朋友们也肯定想自己试一试。是不是？（"是。"）

师：我问问你们能不能剪出来啊？（"能。"）

师：前后几个同学互相商量商量，如果给你一张纸，你们怎样才能剪出一个对称图形来啊？

师：好，开始，大家说一说。（学生讨论。）

师：谁愿意告诉大家，怎样才能剪出一个对称图形？

生：先把纸对折……（叫1~2名说。）

师：同学们觉得他们的方法行不行啊？（"行。"）

师：其实啊，这张纸对折以后，画好你要剪的图形的一半（边说边演示），再用剪刀按你画的线路剪几下，我们就能得到对称图形，看看这是什么啊？（"衣服。"）

师：请问你想剪什么？（"我想剪一棵树。"）

师：可以的。你会先把纸……再用笔画树的……最后用剪刀……行，你照自己说的去试试。看能不能剪出一棵对称的小树。（多叫几个同学说说。注意要求别的同学倾听他人的发言，并要有评价。）

师：先把纸对折，再画半个图形，最后用剪刀仔细地剪出来，我们就能得到自己喜欢的对称图形。

师：好，请小朋友们拿出纸，想好你要剪的对称图形，在音乐声中完成自己的作品（边放音乐），看谁剪得又快又漂亮。（师指导并请同学贴到黑板上。）

第二节 主要教学环节的口语技能训练

于漪老师说："在课堂教学中要激发学生的兴趣，首先就要抓住导入新课的环节，一开始就把学生牢牢地吸引住。"导入语作为课堂的切入点，在整个教学过程中起着举足轻重的作用。导入语设计的好坏甚至直接决定一堂课成功与否。

一、导入语

（一）导入语的概念与功能

导入语即所谓的"开场白"或"入课语"，是教师上课开始时对学生讲的与教学目的有关，能调动学生学习兴趣的一席话语。

好的导入语可以起到多方面功效：

第一，安定情绪，引起关注。叶圣陶老先生曾经讲过，教学"尤宜致力于导"，导入是将学生由非学习状态转入本堂课学习的准备阶段。精彩的导入语能迅速安定学生的学习情绪，吸引学生对所学课题的关注，帮助学生把握学习目标。

第二，激发兴趣，引发动机。教师如果能够运用生动的语言、富有趣味的事实导入新课，可以激发学生的求知欲和兴趣，使学生产生学习动机。

第三，布疑激思，启迪智慧。美国心理学家布鲁纳指出："教学过程是一种提出问题、解决问题的持续不断的活动。"教师以提出适当的问题开始讲课，能起到以石激浪的作用，刺激学生的好奇心，引起学生积极思考，启迪学生智慧，从而形成一种学习的动力。

第四，沟通感情，活跃气氛。课堂导言是师生之间建立关系、沟通情感的第一座桥梁。教师的一个眼神、一个动作、一抹微笑、一句话语都会影响学生的情感，牵动学生的心弦。高明的老师善于运用独特的开场白活跃气氛，创造良好的教学氛围。这种良好的教学氛围，既有利于老师的教，也有利于学生的学。

（二）导入语的要求

导入语是教师教学能力和教育机智在课堂教学中的具体表现。魏书生老师说："好的导语像磁铁，一下子把学生的注意力聚拢起来，好的导语又是思想的电光石火，能给学生以启迪，催人奋进。"所以，教师一定要精心设计导入语。设计导入语时要注意几点要求：

第一，简明精练。导入语是一堂课的前奏，不宜占用太多的时间。因此，要简明扼要，为学生快速进入新知学习做铺垫。

第二，吸引力强。导入语要像一块磁石，有强大的磁场，迅速将处于疏散状态的学生吸引到活跃的课堂气氛中来。

第三，新颖活泼。导入语应尽量新颖有趣，要在意料之外而又在情理之中。若总是按部就班、一成不变，久而久之学生定会生厌。

（三）导入语的方式

古人云："教无定法。"导入语也没有固定的程式。优秀的教师也都是因课而异、因人而异。因此，导入语应根据不同的教学对象、教学内容，采用不同的方式进行设计。一般而言，常见的导入语有如下几种：

1. 故事式

教师采用一些与本课内容有关联的名人故事、寓言故事、神话故事或自编故事导入新课，以诱发学生的想象力和思绪活动，激发学习兴趣和求知欲。

【示例】

《分数基本性质》的导入语

有一天，唐僧师徒4人在取经路上又累又饿，孙悟空不知从哪儿弄来了3个同样大小的饼（结合课件演示），他把3个饼分别平均分成了4份、8份、12份，并让猪八戒、师傅和沙僧分别取其中的3份、6份、9份（画面出示算式3/4、6/8、9/12）。此时猪八戒嚷着对孙悟空说："你怎么分得不公平？我要拿最多的9/12那份。""八戒，我分得很公允，你想好了再吃。"孙悟空很神秘地笑着说。孙悟空分饼究竟是不是公允呢？只有在学习了"分数基本性质"后，同学们才能明白。

【评析】

教师创造性地讲述了一个孙悟空、猪八戒分饼的故事导入新课，诱发认知矛盾，激发新奇感，当同学们对新知有浓厚的兴趣后，便可激起他们强烈的求知欲，更好地学习后面的内容。

2．**情境式**

情境导入是指教师借助实物、课本插图、投影、录音、录像等媒体，运用富有激情的语言，创设出能够激发学生情感和想象力的情境，使学生在情绪受到感染时就势转入课堂学习的一种导入方法。

【示例】

《美丽的小兴安岭》的导入语

小兴安岭是我国东北一颗璀璨的明珠，有着众多瑰丽的景色，我们先欣赏摄影师镜头中的小兴安岭（在多媒体上播放有关小兴安岭的科教片，充分展示小兴安岭的美景。随着多媒体传来的鸟语和泉水叮咚声，学生们都沉浸在小兴安岭的美景中。在科教片结束时，很多学生仍旧意犹未尽）。同学们，每个人眼中的小兴安岭都有一种特别的美，我们走进课本，看看作者心中的小兴安岭是何种景色。

【评析】

对于美丽的小兴安岭，很多学生并不熟悉。教师运用多媒体课件，调动学生的感官，让他们尽情地徜徉在美丽的小兴安岭中，充分感受小兴安岭别样的美。这样，就将课堂导入和课文教学紧密地衔接在了一起，学生也能够更快地融入课堂教学之中，教学效果明显。

3．**设疑式**

设置疑问，制造悬念，可以使学生萌发出期待心理，从而产生扣人心弦的诱惑力，激起欲知其详的渴望，有效地将学生的注意力吸引到既定的教学内容和教学目标上，给教学过程增添活力。

【示例】

《中彩那天》的导入语

课文讲述了一户生活困难的人家，在中奖之后的一系列心理活动和道德选择。同学们，为什么中奖了之后父亲并不开心？为什么父亲认为领取奖品是不道德的？父亲最后是怎么选择的？现在我们走进课本，一起来解答心中的疑惑。

【评析】

让学生带着问题去阅读课文，能够充分地激发学生的求知欲，使学生增强自主思考的能力，提高思维活跃度，达到教学目的。注意设疑有一定讲究，只有提出的问题匠心独具，才能紧紧抓住学生的好奇心，为下面的学习打下良好的基础。

4. 联系式

在导入新课时，可以借助与新的教学内容密切相关的旧知识，使其成为学习新知识的基础，激发学习兴趣，做到"温故而知新"。

【示例】

《有余数的除法》的导入语

（先利用课件出示六个梨、三只盘子）请某某同学到计算机上把六个梨平均分放在三只盘子里（学生很快分完。这时课件出示七个梨）。请你继续把这七个梨平均分在三只盘子里（结果剩下一个梨无法平均分）。同学们，请思考这两道题：什么变了？什么没有变？剩下的数叫什么数？学生（观察比较）答：梨的总数变了，每个盘子可以分得的梨数没有变，剩下不能分的数叫"余数"。

【评析】

旧知识是新知识的基础，新知识又是旧知识的发展和延伸。这样既温习了旧知识，又掌握了新知识，同时有助于学生形成良好的认知结构，对知识的掌握也较为深刻。运用联系式导入，要求教师找准新旧知识的连接点，使学生感到新知识不新，有一定难度又可设法解决，激发学生的学习兴趣。

5. 揭题式

揭题式导入即根据文中的题目、文眼等关键性部件导入。题目、文眼在结构上能起到提纲挈领的作用，在内容上又往往是文章的重点所在，它是作者匠心经营的结果，也是我们理解、认识文章的钥匙。文眼的表现形式多种多样，有的课文题目本身就是文眼。抓住题目、文眼导入，有利于学生对学习重点的把握，也可以使教师很快切入正题。

【示例】

《狼牙山五壮士》的导入语

这节课我们来学习一个发生在抗日战争时期的小故事。请同学们齐读课题。狼牙山，坐落于河北省易县，山势险峻，酷似狼牙，故称——"狼牙山"。课题中的狼牙山表明故事发生的——地点。五壮士表明故事中的——人物。再看这个"壮"字，怎么理解呢？让我们带着疑问走进课文。

【评析】

通过揭题式导入，学生既明白了故事主角是五位壮士，也知道了故事发生在险峻且没有退路的山峰，更主要的是能引导学生学习时直指课文重点，循着文章是如何抓住五壮士"壮举""壮言"的路径，领会作者刻画英雄们不畏艰险、大义凛然、视死如归的写作技法。

6. 活动式

大凡课首就让学生亲自实践操作，比一比、量一量、画一画，或是让学生直接开展某种行为操练，如做一做、演一演、赛一赛而过渡到新课的，都统称为"活动式"导入。活动式导入使学生参与操作的探索过程，在很大程度上能够使学生的好奇、好玩、好动的天性得到满足，进而激发学生的学习兴趣，激励学生主动学习。

【示例】

《死海不死》的导入语

教师课前事先准备了盛满水的大烧杯、玻璃棒、塑料勺、食盐、鸡蛋等。一上课，教师就把鸡蛋放入水中，沉入杯底。这时教师提问："谁有办法让鸡蛋浮起来？"学生争着想办法做实验。在多种实验后，终于有同学把食盐全部放入杯中，使鸡蛋浮了起来。然后教师要求学生解释产生这一现象的原因。很自然地导入了新课。

【评析】

教师在课前根据本课的教学内容，采用实验的方式，开展趣味无穷的活动导入，不仅为新课教学做好了铺垫，还能激发学生学习兴趣，使学生在不知不觉中进入了新知识的学习，师生在轻松、活跃的课堂氛围中，共同完成了教学任务。

【口语综合实训】

1. 观赏教学录像，体会教师的导入语设计，然后模仿写一段导入语。
2. 阅读下面两个教学片段，体会一下两位老师所用的导入语类型及作用。

(1) 课文《海底世界》的导入语

师：同学们，你们喜欢大海吗？

生：喜欢。

师：我也喜欢大海，今年暑假我去海南看过大海。大海是那样辽阔美丽，白帆点缀着碧蓝的海面，洁白的海鸥在水天之间翱翔。望着这美丽的景色，我很想知道：大海的深处是什么样子？有没有阳光？有没有声音？有没有峡谷？有动物、植物和矿产吗？同学们，你们是否也想知道这一切？

生：是的。

师：那么海底究竟是什么样的呢？今天我们学习一篇课文《海底世界》。

(2) 译林新版《英语（四）》（上）Unit 5 Our new home Story time 的导入活动：

（教师播放了歌曲 In my home 。）

师：Let's sing a song In my home 。

师：Great! Now let's play a game：Quick response. （以最快的速度读出闪烁的单词，复习文本中出现的一系列单词。）

（最后一幅呈现 dog。）

师：Look！This is my little dog Tony.

Tony：Hello, boys and girls.

生：Hello, Tony.

Tony：I want to play a game with you. Let's hide and seek.（分别呈现小狗 on the desk，under the desk，behind the door，操练"Where is Tony？It's……"复习旧知"方位介词"，出示相关图片）

3. 听一堂小学课，分析教师的导入语。

4. 选择小学教学内容，设计导入语，要新颖活泼、简明扼要、吸引力强。

教授言语是课堂教学中最主要的教学言语，它主要用来讲授学科知识、传授学科的技能技巧，提高学生的知识水平、各种能力，培养学生好的习惯。教授言语综合地反映教师的全部教学素养，它对教师的教学效果和效率具有决定性的意义。老作家汪曾祺回忆闻一多先生时是这样说的："闻一多先生讲课真是神采奕奕，能把本来很枯燥的考证，讲得层次分明，引人入胜，逻辑性很强，而又文词生动，讲话很有节奏，顿挫铿锵，有'穿透力'，如同第一流的演员。"可见，教授言语对教学效果的影响是直接的、深刻的。

二、讲授语

（一）讲授语的概念与功能

讲授语，是指教师系统连贯地向学生讲解教材、传授知识和技能的教学语言形式，它是课堂教学中最基本的语言表达形式，是教学语言的主体。教学的内容主要是通过讲授的形式传输给学生的。讲授语言的好坏，直接关系到教学的成败。

讲授语具有以下几点功能：

第一，传授知识，解疑释惑。教师在课堂上的重要任务是把教学中的新知识、重点与难点内容，用自己理解的浅显易懂的语言向学生进行阐释、分析、叙述、说明，并能适时解答学生在学习中所遇到的疑难问题，使学生高效地掌握学科知识。

第二，启发思维，培养能力。教师在课堂上扮演指导者、点拨者、参与者的角色。教师通过教学环节的精心设计，运用精当的讲授语，启发学生思考，培养学生思维、归纳、表达、创新等多方面能力，为学生终身学习打下扎实基础。

第三，传道育人，培养习惯。精彩的课堂教学讲解，便于学生在德、智、体、美、劳诸方面获得全面发展，同时亦能促进学生良好习惯的养成。讲解内容若能做到水乳交融，就能起到潜移默化、润物无声的效果。

（二）讲授语的要求

讲授语除了符合教学口语基本要求外，还必须做到以下几点：

第一，通俗明白，深入浅出。对于教材中难懂的词句、深奥的道理、陌生的概念、定理、规则，学生初次接触往往不易把握。教师的讲授必须善于化难为易、化深为浅、化抽象为具体，做到通俗明白、深入浅出，学生才能有效地接受新知。

第二，钩玄提要，突出重点。教师讲授时，应抓住要点、突出重点，提纲挈领、言简意赅地进行表述。这样，有利于加深学生对教学内容的理解和记忆，节省时间，收到事半功倍之效。

第三，连贯周密，语义畅达。教师讲授时，层次要清楚，条理要清晰。在一个话题之下，先讲什么，后讲什么，怎么讲，要有一个妥善的安排；语句之间、层次之间要注意衔接；语言自然流畅，似行云流水。

（三）讲授语的方法

1. 直陈法

直陈法是用平实的语言把教材内容直截了当地陈说出来的方法。这是最基本、使用最普遍的一种讲授方法。其特点是使用简便，学生能通过教师的讲授直接迅速地感知教学内容，掌握新知。

【示例】

《黄金分割律的使用价值》教学片段

在数学中有个基本而重要的定律"黄金分割律"，它表示 1：0.618 的比例关系。乍看起来，它与生活无关，可是试验美学家通过大量的事实证明了这一点：一个长方形，当它的长宽比满足了黄金分割比时，看起来最美最和谐。奇怪吗？毫不奇怪。数学来自自然，只不过是用数字、符号、图形来表示自然规律罢了。数学定律所揭示的和谐当然与自然界的美是高度统一的，这就是说，数学是追求美的最有力的工具。一旦认识了这个问题，数学定律就被广泛应用于生活了：利用黄金分割律，在绘画与摄影时，避免了把主景放在画面正中而造成呆板的对称；人们完美设计了电视屏幕、门窗等；发现并应用了重大经济效益的快速优选法；姑娘们的发束也偏到脑袋的一侧，增加美感。

【评析】

此段讲授，教师将数学与生活联系起来，不仅直接陈述"黄金分割"的相关知识，更重要的是将数学与自然规律、自然界的美结合在一块儿，引领学生运用数学知识感受美、鉴赏美、运用美，一举多得，教学效果极佳。

2. 具象法

具象法指借助形象化的描绘语言，阐述有关教学内容的方法。其主要功能在于，它能利用学生熟悉的、可以直觉的、能唤起思维表象的事物，帮助学生掌握那些陌生的、不易直接感知的事物或道理，引导学生自然地进入理性知识的王国。

【示例】

李吉林老师《穷人》教学片段

托尔斯泰爷爷的第一段描写,把我们带到海边的一间小屋里。我们仿佛看到,在那又黑又冷狂风呼啸的夜晚,女主人公桑娜正坐在火炉旁边,一边补着破船帆,一边焦急地等待着出海打鱼的丈夫归来的情景。当桑娜听到屋外呼啸的海风时,再也坐不住了。她走出门,来到茫茫的大海边,希望看到丈夫的小船,可是,漆黑的大海上什么也看不到。于是,桑娜又想到了那个生病的女邻居西蒙。想到这儿,我们的视线也随着桑娜的身影移到了西蒙家门口……

【评析】

这段话,既形象地概述了第一段内容,引导学生走进文本,走进主人公心灵世界,又点明学习思路,暗示学生应抓住主人公桑娜的情感变化来品味文本。新旧知识衔接很紧。教者虽然没有一句直接的情感抒发,但在对事的叙述、景的描写、物的摹状中饱含了对桑娜的同情和关切,这样的描述使学生的心都悬了起来,足以达到"不着一字"而"尽得风流"的效果。

3. 列举法

列举法是通过讲述实例来阐明概念、定理、规则等含义的方法。这是使用频率很高的一种讲授方法,不同学科的概念、定理、规则大都可以通过举例来阐释。

【示例】

《路程、时间与速度》教学片段

(展示生活中的一些快慢现象:动态中感知速度。)

师:其实速度在我们的生活中无处不在,若你用看待速度的眼光去观察我们周边的世界,会发现很多有关快慢的问题。墙上挂的钟,时针、分针、秒针走的速度有快有慢;用手摸摸我们的胸口,心跳有快有慢;每个人身体里细胞的分化也是有快有慢的;我们每天看的电视节目也是以一定的速度播放的。

师:这是正常播放速度下的跳水运动(播放视频)。有时候,运动员和教练为了看清跳水的动作,以便下次比赛做得更完美,会改变播放的快慢(调慢播放的速度)。

师:声音的播放也是有速度的。同学们都做过英语听力训练吧?为了训练听力,有时候我们会加快播放速度。

师:速度的改变,也能被人们用在生活中啊!

(利用 AR,即增强现实技术,播放视频,展示蜗牛、猎豹、普通列车、高铁、磁悬浮列车的速度。)

师:我们再来看看火箭的速度(播放视频)。看起来并不是很快,对吗?这跟你看天上飞的飞机是一样的,天上的飞机看起来不是那么快,但实际上,它飞行的速度是高铁速度的两到三倍。看来眼睛感受到的速度并不一定是最真实的,用数据来刻画的速度才是科学而严谨的。火箭在发射时的最低速度，与到了太空中绕地球做匀速圆周运动的速度，都是7.9千米/秒。速度快一点儿，可能就飞走了；速度慢一点儿，可能就掉下来了。所以我们要认真研究一下火箭的速度，这样才能更好地帮助人类探索太空中的奥秘。

【评析】

教师列举生活中的例子，提供多方面的素材，使学生体会速度的不同应用形式，体会用数据刻画速度的优越性和科学性，提升数学素养，同时突出了认识速度对人类社会的重要作用，再次凸显认识速度的必要性。

4. 比较法

比较法是把两个或几个有同有异的事物、概念、词语、定理等联系起来，分辨其异同或高下的方法。

【示例】

《富饶的西沙群岛》教学片段

师：如果让你把描写海水这段话缩成一个词，你选哪个词？

生：五光十色。

师：像这样表示颜色多的词你还知道哪些？

生：五颜六色、五彩缤纷、绚丽多彩。

师：把"五光十色"换成"五颜六色""五彩缤纷""绚丽多彩"行不行？为什么？

生：可以换，两个词意思一样。

生：不能换，书上为什么用"五光十色"不用"五颜六色"？

师：看，老师把"五光十色""五颜六色"这两个词中表示数字的词擦去，比较一下，这两个词有什么不同？

生（思考）：水是有光的，能反射太阳的光，所以不能换。

师：我们来到商店，走到卖布匹的地方一看，那是——？（五颜六色）来到买珠宝首饰的地方一看，那是——？（五光十色）想象海水像翡翠、玛瑙、蓝宝石，你再来朗读，读出西沙群岛海水的美。

【评析】

这个教学片段处理得非常细致，非常精妙。教师引导学生比较"五光十色""五颜六色"这两个词时，尤其巧妙独到。教师把"五颜六色""五光十色"这两个词中表示颜色的词"五、六、十"擦掉来比较，两个词的不同点在哪里，一目了然——"五光十色"比"五颜六色"多了"光"，学生完全理解了。教者没有到此为止，紧接着，又引出了一句话：如果我们来到商店看见布匹，用什么词来形容？——五颜六色。如果来到珠宝柜台，那叫什么？——五光十色，这两个词的差别又与具体形象联系起来，学生理解更深刻了。在理解的基础上，教者让学生想象海水像翡翠、玛瑙、蓝宝石再来朗读，读出海水的美。此时学生读得声情并茂，那是因为在孩子的脑海里已经有了一幅五光十色的美丽画面。

5. 引用法

引用法是指援引名言、警句、诗词或有关资料来阐述、论证讲授内容的方法。恰当地使用引用法，能增强讲授的说服力。

【示例】

《和时间赛跑》教学片段

师：从你们的朗读中，我感受到了你们每一个人对于时间的珍视。可是你们知道吗？很多人在小的时候往往不懂得珍惜时间，他们以为时间是取之不竭、用之不尽的。王老师在上小学的时候还不懂得和时间赛跑，直到上了初中，读了一首题为《揽镜》的诗歌，才得到了一种顿悟。今天我把它也带来了，我愿意和同学们一起分享它带给我的启迪。

（出示诗歌，师带生读）

揽镜

偶然揽镜瞧一瞧，
啊，我怎么老了？
我也知道人是会变老的，
不过总以为老期遥遥……
从前看见那些老者弓背弯腰，
觉得他们自来就是那么老。
听他们感叹光阴迅速，
我心里觉得好笑。
如今我劝少年爱惜光阴，
他们也笑我唠叨……
其实我是在提醒自己，
生命的烛光别无谓地消耗……

师：时间对于每个人来说都有着非同寻常的意义，接下来我想请你们来说一说你的爸爸或者妈妈是做什么工作的，和时间赛跑对于他们来说意味着什么？

（学生静静地思考约1分钟）

生：我的爸爸是一名教师，珍惜时间对于他来说意味着为祖国培养出更多的人才。

师：你这么理解父亲，把教师这个职业看得这么高尚，我作为他的同行感到很欣慰。

生：我的爸爸是一个医生，时间对于他来说非常宝贵，他可以在手术室里抢救更多人的生命。

师：医生的天职就是救死扶伤，对于医生来说，时间就是生命。

……

【评析】

教师在教如何珍惜时间时，引用了一首《揽镜》的诗歌，并引导学生联系父母的工作谈谈父母与时间赛跑的意义。这一环节的教学从课堂延伸到课外，从教室延伸到家庭和社会，既加深了学生对抽象的时间的理解，又增进了学生们对父母的情感，很好地提升了学生的综合素养，体现了新课程的教育理念。

6. 联系法

联系法是使新知与旧知、本学科知识与其他学科知识、书本知识与生活经验之间彼此接上关系，以加深对所学知识的理解的方法。

【示例】

《三角形的面积》教学片段

（教师出示图片：三角形公园，长方形足球场，四边形竞技场，平行四边形小广场）

师：长方形面积怎么求？平行四边形呢？

生：长方形面积＝长×宽，足球场的面积是：200×150＝30 000（平方米）。

生：平行四边形面积＝底×高，小广场的面积是：200×150＝30 000（平方米）。

师：大家还记得我们是怎样研究平行四边形面积的吗？

生：沿平行四边形的高线切割，平移再拼成长方形。

师：为什么要把平行四边形转化成长方形？

生：长方形的面积已经学过。

师：原来研究时是把未学习的新图形转化成已经研究过的图形（板书：转化）。转化成的这个长方形和原来的平行四边形有什么关系呢？

生：同底，同高，面积也相同。

（根据学生回答板书：面积相同，同底同高）

师：非常好，我们研究新图形的时候经常是通过将新图形转化成已知图形，寻找新旧图形间的关系，来推导出新图形的面积计算方法。

师：现在还剩三角形和四边形，你建议先研究谁呢？为什么？

生：先研究三角形，因为四边形可以分割成两个三角形。

师：看来研究了三角形面积，就可以计算出这个四边形的面积了，你们的想法很不错。

【评析】

老师创设了一个计算社区活动场所面积的问题情境，情境中的平面图形经过精心设计，图形和图形之间有着特殊的联系。一方面可用以复习本节课的基础知识，包括面积的概念、长方形、平行四边形的面积计算、转化的思想，等等；另一方面，引出了三角形面积计算的问题。

7. 借助法

借助法是借助实物或标本等的操作演示，以帮助学生理解和掌握所学知识的方法。运用借助法，具有直观形象的效果。

【示例】

《认识时刻》教学片段

师（出示镜头五：智斗时间兽）：解开了野人部落的时间之谜，来到了大雄的被困处，可是门口有只时间兽守着，需要与时间兽PK，看看谁能最快地找对所有的对应时刻。(翻牌计时)

师：我先来讲下比赛规则——找对时间卡怪兽会被攻击1次，找错哆啦A梦会被攻击1次，继续游戏直到匹配完所有正确的牌面时刻。

【评析】

通过钟面匹配游戏，学生学习达到高潮，既需要准确地认出钟面时刻，又需要短时记忆能力，这样能够在愉快的游戏中巩固所学知识，并运用知识解决问题，获得学习的快乐。

【口语综合实训】

1. 观赏教学录像，体会教师的讲授语设计，然后模仿写一段讲授语。
2. 阅读下面两个教学片段，体会一下两位老师所用的讲授语类型及作用。

(1) 《花钟》教学片段

师："我看到什么花开了，就知道几点钟了"，这句话对吗？

生：错，应该是"我看到什么花开了，就大致知道几点钟了"，是不确定的。

师：你很会发现，这句话里还有什么问题吗？

生：没有。

师：去读读课文。

(学生自由读课文)

师："我看到什么花开了，就大致知道几点钟了"，现在对了吗？(生还是说对)

师：(范读第3自然段) 发现了吗？

生（豁然开朗）：错，应该是"你只要看到花刚刚开放，就大致知道几点钟了"。

师：是啊，作者用词是非常确切的。

(2) 《小数的初步认识》教学片段

师：谁知道小数里面这个小圆点叫作什么？

生：小数点。

师：你们知道的真多，它就叫作小数点。谁还想读读这个小数？如果在3.85前面加上了2，变成23.85，谁还会读？(学生正确读)

师：在今天上课之前，你们有没有看到过小数？

生1：我在商场里看到过小数，因为商品的标价都用小数表示。

生2：我以前去过××超市，那里的商品标价也都是小数。

生3：我在"厘米"上面看到过小数。

师：你在"厘米"上看到过小数，什么意思？你能解释一下吗？

生4：用米尺量身高的时候有小数。

师：他在量身高的时候用到过小数，你们用到过吗？

生：用到过！

师：原来我们对小数并不陌生，不仅看到过，也用到过！你们想不想再来读一读、写一写小数？（投影出示六个小数：3.05、15.15、9.9、1.35、0.028、4.50）先在自己心里默默地读一遍，再请几位同学依次读给大家听听。

生4：三点零五。

生5：十五点十五。

生6：我认为这个小数应该读作"十五点一五"。

（部分学生认可，其他学生感到迷茫。）

师：是的，它应该读作"十五点一五"。我们在读小数时，小数点左边部分的读法和我们学过的整数读法一样，小数点右边部分我们只要从左往右逐个读出每个数字就行了。比如15.15，这里小数点后面就读"一五"。我们一起来读一读这个小数好吗？

生：十五点一五。

师：你们读得真不错！再来写写小数，好吗？（师口报小数学生写，然后同桌相互检查、评价）

3. 听一堂小学课，分析教师的讲授语。

4. 选择小学教学内容，设计讲授语，要通俗明白，深入浅出，重点突出，条理清晰，语义畅达。

美国心理学家布鲁那指出："教学过程是一种提出问题和解决问题的持续不断的活动。"现代著名教育家陶行知则强调，"发明千千万，起点是一问"。可见，课堂提问既是一种有效的教学组织形式，也是教学中进行启发式教学的一种主要形式。它是有效教学的核心，是联系教师、学生和教材的纽带，是激发学生学习兴趣、启发学生深入思考、引导学生解决问题、检验学生学习效果的有效手段。随着新一轮课程改革的深入开展，课堂提问作为一项可操作、可演示、可评价、可把握的教学技能，已越来越受到重视。

三、提问语

（一）提问语的概念和功能

提问语，是指教师根据教学要求和学生的实际提出问题，促进学生思考钻研以加深理解的教学语言形式。

提问语的功能有以下几点：

第一，激发兴趣，活跃气氛。在课堂教学中，教师巧妙地运用提问艺术，在恰当的时刻加以提问，并要求学生针对教师提出的问题进行思考，很容易激发起学生的学习兴趣和热情，调动学生学习的积极性，活跃课堂的气氛。

第二，训练思维，培养能力。课堂教学提问就是要创设问题情境，打开学生的思路，训练学生的思维，发展学生的智力，培养学生分析、解决问题的能力及创新精神，对提高课堂教学的有效性有积极的作用。

第三，引起注意，反馈调控。一方面，教师在新课开始、讲授过程中或学生注意力分散时，运用高质量的提问来集中学生注意力，诱发学生思考；另一方面，在授课过程中，教师还可以利用提问，考查学生的理解程度，寻找学生知识上的漏洞，寻求学生产生错误的原因，从而对自己的教学进行调整。

（二）提问语的要求

第一，时机合适。孔子说过"不愤不启，不悱不发"。当学生处于"愤悱"状态时，教师的及时提问和适时点拨，能促使学生积极热情地投入探索活动中。提问要与学生认知的进程相吻合，要在学生有疑、有思、欲问、欲解而又苦于不知如何表达时进行。

第二，难易恰当。所提问题难易恰当，不贪大求全。若浅，缺乏引力，索然无味；若偏，抓不住重点，纠缠枝节；若深，高不可攀，"听"而生畏；若空，内容空泛，无从下手。只有难易恰当的提问，才能引发学生的认知冲突。

第三，梯度分明。在课堂教学的不同环节，应根据学生认知规律和教学规律设置有梯度的问题，并且合理调配这些问题之间的坡度，带领学生由浅入深地学习，最终达到训练目的。

第四，密度合理。提问设计要精简数量，直入重点。课堂上应当重视提问的密度、节奏。力求提问设计少而精，力戒平庸、烦琐的"满堂问"。可借鉴系统工程的方法，对问题进行合并、简化、删除，达到精简数量、加大容量和提高质量的目的。

（三）提问语的类型

课堂提问的类型有很多，从不同的角度可以进行不同的设计。许多研究者对提问类型进行了设计，其中以美国教育家特尼（Turney）创设的"布卢姆－特尼"提问设计模式最为著名。在这种设计模式中，教学提问被分成由低到高的六个不同的层次水平：知识（回忆）水平、理解水平、应用水平、分析水平、综合水平、评价水平。每个水平的提问都与学生不同类型的思维活动相对应。

1. 回忆性提问

这类提问让学生回忆已学知识或生活经验，问题的答案是现成的，学生往往不需要精深的思考，只需简单地从记忆中提取正确的知识符号，就可以解决问题。如回忆学过的词语、概念、事实、定律、课文等。如："商不变的性质是什么？""秋天的雨是什么样子的？"此类提问给学生留下思考的空间较少，学生不需要进行深入思考就可以回答。因此，此类问题在课堂上不宜过多使用，一般用于课堂引入阶段教师检查学生先前知识情况，或课堂讲授阶段教师了解学生对新内容的掌握情况。

【示例】

《图形的旋转》教学片段

师：生活中你在哪些地方见到过旋转现象？

生：陀螺、车轮、风车、电风扇……（课件出示）

师：旋转现象在生活中随处可见，请看老师给大家带来的两个物体的旋转。（课件动画演示：1. 钟表的转动；2. 风车的转动。）

【评析】

创设活动情境，提简单问题，唤起学生的生活经验，引导他们联系生活说一说旋转现象，营造鲜活有趣、轻松愉悦的课堂氛围，使学生上课伊始就积极投入学习中。

2. 理解性提问

这类提问要求学生在理解的基础上，用自己的语言叙述事实或事件，比较事实或事件的异同，实现知识由一种形式到另一种形式的转变。这类提问通常用来检查学生对新知识的理解和掌握程度，要求学生对材料加以解说、概述、辨析、排列、整理等。教师经常使用的关键词是：叙述、阐述、比较、对照、解释等。如："分母不同的分数可以相加减吗？""你能用自己的话描述一下自己最快乐的经历吗？"此类提问一般用于讲授新课之后，用于检查学生理解掌握知识的情况，帮助学生组织所学知识，进一步加工学习的内容。

【示例】

范辉老师《荷花》教学片段

（出示句子："荷叶挨挨挤挤的，像一个个碧绿的大圆盘。白荷花在这些大圆盘之间冒出来。"）

师：同学们，"冒"字还可以换成什么词？

生1：钻。

生2：长！

生3：露！

生：挤……

师：既然有这么多的词可用，课文为什么要用"冒"字呢？请同学们用心地读读这段前后几句话，体会一下"冒"出来是怎样地长出来？

（学生开始读书思考）

生1：是急切地长出来！

师：很好。

生2：我认为是迫不及待地长出来。

师：你真会动脑。

生3：是生机勃勃，使劲儿地长出来。

师：就请你们分别把这些词语填到原句中，自己读读吧！

生：学生开始试着读句子。

师：同学们，这些白荷花这么急切地要冒出来想干什么呢？

生1：白荷花想看看这美丽的世界。

生2：它们想和小鱼交个朋友。

生3：它们想和小蜻蜓们一起做游戏。……

【评析】

教师通过提问，引导学生比较分析、品味鉴赏、想象画面、朗读课文，体会"冒"字的深刻含义，进一步感悟到这个"冒"字赋予白荷花的旺盛生命力，同时也启发了学生的思维，激发了学生的创新火花，攻克了教学的难点。

3. 应用性提问

所谓的应用性提问就是建立问题情境，要求学生把所学的概念、规则、理论等知识应用于某些新问题，要能把先前所学知识迁移到新问题情境之中，做到学以致用。应用性提问一般适用于课堂新内容的讲授和巩固练习中，以此来考查学生对程序性知识掌握的情况。教师经常使用的关键词是：应用、运用、分类、分辨、选择、举例等。如语文中的造句，数学中的计算、证明等，英语中："I will give a paper to you，listen to the tape，then answer the question on it，ready？"它可以用来考查学生对程序性知识掌握的情况，一般在课堂新内容的讲授、练习中使用此类提问。

【示例】

刘延云老师《听听，秋的声音》教学片段

师：大雁阿姨要到南方去了，临走的时候，她会深情地对小青蛙说——

生：小青蛙，冬天要到了，睡觉的时候，你要盖好被子，别着凉。

生：孩子，冬天要到了，快点去挖洞吧，要不，冬天就要挨冻了。

师：她会对小蚂蚁说什么？

生：小蚂蚁，冬天要到了，你应该搬到高处去了，万一下雪的话，会把你的家淹了。

生：小蚂蚁，你要多找点东西吃，冬天要来了。

师：她提醒小蚂蚁要准备粮食了。

师：她会对小朋友说什么？

生：小朋友，天冷了，你要多穿点衣服。

师：如果你听到了大雁阿姨的嘱咐，你心里感到——

生：（齐）很温暖。

师：所以大雁阿姨临走的时候，洒下了一串——

生：暖暖的叮咛。

师：同学们，你们想得真好！黄叶飘舞、蟋蟀唱歌、大雁南飞、田野一派丰收的景象，多美的秋天啊！

【评析】

小学生正处于感性时期，大多是形象思维优于抽象思维。教师设计有效情境，提一系列应用性问题，使得孩子忘我投入，个性张扬。学生们很快进入文本中各种各样的角色状态，体验着特定角色的内心世界，说出了内心独特的体验。

4. 分析性提问

这类提问要求学生运用已学过的知识来分析新学知识的结构、因素，理清事物的关系和前因后果。教师经常使用的关键词是为什么、哪些因素、什么原理、什么关系、得出结论、论证、证明、分析等。如："你认为邮票得以成功设计的原因是什么？"这类问题没有现成的答案，学生要根据所学内容，分析资料，理解知识结构，找出事物间的联系，以确定原因、进行推论。因此，此类提问对学生的要求较高，一般适合年龄稍大、具有一定分析能力和批判性思维能力的学生。教师在学生回答这类提问时，应给予鼓励和帮助，使学生在教师的帮助下分析能力得到不断提高。

【示例】

《轴对称图形》教学片段

师：请同学们拿出一张正方形的纸，先折一折，再画一画，看自己在这张正方形纸上最多能画出几条对称轴？

师：你是怎样画的？画了几条？

（多媒体出示：正方形对角线、长方形对角线）

师：为什么长方形对角线所在的直线不是长方形的对称轴，而正方形对角线所在的直线是正方形的对称轴呢？

生1：因为沿长方形对角线对折后，两边不能完全重合，所以这条线不是长方形的对称轴；而正方形沿对角线对折后，两边能完全重合，所以这条线是正方形的对称轴。（学生边说边演示）

生2：因为长方形只是对边相等，邻边不相等，所以沿对角线对折后，两边不会完全重合；而正方形是四条边都相等，所以沿对角线对折后，两边能完全重合。

师：你们很善于观察与思考！正因为如此，正方形有4条对称轴，而长方形只有2条对称轴。

【评析】

让学生将长方形纸对折，打开后发现多了条折痕，然后以这条折痕为切入点认识对称轴，引导学生进行操作、猜想、比较、探究、交流等活动，使学生有效地认识了对称轴的特征，学会了对折后沿折痕画出对称轴的方法，从而感知到不同的轴对称图形中，对称轴的条数可能是不一样的。

5. 综合性提问

这类提问要求学生在记忆中检索与问题有关的知识，对知识进行整体性的理解，并将这些知识以一种新的有创造性的方式结合起来，形成一种新的联系。教师经常使用的关键词是预见、创作、假如……会……、如果……会……、结合……谈……、根据……你能想出……的解决方法、总结等。如："你对这篇文章有怎样的看法？""我们可以通过什么样的方法来提高我们的学习效率？"这类提问有利于学生进行深入思考，对学生思维能力特别是创造能力的培养具有重要作用。这类水平的提问适合在课堂讨论、合作学习、探究学习等学习方式中运用，在提问后教师应留给学生足够的时间去思考。此外，教师应注重学生间的合作和探究，使学生不仅能综合利用已学知识来解决问题，还能利用同伴资源进行社会建构，激发新的思路来解决问题。

【示例】

《我要的是葫芦》教学片段

师：同学们真会想，假如明年你种了葫芦，叶子上生了蚜虫，你会怎样做呢？
生：我会把蚜虫捉掉。
生：我会买来农药把蚜虫打死。
生：我会捉些七星瓢虫来放在叶子上，让它们把蚜虫吃掉。
师：同学们的办法真好。通过刚才的学习，你从这个小故事中明白了什么？
生：我明白了今后种葫芦光盯着葫芦是不行的。
生：我明白了叶子与果实的关系是非常密切的。
生：我明白了任何事物之间都是有联系的。

【评析】

教师设计了环环相扣、步步深入的问题："假如明年，你种了葫芦，叶子上生了蚜虫，你会怎样做呢？""你从中明白了些什么？"激发学生多角度思考问题。学生通过回答这些问题，进一步加深了对叶子和果实关系的认识，培养了创新意识，提高了能力。

6. 评价水平提问

这类提问要求学生对所提供的材料给出自己的价值判断和选择。这类提问是最高水平的提问，它能帮助学生根据一定的标准评判事物的价值，从不同角度认识和分析问题，评价事物。在评价性提问中，教师经常使用的关键词是：判断、评价、证明、你对……有什么看法等。如："你认为某同学的观点怎么样？""你认为这篇文章写得好，好在哪儿？"学生要对事物进行评价，必须对相应的知识有深入理解，并能分析、综合所学知识，产生新的知识，即自己对某事物的独特的看法或观点。

【示例】

窦桂梅老师《圆明园的毁灭》教学片段

师：圆明园的毁灭仅仅是个损失吗？（板书"？"）你对作者这一部分的议论有意见吗？同学们，听我说，英法联军，还有后来的八国联军，他们用中国人发明的指南针指引着他们的舰队不远万里驶入中国领海，用中国人发明的火药制成的枪弹、炮弹屠杀中国人，然后，逼迫清政府在中国人发明的纸上签订不平等条约——割地赔款。这仅仅是损失吗？我想每一个中国人读了这篇课文一定有很多话要说，对自己，对别人，甚至对至今还在搞霸权主义的国家说。把此时此刻要说的话写下来，待会儿交流交流。愿意对自己说的对自己说，愿意对别人说的对别人说。

师（师巡回看）：看了课文的插图，那样好的皇家园林变成残垣断壁，你难道不想说什么吗？

（学生自由写作，师来回指导。）

师（边走边问）：有写诗的吗，咱们班有诗人吗？

师：把自己写的意思读出来，读出你的情。再读一遍，发现问题自己改。（请坐端正。）我们交流一下各人的感受。

生：英法联军、八国联军真是丧尽天良。我们祖国现在强大起来了，再也不怕你们到我们的国土上胡作非为！

师：我们今天强大起来了，他们再来胡作非为已是不可能了，历史不会重演！

生：圆明园的毁灭不仅仅是中国及世界文化史上的一种伤害，一种深刻的教训。帝国主义，罢手吧，这是世界每个渴望和平、渴望平等之人的呼唤。我最想对自己说的是：落后就要挨打！朋友们，站起来吧，让我们的祖国更加强大起来吧！（掌声）

师：代表了所有中国人的心声，小小年纪，说出了所有中国人想说的话。

生：我恨，他们凭什么在中国的领土上烧杀抢掠；我恨，当时的清政府为什么那么无能。团结起来吧，用我们的行动告诉那些狂妄自大的人：今天的中国很强大，明天的中国更强大，让帝国主义在我们面前发抖吧！（掌声）

（每一个发言的孩子都充满激情。）

师：同学们说的话，表达了所有中国人共同的心声，英法联军可以把圆明园从中国的版图上抹掉，但是，圆明园将留在每个中国人的心中。我建议每个人把第三自然段背诵下来，让这举世闻名的皇家园林永远留在我们心里。我给大家四分钟的时间，背的时候注意这些关联词。先记住有什么也有什么，下面依照什么，根据什么，概括不仅有什么还怎么样，最后写游览的感受。记住这些关联词、记住层次有助于你背诵。

【评析】

教师结合课文内容，提出评析性问题，请学生将自己想说的写出来，在课堂上进行交流。学生情绪激昂，把自己的满腔热情注入文字当中，控诉了英法联军的罪恶，把本课推向高潮。教师将学生的读写训练落到实处，提高了学生的语文综合素养。

【口语综合实训】

1. 请分析欣赏下列片段中教师提问在教学中的作用。

何捷老师《匆匆》教学片段

师：我请大家跟着作者一起思考，请大家沉下心来默读课文，特别关注刚才那些给你留下深刻印象的地方。一边读一边思考，争取读懂一到两处，如果有疑问，也可以整理出来一起交流。这个环节老师给大家三到五分钟，要求大家不装样子，真读。可以拿起笔快速写下一些批注。

（学生默读课文。）

师：好，孩子们，抬起头，整整五分钟匆匆而过，当你经过认真思考之后，我相信你就能读懂作者要表达的意思，能和作者对话了。我们先以第一自然段为例，你读懂了什么？

生：我从第一自然段看出作者很羡慕这些能失而复得的花草，它们的时光可以重新再来，而作者心中有无数的问号，为什么自己的时间匆匆而过？

师：是啊，在羡慕之余有无限感慨。你能带着自己的理解，把自己的情感融入其中读出来吗？孩子们注意，如果他能读出这种感受就给他掌声。

（生读第一自然段。）

师：就这段，还有谁读出了不一样的感受？

生：世间万物都能重新来过，但是时间不可以，作者让我们好好珍惜时间。

生：从"一去不复返"，我能看出时间不能回来了。

师：这个孩子了不起，他不但读出了味道，而且还为我们提示了一种读书方法，抓关键词组来感受。请带着自己的理解，再次为我们读读第一自然段。

（生读第一自然段。）

师：还有很多孩子想说，但是时间有限，这样吧，每个孩子带着自己的理解读课文第一自然段，各读各的，读出各自的理解。

（学生自由读文。）

2. 请看下面一段数学教学片段，讨论提问在教学中的作用。

《百分数的意义和读写》教学片段

学生基本理解百分数意义后，教师进行拓展延伸训练，教师出示课件：

生A：我们学校的女生占全校人数的49%。

生B：我们学校的女生也占全校人数的49%。

师：你觉得这两位同学说的女生人数一样多吗？请各自说说理由。

生1：一样多。

生2：不一样多。

师：都是49%呀，为什么不一样多呢？（引导学生从百分数的意义进行分析。）

生1：因为全校的人数不一样。

生3：应该是不能比较，总人数也可能一样，也可能不一样。

师：这里的49%都是表示一个数是另一个数的百分之四十九，而不是具体的数量，所以无法比较具体数量的多少。

3. 请听一节小学课，注意这位老师的提问语，思考讨论教师提问的有效性。

4. 请你按照提问语的要求设计阅读课《秋天的图画》的提问语，要求用提问语组织教学。

5. 请设计《圆的周长与直径之间的关系》中某一教学环节的提问语，并进行试教。

俗话说："编筐编篓，重在收口。"结课艺术很重要，好的结课如锦上添花，画龙点睛，能激起学生丰富的想象，引发学生无穷的回味，余音绕梁，情形在目，不知不觉中将课堂教学的重点扩充，并延伸到课外。课断思不断，语停意不停。

四、结束语

（一）结束语的概念和功能

结束语又称课堂教学结尾语、断课语，是指一堂课或某一教学环节、阶段将要结束时，教师对前面的教学进行巩固和强化所用的总结性语言。

结束语的功能有以下几个方面：

第一，加深印象，增强记忆。教学是由一系列既有联系又有区别的阶段组成的，知识点比较分散。如果教师在教学的最后环节能从所教内容中总结归纳出最重要、最基本的内容，提纲挈领地加以强调，就可以起到加深印象，增强记忆的作用。

第二，指导实践，培养能力。学生感知、理解、记住了知识，并不等于完全掌握了知识。如果教师在下课前，指导学生进行针对性的训练，或对课后的学习活动提出一些要求，对于巩固知识、培养能力是大有益处的。

第三，拓展延伸，发展智力。在基本完成教学任务的前提下，结合教材内容提出一些有争议的问题，让学生争论，或给出新的思考题，让学生课后进行观察、思索、探讨，把课堂延伸到课外，这样既可以开拓学生的知识领域，又可以使他们的智力得到发展。

（二）结束语的要求

第一，要有概括性。新课结束之后，应把全课内容做一概括全貌式的总结。例如，总结大意、强化重点、明确关键、揭示规律。

第二，要有系统性。新课的每个知识点是分散的，结课应提纲挈领，帮助学生形成知识网络，掌握所学知识。

第三，要有拓展性。结课既是对本课的总结，也是对本课的升华。结课时，注意拓展延伸，引导学生探究、解决问题，由课内引向课外，将知识转化为能力。

注意，结课不应戛然而止，不应超前、等待，也不能拖沓冗长，应适可而止，否则会影响学生的学习兴致。

（三）结束语的种类

1. 归纳式

这种结课方式是教师常用的方法，即用准确简练的语言，把整个课的主要内容加以总结、概括和归纳，给学生以系统、完整的印象，促使学生加深对所学知识的理解和记忆。总结可以由教师做，也可先由学生做，教师再加以补充、修正。总结的方式，视具体情况灵活变化：可以用简明扼要的语言，复述讲解要点，强调应掌握的主要概念和原理；也可以重读课文的重点句、段，强化印象；还可以启发学生回忆并复述课文的主要内容等。这样可以加深对教材的系统理解和记忆。

【示例】

窦桂梅老师《秋天的怀念》结束语

"好好儿活"——朴素得不能再朴素、简单得不能再简单的一句话,涵盖了多么丰富而复杂的感情!有这么多同学都在思考,有这么多同学都把这句话记在自己的心里。人生的道路是漫长的,未来的你该怎样"好好儿活"?该怎样"好好儿活"?每个人都有自己的答案,这也值得我们思考。是什么呢?愿和同学们共勉——世界上有看得见的残疾,也有看不见的残疾。身体的局限,我们这辈子改变不了,但可以改变的却是我们心理的残疾。为此,面对未来,要活出尊严,活出自我,必须——好好儿活!

【评析】

窦老师把教学主题由"母爱"升华到"好好儿活"。从感受作者一家的"好好儿活",引导学生思考要怎样"好好儿活"。对课文的思想感情做了有力的收束,又促使学生的认识实现从个别到一般、由典型到普通、由英雄到自己的转化,既读懂了文本,又学会了如何做人。呼告设问的运用,语言的重复和师生的共勉起了强化作用,具有余音绕梁的美感。

2. 练习式

通过指导学生在课上进行口头或书面的练习,使理论与实践相结合,让学生在实践中扎实地巩固所学知识,获得完成课外作业练习的方法和范例,把知识转换为技能技巧。同时,教师还可使课堂教学效果及时得到反馈,获得调整后面教案的信息。

【示例】

于永正老师《新型玻璃》结束语

五种新型玻璃的特点和作用都弄明白了吗?(全班学生举手,表示明白了。)不过,我不打算让你们说了,我想让你们写。写什么呢?(老师在黑板上写下了"自述"两个字。)"自述"是什么意思?对,就是自己介绍自己。现在我把全班分为五组,第一组写"夹丝网防盗玻璃自述";第二组写"夹丝网玻璃自述";第三组写"变色玻璃自述";第四组写"吸热玻璃自述";第五组写"吃音玻璃自述"。现在你们都是"新型玻璃"了(笑声)。请把你们各自的特点、作用写出来,为自己做个广告,看谁会夸自己。当然喽,要实事求是,不要吹牛(笑声)。(全班学生写"自述"。师巡视。学生写了将近15分钟。)

【评析】

这项练习设计形式新颖,颇具匠心。能起到如下作用:一是帮助学生深入理解课文内容;二是利用课文提供的材料进行作文训练。采用"自述"的形式,不仅能激发学生的想象与联想,而且增强了训练的趣味性。其实,这是改变"人称"的训练,老师以他的丰富经验,以他的创造性,把教学方法、训练方法运用到自如的程度了。

3. 活动游戏式

巧妙地把所学知识融入游戏中，在玩中结课，看似在玩，实则在巩固所学知识。这既顺应了学生爱玩的天性，又符合学生的心理特点。这实际是把应用知识进行了包装，学生兴趣盎然，愉悦感强，不失为一种有魅力的结课方式。

【示例】

Unit 2　My favourite season 结束：Activity 2. 说唱歌谣

教师示范相关的歌谣，如：Spring is green, summer is bright, fall is golden, winter is white……提供给学生歌谣的节奏，鼓励他们自编一段有关季节的歌谣，比一比谁的歌谣朗朗上口，让学生互相学唱。

【评析】

英语学习的目的就是要在交际活动中学以致用。这两个任务型活动交际性极强，在完成任务的过程中，让学生灵活运用所学的知识，真正用英语做事情，他们便能体验到成功与快乐。

4. 探讨式

当教师讲完课本内容后，提出一个能激发学生兴趣、深入研究教材的问题让学生讨论，而讨论结果的正确与否并不急于在本课明确下来，应该给学生留有充分辩论的余地，可以在课后继续探讨。这样的结课有利于发展学生的思维，增强其求知欲。

【示例】

《灰雀》结束语

《灰雀》中共出现了两个人物，一个是列宁，一个是小男孩。有人认为该文描写列宁的笔墨很多，因此该文的中心人物应该是列宁；有人认为录入小学课本，教育对象应该是小学生，因此该文的中心人物应该是小男孩。同学们是怎么看的？理由是什么？

【评析】

在课文收束之时，教师提出一个思辨色彩浓厚的问题，进一步引导学生思考文章的内容和主题。这样，既发展了学生的思维，又培养了学生的语言表达能力。

【口语综合实训】

1. 赏析下列结束语，谈谈各属于哪种类型，并分析它们的作用。

（1）　　　　　　　　　　《玩转面积》结束语

是的，今天我们在一系列的面积问题的研究中，体会到图形与图形看似不同，实质相同，体会到不同的图形可以用同样的方法来化繁为简。在变化的问题中找到联系，在联系的问题中发现变化——希望同学们继续带着这种变化与联系的眼光来探索更多的数学奥秘！

（2）《乘法分配律》结束语

你能写出含有这样规律的等式吗？在课堂练习本上写出含有这样规律的等式，再验证。

2. 设计《桂林山水》或《卖火柴的小女孩》的结束语。

3. 设计《用字母表示数》的结束语。

课堂教学处于多边交往的动态语境中，会出现诸多预设之外的情况，教师的表达要随时做适应性的变化和调整。苏霍姆林斯基说："教育的技巧并不在于能预见到课的所有细节，而在于根据当时的具体情况，巧妙地在学生不知不觉中做出相应的变动。"在课堂教学中，如何把一次次意外转变成一次次精彩？机智的教师总能通过敏锐的观察、灵活的思维、果断的决策对教学中的各种信息反馈做出有效的反应和机敏的处置，以求最大限度地开启学生的思维才智，获取最佳的教学效果。

五、应变语

（一）应变语的概念与功能

教师在课堂上及时调节师生关系、处理课堂突发事件时所运用的语言就是应变语。应变语是教学机智和言语机智的结合体，对提高课堂教学的质量有重要作用。

应变语的功能有以下几点：

第一，摆脱教学困境。课堂上，有时因教师教学出现失误，出现尴尬场面；也有学生提出意想不到的问题或争论某些问题；还有学生调皮捣蛋，搞恶作剧，扰乱课堂秩序……出现诸如此类的情况，若教师能灵活应对，最大限度地利用好这些生成的教学资源，就能摆脱教学困境。

第二，调控教学效果。随着课堂教学改革的不断深入，教学的开放性与学生的课堂主体性不断增强，学生质疑、反驳、争论的机会大大增多。学生随时会有所领悟、联想并发现问题；也可能产生困惑、迷茫或偏见，提出一些与教学联系不大或者教师无法回答的疑难问题，致使课堂出现异变。这时教师要及时应变调控。

第三，融洽师生关系。面对课堂突发事件，当教师饱含着对教育事业的热爱和执着，饱含着对学生浓浓的情感，与学生友好沟通，师生之间就会心领神会，师生双方彼此精神世界会更贴近。

（二）应变语的要求

1. 针对性

应变语要紧紧围绕课堂教学任务这个中心来进行机智的应变。面对课堂上发生的一切偶然事件，教师都要针对教学活动中学生思维活动的特点和走向，以进一步激活学生思维、最有效地调动学生学习的积极性为目的。

2. 分寸性

教师在运用应变语时要注意掌握分寸，既不宜过分夸张、做作，也不能过分平淡，失去引起学生学习兴趣、调动学生注意力的作用。在内容和时间的处理上，也应该相机而定，既不能喧宾夺主地大段插说，也不能不顾学生的情绪而操之过急。应变语分寸的把握，是能否实现转变课堂偶发事件使之回到正常教学目标的关键。

3. 自然性

应变语不是教学过程的节外生枝，它应该是自然融入教学过程的有效语言才对。面对课堂偶发的事件，为了保证学生学习情绪的相对稳定，为了保证教学过程的相对顺畅，教师必须运用应变语，使教学内容过渡自然、衔接紧凑、不露痕迹、顺理成章。

（三）应变语的类型

应变语主要用于处理课堂上出现的意想不到的情况。课堂教学是一种极其复杂的创造性劳动，在组织课堂教学的过程中，难免出现一些意外失误，这就需要教师及时应变补救，常用的补救方法有如下几种：

1. 顺水推舟

当出现偏离预设的"不同声音"的时候，教师就要迅速进行反思、"过滤"，从中发现可以把教学引向深入和拓展的新契机，在泛起涟漪的同时适时推波助澜，引领学生向思维更深处更广处挺进，这样的课堂往往会给你带来意外的惊喜和收获。

【示例】

《莫泊桑拜师》教学片段

师：《莫泊桑拜师》第九自然段主要写福楼拜悉心传授如何观察的诀窍。整个自然段几乎都是福楼拜的语言，仅在中间有一句提示语："福楼拜喝了一口茶，接着讲。"

生：这句话有什么作用？

师：当我们把目光都聚焦到人物语言的时候，你能关注动作，善于发现别人没发现的地方，福楼拜传授的诀窍你学得最快。

生：这是因为福楼拜讲得口渴了，说明福楼拜讲了很多话，教得很认真。

生：福楼拜文学造诣很深，说话的水平高，他一边喝茶一边还在思索，这样能把话说得更好。从这句话可以看出他是一个很严谨的人。

生：福楼拜知道自己面对的是一个求教的文学青年，自己讲的内容要他一下子接受有难度，得让他慢慢接受，所以福楼拜喝着茶慢慢说。这是一位好老师。

生：福楼拜不想让莫泊桑看出自己在有意放慢速度教，他借喝茶来延缓时间，让气氛变得轻松，说明福楼拜很会替人着想。

师：同学们真会读书，短短的一句话被你们读长了、读厚了，从一个动作，我们能读出这么多内涵。由此看来，文章开头所说的"大师"真是所言非虚，作者的刻画也是入木三分，不但人物的语言写得有特色，连提示语也意蕴丰厚呀！

【评析】

"这句话有什么作用？"学生的问话出乎教师的意料，但由此也给教师以灵感。教师先肯定了学生质疑，接着以此为切入口，顺着新的思路进行教学，引导学生探讨人物刻画技巧。这样，一位"循循善诱的大师"的形象在看似不经意的一句话的探索中趋于立体丰满，学生又一次感受到了揣摩文本的意趣，整个教学过程取得殊途同归的效果。

2. 以退求进

当教师课堂教学出现失误时，学生当场指出老师的错误，对教师来说近乎丢了面子。面对学生的质疑，身为教师不能恼羞成怒，迁怒于学生，而应和颜悦色地进行引导，肯定学生的细心观察和大胆质疑，然后再给自己"辩护"。

【示例】

《北大荒的秋天》教学片段

教师在公开课教学中，将课文中的"高粱"二字写成了"高梁"。

一位学生站起来吃惊地说："老师你错了，'高粱'的'粱'底下是'米'。"

这时教师看了一眼自己写的字，马上意识到了自己的失误。但这位教师依然面带微笑，神情自若地说："这位同学说得非常正确，看来同学们看得都很仔细。以往老师在教授这个字时，有不少同学会犯同样的错误。"接着老师又问："你们知道'高粱'的'粱'字为什么下面是'米'吗？"

学生们七嘴八舌地回答："因为'高粱'是粮食，所以是'米'。"

接着，老师强调："对，同学们分析得很有道理，'高粱'是粮食的一种，所以下面是'米'字；而这个'梁'是栋梁，是一栋房子最重要的支撑点，是用木头做的，所以下面是'木'字，大家记住了吗？以后可不能再犯和老师同样的错误哦！"

【评析】

当学生指出教师在教学中出现的错误时，教师并没有掩饰，也没有脸红脖子粗，更没有批评学生，而是从容应对，进而引导学生区分同音字、形近字，同时表扬学生，让学生很好地记住了易错字。这位教师运用教学机智化解了一场课堂危机，既挽回了自己的"面子"，也使教学收到了意想不到的效果。

3. 转移话题

机智地处理课堂教学中的偶发事件，实质就是或因势利导，或抛砖引玉，或移花接木，巧妙地把话题转移，摆脱眼前的窘境。

【示例】

《画蛋》教学片段

（上课时，教师指导学生观察图画。）

生：达·芬奇和他的老师为什么都留着长头发，而我们却不能留？

师：每个民族都有自己的风俗习惯，我们的一些习惯跟他们就不一样。我们要学习他们的是什么呢？

生：要学习他们专心学习的精神。

生：老师，您有达·芬奇的本事吗？

师：我怎么有达·芬奇的本事呢，他可是世界级的大画家啊。可你们知道他为什么能有这么大的本事吗？

生：就因为他学习刻苦。

师：对，谁想要有本事，谁就得刻苦学习。

【评析】

课文的目的是教育学生要养成耐心刻苦的习惯，而这位学生却关心起达·芬奇的长发来，学生的思路跟要讲授的内容相差"十万八千里"。这个时候，老师先对其进行了解释，然后巧妙地把话题做了转移，"拉"到了主题上来。可是学生再次甩出一个与课文无关又难以回答的问题，"老师，您有达·芬奇的本事吗？"无论回答"有"和"没有"，都跟课文教育学生们刻苦学习的主旨扯不上任何关系。这位老师首先强调了达·芬奇的本事大，然后一句："他为什么能有这么大的本事呢？"又把话题转移到课文的主题上来，同时也摆脱了困境。

4. 反守为攻

当有学生在课堂上调皮捣蛋、制造事端时，教师若能结合教学内容，守住阵地，同时，以守为攻，提出相应的问题让学生思考解决，可以起到意想不到的效果。

【示例】

《故乡》教学片段

当老师念到"老爷"一词时，一位学生响亮地答应了一声，全班顿时哄笑。等笑声过后，老师说："你回答得很迅速、很响亮，想必你这个'老爷'和文中的'老爷'有所差别。那就请你看看书，看看你们二位'老爷'不同在哪里？"

下课前，这位学生谈了自己的看法、理解和认识，得到同学的好评。

【评析】

碰到意外事件，老师机智灵敏，反应迅速，以守为攻，巧妙灵活地处理了问题，使"意外""冲突"转变成教学资源，成就出彩的课堂。

5. 将计就计

外界发生的事情，教师无法改变，但是它却激发了学生大脑中的兴奋点。教师若能将计就计，利用这个兴奋点联系学科内容，化被动为主动，训练学生能力，学生一般都能积极配合，将学科训练落到实处。

【示例】

"小鸟飞进语文课堂"偶发事件处理

（一天上午，某小学四年级一班正在上语文课。教师正绘声绘色地讲，学生正聚精会神地听。突然，一只小鸟飞进了教室，在教室里乱飞乱撞。学生们以惊喜的目光，追逐着鸟的行踪。）

师：这只鸟真漂亮，大家仔细观察一下，下节课我们写一篇作文好吗？
生：好！（满堂炸雷似的回答。）
生：瞧，鸟的羽毛多好看，嫩黄嫩黄的。
生：嘴多尖，还是淡红色的呢。
生：你看它那惊恐的样子，大概头也被窗子碰疼了吧。
（鸟飞累之后，被一个同学捉住了，交到教师手上。）
师：谁能说出是什么鸟？有什么特点？
生：这只鸟叫黄鹂，又叫黄莺，身体是黄色的，眼部至头部是黑色，嘴淡红色，叫的声音很好听，吃森林中的害虫，对树木有好处，它是益鸟。
师：说得很好。现在这只小鸟怎么办呢？
生：这只鸟太可爱了，把它养起来，我们轮流照顾它。
生：我们应该爱护鸟类，黄鹂是益鸟，我们应该把它放回大自然。
（第二节作文课，教师在黑板上写下了作文题《小鸟飞进了课堂》。学生们会心地笑了。由于观察仔细，都感到有话可写。连平时总写不具体的学生也写了1 000多字，而且生动充实。）

【评析】

学生看到小鸟飞进教室，非常兴奋，教师就将计就计，利用学生的兴奋劲儿，引导学生观察小鸟，写《小鸟飞进了课堂》。学生作文时，言之有物，情感真实，起到了较好的训练效果。

6. **幽默调侃**

教师语言幽默是增强教学艺术魅力的重要手段。当课堂教学出现偶发事件时，教师可以有效地运用幽默语言，淡化学生的消极情绪，消除沮丧与痛苦；也可以陶冶学生情操，使之乐观对待现实；还可以让尴尬场面消失，从而营造良好的课堂氛围。

【示例】

《走月亮》教学片段

教师讲《走月亮》这篇课文时，为了让学生更好地通过"沉甸甸地，稻穗低垂着头"来理解"丰收"，展示了图片：成熟的稻穗。

生：老师，你看他正在睡觉！（这一句话将全班同学的注意力全吸引了过来。打瞌睡的学生，耷拉着的脑袋不时晃动着，看来睡得正香，全然不知同学们正看着他。）

师（平静地走到他面前）：谢谢这位同学用行动为我们解释了"什么样的稻穗会沉甸甸地低垂着"，这是拟人句。

打瞌睡的同学也惭愧地低下了头。接下来学生学习兴致很高，没有人开小差了。

【评析】

当学生出现错误时，教师及时创造条件，巧妙诱导，使之感悟并纠正自己的错误。此处教师恰当运用幽默，不仅神奇地"化干戈为玉帛"，而且有助于学生理解难点的句子，取得了意想不到的课堂效果。

【口语综合实训】

1. 请赏析下列老师应变语的精彩之处。

(1) 　　　　　　　　　　　《故乡》教学片段

生：跳鱼怎么会有青蛙似的两只脚呢？

师：是啊，鱼怎么会有脚？

生：有！

师：什么鱼啊？

生：娃娃鱼。（笑）

师：啊，你真见多识广！我想跳鱼也有两只脚，可我没有看到过，你们有谁看到过？

生：（齐）没有。

师：可是少年闰土就知道这种跳鱼，这说明了什么？

生：说明少年闰土见多识广，他"心里有无穷无尽的稀奇的事，都是我往常的朋友所不知道的"。

(2) 　　　　　　　　教师在一堂公开课上的应变语

（教师讲得滔滔不绝，学生听得津津有味。忽然，一名学生的书桌里传出鸟叫声，扰乱了正常的教学秩序。）

师：同学们听得那么入神，连鸟儿什么时候飞进课桌也不知道呢。（同学们听到这话都笑开了。）

师：同学们中午放学后最想干什么？

生：回家吃饭！

师：好，我们要回家吃饭，这只小鸟也饿了，我们也送小鸟回家吧！

（教师话音刚落，在大家善意的笑声中，那位同学愉快地将小鸟交给了教师。）

(3) 　　　　　　　　　　　《暮江吟》教学片段

（在执教《暮江吟》时，一位教师因大意将最后一句诗的"真珠"板书成"珍珠"。）

生："老师写错了，是'真珠'才对。"

生："老师自己都写错了！"

师（指着板书）：同学们观察得真仔细，还帮助老师指出来，真是勇气可嘉。发现了吗？这句诗中有一个词语是我们现在的写法，而古代不这样写。

生：是"珍珠"。

生：没错，所以我们应尊重作者的写法，改为"真珠"，希望同学们以后不要犯错。说完，教师用红色粉笔在板书上将"珍"标识出来，改为"真"。

2. 教《孟浩然之广陵》一诗时，有学生问："诗中说'孤帆远影碧空尽'，老朋友已经走了，为什么又加一句'唯见长江天际流'呢？"请用应变语启发学生，理解这句诗。

3. 一位教师在上《草船借箭》时，教师引导学生抓住语言概括出诸葛亮足智多谋、周瑜心胸狭窄、鲁肃忠厚老实、曹操多疑等性格特点时，有学生质疑了："鲁肃并不忠厚老实。"若你是老师，请设计话语做应变性表达。

第三节 教学口语在不同学科中的运用

一、文科教学用语的特点及其训练

小学文科教材的内容以叙述、描述为主，有比较鲜明的感情色彩，为了切合教材的这些特点，教学用语应当具备形象性、情感性的特色。

（一）形象性

苏霍姆林斯基说："小学生往往用形象、色彩、声音来进行思维。"针对小学生形象思维占主导地位的特点，文科教学语言也要具有形象性。教师可运用实物直观和模像直观的手段来创设情景，与语言直观相结合，进行形象的语言描绘，使学生入境动情，叩开学生心扉。教师绘声绘色的描述会使深奥的道理浅显化、抽象的概念具体化、枯燥的知识趣味化，使无声的汉字通过生动的语言变得有声有色，使学生听起来有一种如闻其声、如见其人、如临其境的感觉。

口语表达要直观可感，可用如下方法：

1. **形象描述**

对人或事物、对触动人心的意境，瞬间做形神兼备的静态勾勒。

2. **巧用修辞**

语言艺术离不开修辞，"浓妆淡抹总相宜"，教师根据自己对生活的观察和体验，依照教学内容需要，巧妙地、恰如其分地运用排比、比喻、拟人等修辞，可以引发学生的联想与思考，给平铺直叙的陈述增添色彩，妙趣横生，耐人寻味。

【示例】

《繁星》教学片段

师（指着"海上繁星"这一段的挂图）：此时船在缓缓地行，浪在轻轻地拍，风在柔柔地吹，海上的夜是——

生：柔和的。

师：船儿驶离了喧闹的港口，行驶在平面的海面上，四周静悄悄的，海上的夜是——

生：静寂的。

师：海面上，作者乘船在走，空中星星仿佛也在随他走，天遥地远，息息相通，不然星星怎会化作萤火虫？

【评析】

教师轻柔地说着叠音词，用排比、反问的句式，用拟人的手法，营造出一种静谧的氛围，引导学生展开联想，把学生带入大海的夜这一特定的环境中去，让学生感到自己也像作者那样进入了那样柔和、静寂、梦幻的氛围，也更易理解作者乘船远离他乡的淡淡离愁，并对未来怀着一种不可知的憧憬之情。

（二）情感性

"感人心者，莫先乎情。"情感是人们对外界刺激肯定或否定的心理反应，虽是无形的，但它却是人类共同拥有的。由于教学活动是师生的双向或多向交流活动，是一种互动互感的过程，只有创造出和谐的情感氛围，实施的双边活动才得以顺利进行，这就决定了教学语言必须饱含丰富的感情。

情感性应注意：

1. 情动于衷

情感表达是一个从体验到体现的过程。教师接触教材时感受要深入，教学时有了内心依据，才会有真情的表达。

2. 抓动情点

既要着眼于教材最感人的"动情点"做声情并茂的表达，又要把握分寸，放得开、收得拢，起伏有度，浓淡相宜。

【示例】

《老人与海鸥》教学片段

（播放老人喂食海鸥的录像）

师：老人对海鸥的爱达到了无微不至的境界。十几年了，老人每天步行 10 多公里给海鸥喂食，不管刮风下雨。可是，有一天，老人没来，第二天，老人还没来，第三天，老人步履蹒跚地来了，他坐到了地上喂海鸥，身子弯成了弧形。第三天他吃了一碗面，感觉好些了就来看海鸥了。这竟成了诀别。十几天后老人走了。当老人的遗像带到翠湖时，意想不到的情景出现了。请同学们默读课文，思考安放老人遗像的地方发生了怎样意想不到的情景？

【评析】

教师抓住"当老人的遗像带到翠湖时，意想不到的情景出现了"这个动情点展开教学，这意想不到的场景应该是对老人生前无尽付出的最好回报，也是文中最感人的部分。喂食海鸥，一次两次容易，但风雨无阻十几年如一日，却是没有第二个人能做到的；老人最后一次喂海鸥，是在自己都难以进食的情况下，迈着蹒跚的步履，拖着疲惫的身子完成的。教师用极富感染力的语言串起老人生前的种种影像，勾勒出一位爱海鸥甚于自己生命的可敬老人的形象。学生听到教师忘情的言语，怎能不进入"忘我"境界？到此，教师、学生的感情起伏与作品的情感脉搏很好地接轨。

二、理科教学用语的特点及其训练

小学理科教材，介绍自然科学的基本常识，培养儿童具备初级运算能力。教师在课堂教学中，主要运用说明性口语，解释概念、揭示原理、解析例题，其教学用语具有科学性、准确性、逻辑性的特点。

（一）科学性

理科具有高度的科学性，每个概念都有确定的含义，每个定理都有确定的条件。教学时，一般以直接表达的方式，突出重点，抓住关键，合乎科学，说得清楚明白，毫不含糊。

（二）准确性

教师表述教学内容，择词用语要极为审慎，讲授才会精确无误。在容易造成误解的地方，要变换角度做准确的追加复释。说话要语气确定，语调平稳，语速不能太快。

（三）逻辑性

要正确地使用概念，周密地进行判断，合乎逻辑地进行推导。要用重音、顿连等体现句子、语段之间的因果、递进、转折及归纳、演绎等逻辑关系。

【示例】

《图形的旋转》——探索"旋转三要素"教学片段

师：仔细观察钟表和风车的旋转，你发现了什么？

生：我发现它们都是在围绕一个点转动。

师：你真会观察，物体绕某一个点或轴运动的过程叫作旋转，那个绕着的点是旋转的中心。（板书：旋转中心）

师：你还发现了什么？

生：我发现它们旋转的方向不同。

师：你观察得真仔细！同学们，伸出你的手，我们跟着钟表旋转的方向转一转。

（学生做顺时针旋转的手势。）

师：这种旋转方向叫什么？（顺时针旋转）

师：相反的呢？（逆时针旋转）

师：用手比一比逆时针方向，这是风车转动的方向。

师：你还发现了什么？

生：我还发现它们都旋转了360度。

师：旋转不仅有旋转中心、旋转方向，还有旋转角度，我们把它们叫作旋转的三要素。

【评析】

教师在这个过程中与学生平等地交流，从学生熟悉的生活情境出发，联系学生的生活经验和已有的知识基础，用科学、准确、富含逻辑的语言进行巧妙点拨，指导学生观察钟表指针的旋转和风车的旋转，进而从具体情境中抽象出数学知识，感知旋转的三要素。

三、技能类学科教学用语的特点及其训练

小学技能类学科的教学以培养技能、提高素质为目的，教学过程重在对学生操作行为的指导，因此教学用语应当具有指令性、提示性、演示性的特点。

（一）指令性

指令性是指教师用肯定的语气要求学生按指定的方式、规定的程序操作。话要说得明确、简洁、响亮，注意突出"要""一定要""必须"一类指令词，体态宜亲切一些，并使用敬词"请"，体现对学生的尊重。

（二）提示性

提示性是指教师在学生操作过程中随时说几句提请注意的话，以保证训练的有效性。提示语包括预测性提示语、插入性提示语和终结性提示语三种。提示性的话要说得简洁明了，亲切委婉。可以重复，但不可絮絮叨叨，用责怪的语气说话。

（三）演示性

演示性是指教师在示范操作、展示图表与实物的过程中所做的辅助性说明，目的是使学生的感受更准确。教师要将操作演示与简明生动或富有趣味性的解说融为一体，使学生很快掌握操作程序和操作要领。

【示例】

《投纸飞机》教学片段

师：我刚才观察到了，同学们折的飞机各式各样，飞机飞行的效果也各有不同，下面希望同学们在练习投纸飞机的同时思考这样一个问题：飞机飞行的效果和哪些因素有关系？比如说"飞机的样式"等。同学可以自己边练边想，也可以和同学一起练习，相互讨论。下面开始练习。

（生自主练习。）

师（巡视，寻找飞机投得好的同学）：请你向全体同学表演并试着说一说自己的想法。

同学们，请大家暂停一下，在刚才的练习中，我发现这几位同学的飞机飞得非常好，下面我们就请他们给同学表演一下，并说一说自己的飞机为什么能飞得这样好。

生1：我的飞机翅膀大，浮力大，所以飞得远。

生2：我是顺风投的，所以飞得远。

生3：我的飞机翅膀小，整个飞机是尖的，受空气的阻力小，所以飞得高。

师：同学们说的都很有道理，的确飞机飞得高又飞得远是多种因素决定的，下面我们来一起研究一下投掷的姿势对飞机的飞行效果的影响。

首先，请同学们和老师一起做一个动作：两脚前后开立或左右开立（习惯用哪种姿势

都可以），把你习惯用的那只手举起来，举过肩膀，使你的肘关节正对要投的方向，用力向前斜上方挥臂投出。

（学生空手模仿练习。）

【评析】

教师发出指令，请学生尝试投掷纸飞机。先启发学生边投边思考，飞机飞行的效果和哪些因素有关，再请学生总结成功经验。在学生充分体验后，教师和学生一起进行示范总结，完整讲解投掷技巧。前期动作正确的同学继续努力，动作有误的同学通过模仿比照进行改进，培养了学生自主学习的能力。

【口语综合实训】

1. 文科教学用语、理科教学用语、术科教学用语分别有哪些特点？试举例说明。
2. 请评析《给予树》的教学口语。

师：是的，仅仅一个"只"字让我们读懂了金吉娅的家庭并不富裕，读懂了金吉娅矛盾的心理。文章不是无情物啊！妈妈送给孩子的只是这20美元吗？金吉娅送给兄弟姐妹的只是50美分一大把的棒棒糖吗？为什么她要用仅有的钱给一个素不相识的小女孩买布娃娃呢？

师：你问问她为什么？

生：金吉娅，你为什么把布娃娃送给一个陌生的女孩？（生读金吉娅说的话。）

师：金吉娅，你心里在想什么啊？

生：那个小女孩真可怜，什么也没有。

师：这个小女孩，她可能是……

生：一个孤儿。

师：没有……

生：父母的关爱，得不到亲人的温暖……

师：她可能是一位……

生：双目失明的女孩。

师：看不见……

生：早晨的第一缕阳光。

生：看不见春天的花儿开放。

生：看不见这个五彩缤纷的世界。

师：她可能是……

生：一个聋哑人。

师：她听不到……

师：就是这样的一个小女孩，在圣诞节她只想要她一直盼望的布娃娃。她的愿望触动了年仅8岁的金吉娅的心。带上我们的感受再读金吉娅说的话。

师：人同此心，心同此理，因为金吉娅有一颗……

生：善良的心。

生：仁爱之心。

生：同情心。

生：体贴的心。

师：是啊，因为金吉娅有一颗金子般的心才能感受到那个可怜的小女孩的那一颗孤独的、无助的、需要关爱的心。

师：我们把金吉娅的这一颗心送到句子中，把她对小女孩的这一份爱融入她说的话中。再读金吉娅说的话。（配乐朗读）

师：同学们，现在你还认为金吉娅送给小女孩的只是一个漂亮的布娃娃吗？

生：是一份善良，一份关爱，一份同情……

师：是的，是对陌生女孩的一份无私的爱。（板书"无私的爱"）

师：你还认为金吉娅送给姐姐哥哥的只是那50美分一大把的棒棒糖吗？妈妈送给孩子的只是那20美元吗？带着自己的理解、自己的感受再来读这四句话。（前面出示的四个句子）

生：她送给哥哥姐姐的是一份爱，一份祝福。

生：妈妈送给孩子的也是一份爱。

师：你从哪个词中读到的？

生：从妈妈担心的眼神中读到的。

师：是啊，因为我们心中也拥有一份善良，拥有一份爱，我们才能读懂那份伟大的母爱，才能感受到那弥足珍贵的手足之情，才能体会金吉娅送给陌生女孩的那一份无私的爱。来把这一份份爱化作一个个音符，再读这四句话。（让我担心的是……）（板书"母亲的爱、手足之情"）

师：这一份份爱最后化作妈妈对金吉娅的一个紧紧的拥抱。

（出示课文的最后一个自然段，学生齐读）

师：读着读着我们的眼前出现了……

生：一个小女孩如愿以偿的笑脸。

师：那是因为……

生：她收到了她盼望已久的布娃娃。

生：她一直以来的心愿实现了。

师：是啊，我们好像看到了小女孩抱着心爱的布娃娃在圣诞之夜甜甜地入睡了。

生：看到了金吉娅全家团圆，彼此分享礼物。

师：他们分享的仅仅是礼物吗？

生：分享着快乐，分享着爱。

师：还分享着……

生：一个陌生女孩如愿以偿的笑脸。

师：让我们一起来分享这一份爱，这份仁慈、善良、同情、体贴。（读最后一个自然段，播放歌曲《爱的奉献》）

3. 小学语文有《观潮》一课。大部分学生没有观潮经验，对钱塘江潮缺乏了解，请你结合课文，设计一段教学口语，对钱塘江潮做形象性描述。

4. 小学语文《梅花魂》中，外公三次流泪，请任选一次流泪，设计教学口语，注意把握感情基调。

5. 比较两位数学老师教《鸡兔同笼》一课的提问，分析他们的优劣。

教师A：

"大家见过鸡吗？"

"鸡有几只脚几个头？"

"兔有几个头几只脚？"

"上有三十五头，下有九十四足的意思是什么？"

教师B：

"谁能用数学语言来描述一下鸡和兔子的特点？"

"你能算出一共有多少只脚吗？"

"当所有兔子都立起两只前脚，这时候地上共有多少只脚？"

"和实际的脚相比发生了什么变化呢？脚怎么少了呢？说明什么问题？"

6. 讨论：请指出下列数学教学的问题所在。

师：根据黑板上的例子，哪位同学能够说说什么是质数？

甲生：能被1和自己整除的数就是质数。

师：好！非常好！请同学们们记住：能被1和自己整除的数就叫作质数。

（第二天）

师：同学们还记得昨天所学的知识吗？

全班学生：记得！

师：那我问你们，17是质数吗？

乙生：是。

师：3是质数吗？

丙生：是。

师：9是质数吗？

丁生：是。

师：为什么9是质数？是因为它是奇数吗？

丁生：不是，按照昨天所学的概念，"能被1和自己整除的数就叫作质数"，9能被1和自己整除，自然就是质数了。

7. 设计《字母表示数》的教学片段，注意教学口语的科学性、准确性及逻辑性。

8. 体育老师讲解垒球技术动作，请评析教师的教师口语。

师：老师做示范，你们看看老师的投掷动作像什么？（教师示范"挺髋转体"的技术动作，故意在"挺髋转体"的时候停下动作）

生1：老师的动作是不是像弓一样？

生2：老师的动作像"C"。

师:"同学们,你们会做这个动作吗?"
生:(齐)会!

9. 小学《品德与社会》课中有"叔叔阿姨辛苦了"的内容。请做一次采访,搜集叔叔阿姨的感人事迹,设计一段形象生动、感情丰富的讲述,并试讲。

第四节　教学口语运用中的因材施教

早在2000年前,孔子就提出"因材施教"的理念。新课程的核心理念为"为了每一位学生的发展"。这就要求我们在课堂教学中,要面向全体,尊重学生的个体差异。实践证明,教师若注意教育对象的差异,根据学生的接受水平不同、个性倾向不同展开教学,不仅能培养各层次学生的学习兴趣,还能破除差等生对学习的畏难心理。

一、对不同接受水平学生的教学口语的运用

(一) 对低年级或理解力较差的学生

1. **语言形象具体,浅显易懂**

教师要尽量使用学生能够理解的浅显语言或者设置利于学生接受、理解的情境,让他们明白教师话语的含义。生动形象的语言能拨动学生的心弦,燃起他们求知的热情。

2. **教学重点鲜明突出**

教师讲到教学重点时,可放缓语速,用重音进行强调;也可用"特别要注意的是""这一点很重要"一类的提示语进行强调;必要的时候还需适当地重复。

3. **提问难度降低**

对学习较为困难的学生,注意提问难度要适当降低,在课堂上要尽量让他们回答较基本、较简单的问题,不论回答得对或错,首先要鼓励他们敢于发表自己的看法,增强自尊心与自信心。

【示例】

《雪地里的小画家》教学片段

师:我们的小画家这么骄傲,去看看他们都画了些什么。谁知道?
生:小鸡画竹叶,小狗画梅花,小鸭画枫叶,小马画月牙。
(师出示课件:竹叶、梅花、枫叶、月牙)
师:你知道他们为什么画得不一样?
生:因为他们的脚印不一样。
师:对,他们的脚印不一样,所以画出来的画也不一样,让我们一起看看他们的脚印吧。

（出示四种动物的脚印和课件）

师：因为（　　）的脚印像（　　），所以（　　）画（　　）。

生：因为（小鸡）的脚印像（竹叶），所以（小鸡）画（竹叶）。

师：哪位同学看图用"因为……所以……"说呢？

生：因为（小狗）的脚印像（梅花），所以（小狗）画（梅花）。

生：因为（小鸭）的脚印像（枫叶），所以（小鸭）画（枫叶）。

生：因为（小马）的脚印像（月牙），所以（小马）画（月牙）。

【评析】

低年级学生以形象思维为主，学生虽然知道"竹叶、梅花、枫叶、月牙"这些自然物，但似乎不太理解它们与动物脚印之间的联系。教师根据课文特点，结合课件，展示动物们画的图画及其脚印图案，进行直观教学，启发学生理解课文内容：小鸡、小狗、小鸭和小马在雪地上留下的脚印之所以不同，是因为它们的脚趾形状不同。教师教学重点突出，教法简明，学生易于理解接受新知。

（二）对高年级或理解力较强的学生

1. 适当提高诱导的坡度，推动学生自主学习

教学中教师要培养学生自主学习的能力。通过学生的反馈，了解学生学习的新知识中哪些与旧知识的连接点不清晰，教学的重点就应放在这些地方。教师在教学中应注重有针对性地点拨和引导，帮助学生顺利学习，引导他们积极探索，培养学生自主学习的能力。

2. 适当提高提问的难度，并增加顺势追问

教师提问要有梯度，难度较大的问题由优等生回答，比较专业的问题则让这方面有特长的学生回答。争取做到，每一个问题对于回答的学生来说都属于跳一跳才能摘到的苹果。学习成绩较好、能力较强的学生，让他们回答较尖端、较难的问题。有时还要与他们较劲儿，故意为难他们，训练他们的能力。

3. 鼓励质疑问难，以提高学生的思维品质

质疑是激发学生学习兴趣、培养学生思维能力与创新能力的最有效途径。教学时，应鼓励学生大胆质疑，启发他们对教材内容、学习方法等提出问题。只要教师热情鼓励、经常指导，学生的质疑习惯和能力就会逐步形成，思维的广阔性和深刻性就会不断发展，学习的兴趣也会不断强化和提高。

【示例】

潘小明老师《比例的性质》教学片段

师：如果让你根据"$2 \times 9 = 3 \times 6$"写出比例，你行吗？你能写出多少个呢？

问题一提出，学生就积极地尝试写比例，不一会儿，学生争着要在投影上展示自己所写的比例。有趣的是，学生将数字移来移去，有的比例重复出现，有的比例则被遗漏，台下的学生不停地为台上的伙伴出主意，有些学生忍不住喊着"我来"，教室里气氛热烈。

针对学生用尝试的方法出现重复或遗漏的现象，教师激发引导说：同学们学习的热情很高，但仅凭热情往往还不能有效地解决问题，像这样一个一个举例写出，难免会有重复或遗漏，怎样思考才能很快地一个不漏地写出？根据比例的基本性质，若把2放在内项的位置上，那么，9应该放在什么位置上？把2和9同时放在内项位置上，共能写出几个比例？2和9只有同时放在内项的位置上吗？学生受到启发，写出了所有的比例。

在学生经历这样一番尝试实践的基础上，教师引导学生反思体验：用尝试的方法去一个一个地写，还是从比例的基本性质出发进行有序思考，你们觉得哪种方法能更有效地解决问题？学生自然体会到后者更好，并表示会这样思考问题了。

【评析】

针对高年级学生的思维和学习特点，教师在教学时，先让学生独立思考、进行尝试，再引导学生交流想法，促进学生进行反思，使学生获得切身的体验，感悟到从比例的基本性质出发思考问题，能更有效地解决问题。这样训练能使学生在巩固和加深对数学基本概念理解的同时，逐渐养成从基本概念出发思考问题的思维习惯和良好的数学应用意识，提高解决问题的能力。

二、对不同学习态度学生的教学口语的运用

（一）对学习不认真的学生

1. 有的放矢，中肯评价

当学生因学习不认真出现错误时，老师要耐心帮助学生寻找错因。一方面指出学生问题所在，另一方面帮他指明努力的方向，当学生感受到教师对自己的真诚关心时，他会尽自己的最大努力去争取进步的。

2. 鼓励学生，悦纳自己

老师应多关注学习不认真的学生，积极发现这些学生身上的闪光点，从正面予以肯定，并不断强化，让他们在前后比较中接受自我，认识到自己也是能学好的，相信自己也是有能力、有前途、受尊重的。

3. 避免生硬，委婉教育

多用祈使、商量等委婉方式教育学生。在做必要的严肃批评时，声调可稍低，语速稍慢，语气一定要诚恳，让学生感觉老师是在关心他、帮助他。

【示例】

《克和千克》教学片段

教师准备一个天平，分别展示不同重量的砝码以及相应要称量的实物。

教师首先引导学生进行猜测，如苹果的重量是多少，学生进行回答。这时教师安排平时学习不太认真的学生到讲台前帮助同学进行实际的苹果称重，教师给予他积极的帮助和充分

的肯定，待他将苹果重量称出之后，鼓励其讲出苹果的具体重量为多少克。

【评析】

教师关注教学中的每一个学生，即使是学习不太认真的学生，也创造机会让其积极地参与到课堂学习中来，体会学习的乐趣。同时教师充分地肯定该生，使其增强自信心，悦纳自我，逐步培养学生学习的兴趣。

（二）对学习认真的学生

1. 注意语调的转换

用赞赏的语调予以肯定，使其体验取得成绩的快感；用稍稍降抑的语调指出其不足，并提出更高的要求。

2. 注意运用表扬的技巧

忌简单化、表面化以及言过其实的表扬。表扬用语的语气、语调要有分寸感，要恰如其分并有教育内涵。

【示例】

朱华英老师《燕子》教学片段

师（出示课件）："蓝蓝的天空，电杆之间连着几痕细线，多么像五线谱啊。"

生：我们平时都说是几根线、几根绳子，这里怎么说是几痕细线呢？我从来没有读到过"几痕"，"痕"又不是量词，怎么能说"几痕"呢？是不是写错了？

师：你问得非常好，这可能是我们大家心中共同的疑问！这里的"细线"指什么呀？

生：是指"电线"。

师：的确，我们通常都说一根或几根电线，可这里怎么说是"几痕"呢？我也是第一次见到"几痕"的说法，还真不知道课文为什么这么写（提问的学生脸上由好奇转为好大的失望）。为什么不说"几根"呢？是真的用错了，还是另有用意？我想，我们大家一定能够解决这个问题的。再读读这句话，想一想；还可以联系上下文，琢磨琢磨。需要与同学讨论一下吗？

生：需要，需要！（讨论后，学生汇报）

师：好好地研究了课文，又经过了相互讨论，我现在特别想知道你们认为"痕"字用对了还是用错了？

生：（几乎是齐声说）没用错！

师：（睁大眼睛，奇怪地）哦，此话怎讲？

生：我们组讨论后认为，"痕"比"根"表达的意思显得更细一些，用"几痕"来描写电线，写出电线很细。

生：电线原本就比较细，架在电线杆上，离我们远了，看上去不就更细了吗？就好像成了我们眼前的针线一样。那么细，如果不仔细看可能让人有时会看不出那里有电线呢！课文中不是把它写成"细线"吗？我们还查了字典，查到"痕"是"痕迹，物体留下的印儿"的意思，也可以理解为"少得只有一点痕迹"的意思，"几痕"刚好可以写出电线"细细的、淡淡的，看起来不明显的"的特点。

生：我们也是这样理解的，但我们还有补充。文中的句子写"蓝蓝的天空，电杆之间连着几痕细线"，我们想，电线架在蓝天下，蓝天是那么广阔无垠，而电线是那么纤细，看上去会让人觉得电线真的好像是留在蓝天上的一线什么痕迹，不再像原来一根一根的那样显目了，所以这里不用"几根"，而要用"几痕"更恰当。

师：听了大家的发言，我明白多了，谢谢你们！你看到过蓝天下架在电杆之间的电线吗？

生：看到过。

师：你能想起这句话所描写的情景吗？（学生回答"能"）你想，如果我们现在就站在田野里，随意地看着，看到电线杆上架着的电线，我们一定会不假思索地说："瞧，那里有几根电线！"（学生点头）但如果再仔细地看，我们会发现电线是——

生：很细，很淡！

师：这是我们的——

生：视觉！感觉！

师：你现在又明白了一些什么了吗？

生：我明白了，"几根"是对的，"几痕"也是对的，只是"几根"着重于数量，而"几痕"却还能表达出作者远远看电线的感觉，淡淡的，非常细微，这个"痕"字用得很妙！

师：简直是"妙不可言"！"几痕"，使原本普通的电线多了几分朦胧美，使春天的景色多了几分诗意！"几痕细线"，多有诗的感觉！一个"痕"字，竟有如此大的蕴涵！

（由读而悟，由悟生情，学生把这句话、把"几痕"读得极有韵味。）

【评析】

认真的学生爱思考、爱提问。面对学生的问题，作为学生学习伙伴的老师，与学生平等对话，让自己与学生站到同一个角度上、同一个位置上，进入同一个问题情境中，与学生"亲密接触"，融入学生的学习之中，营造氛围，激发学生探究问题的兴趣，使学生投入地读、专注地思。在读、思中，学生找到了与文本对话的途径，进入文本世界，与文本"零距离"接触，实现了与文本的沟通对话，产生了个性化的理解。作为"对话"中的首席教师，根据学生的学情，进行了必要的引导——让学生开展合作学习。通过讨论，学生把各自在独立探究中的发现进行交流，生生之间（组里）做到了互相启发，互动地学（第一层次）。然后，组织组际交流汇报，学生在悉心倾听中发现见解的异同，或赞成，或否定，或补充，或重新思考，组组之间、生生（全体）之间互相启发，互动地学（第二层次），使学习动态生成地向前推进。

三、对不同个性倾向学生的教学口语的运用

（一）对性格内向的学生

性格内向的学生内敛稳妥，思维缜密，内心世界细腻而丰富，他们掌握学习内容较慢，但走一步稳一步，学习过程踏实专注，自主性比较强。相较于其他类型的学生，他们更倾向于在自我分析后得出个人观点，对老师在课堂上的示范和讲解不太敏感，容易陷入自我的主观世界难以获得突破，模仿力和表现力也比外向型的学生要弱一些。因此性格内向的学生在课堂上显得比较理性且冷静，反应也比较慢，其谨小慎微的性格使得他们过于拘谨，有的甚至会有自卑感。对于这类学生，教师要注意以下几点：

①授课语言放缓，言辞和气，语调亲切，注意保持对他们的信任。
②增加教学用语的激励因素，诱发其主动参与学习活动的热情。
③在答题有误时，坚持做分解性评价，即将其正确部分提出来予以肯定，促其增强信心。

【示例】

《畅谈来自家庭的教育》口语交际课

师：家长们望子成龙、望女成凤，给孩子买了一大摞参考书，要求孩子在双休日完成。同学们，请你们说说自己的看法。

（学生纷纷慷慨陈词，对这种做法表示不满，课堂气氛非常热烈。正在大家七嘴八舌之际，老师发现一位非常内向的学生陈某似乎也想发表自己的意见，但又不敢举手。）

师：陈×，你有什么话要说给大家听吗？

陈某（深情地）：看了这幅画，我真感谢我的爸爸、妈妈，他们从来不给我增加额外负担，我有属于自己的一片蓝天。双休日，我可以看我喜欢的动画节目，读我喜欢的课外书，可以和我的伙伴一起打篮球、做游戏，我的课外生活非常丰富。

师：同学们，为他的精彩发言、为他有这样的父母鼓掌！

（掌声中，陈某的脸因兴奋激动而涨得红通通的，放射出平日里不见的骄傲自豪的神情。打那以后，陈某变得爱发言了，整个人都变得积极自信了。）

【评析】

性格内向的学生，在课堂中经常表现出欲言又止的样子。当看到这种情形时，教师就要适时鼓励，推他们一把，让他们畅所欲言。学生一旦表现出色，得到老师和同学们的鼓励，他们就会信心倍增，教学效果也就事半功倍。

（二）对性格外向的学生

①给予学生适度表现空间，同时采用即时提问法和类比法让他们的情绪稍稍平缓一些，

引导其参与被动思考,以把控好教学进度。

②注意运用口语中的感情因素,调动他们积极的心理体验,诱发他们的学习热情。

③适当增强教学用语的指令性,并通过及时的提示,控制他们在学习中的注意力。

【示例】

《平行四边形面积计算》教学片段

一位教师刚出示课题《平行四边形面积计算》,一位性格外向的学生马上说:"平行四边形的面积就是相邻的两条边相乘。"同意的学生大有人在,同时反驳的也有。教师并没有慌了阵脚,没有按照预先设计好的教案继续新课,而是让错误的学生说说他的想法。学生说:"长方形、正方形是特殊的平行四边形,长方形、正方形的面积是长乘以宽,是相邻的两条边相乘,所以平行四边形的面积也可以用相邻的两条边相乘。"接着教师让学生研究一下这名同学的说法有没有道理。有的同学画图、剪拼、测量计算,大家边探索边议论,推导出平行四边形的面积公式底乘高的正确结论。这时教师让那位同学到前面说说,于是这位同学捏住平行四边形的一组对角向两边拉,说:"平行四边形两条边的长度没变,可面积变小了。所以不能用相邻的两条边相乘来计算平行四边形的面积,我还发现平行四边形的面积变了,高也变了,所以面积一定和高有关系。"

【评析】

虽然在课的开始,就出现了错误的结论,但教师并没有给予否定,而是紧扣这一错误的认识,适时地调整教学预设,引导学生探究。学生通过探索、讨论,不仅纠正了错误,还发现了平行四边形面积的计算方法,理解了公式的由来,进一步认识了平行四边形和长方形、正方形面积计算公式的联系与区别。正是这错误的结论,激起了学生探究的兴趣。这位老师灵活处理了教学中出现的问题,并能够让学生在错误矛盾中学习新知,引发学生的探究欲望,达到了很好的教学效果。

【口语综合实训】

1. 对下面的教学口语进行分析,对其优劣做出恰当的评价:

(1) 小红是一个6岁大的孩子,她每次和妈妈去外面买东西都争着要自己去结账。有一天妈妈打算考一考小红,答应小红如果答对她出的问题就可以由小红来帮忙结账。问题是这样的:今天妈妈叫你买苹果和香蕉,今天苹果的价格是每斤7元,苹果的价格是香蕉的两倍还多1元,那我买1斤苹果和2斤的香蕉需要多少钱?

同学们,你们可以帮小红算出来到底她需要付多少钱吗?

一个三年级基础比较差的小学生就很自信地在黑板上写出了以下答案:

$7 - 1 = 6$(元)

$6 \div 2 = 3$(元)

$3 \times 2 = 6$(元)

$6 + 7 = 12$(元)

答：小红一共需要付12元。

该生做完以后，老师评价说："你们看一看这位同学，她连基本的小学加法都算错了！你一年级时在干什么啊！竟然写6＋7＝12，我看你可以回去和一年级的小朋友一起再读一读一年级再回来。"

（2）小学五年级吴老师布置了一道数学应用题：池塘里有一群鸭子和鹅，鸭子有8只，是鹅的只数的2倍少2只，鹅有几只？

作业交上来的时候，班上大部分同学写的答案是：

解：设鹅有x只。

$2x-2=8 \quad 2x=8+2 \quad 2x=10 \quad x=10\div2 \quad x=5$

答：鹅有5只。

有两位同学写了和其他同学不同的答案，他们是这样写的：

$8+2=10$（只）　　$10\div2=5$（只）

答：鹅有5只。

讲评时，吴老师给学习差的学生说："做得真好，请继续努力！加油！！！"

给另外一位学习好的同学说："很棒！做对了，不过可以用我们这几天的方法试一下解答！"

2. 分析下面的教学片段，试分析其教学方式适合教什么水平的学生？教师的教学用语有什么值得借鉴之处？

（1）　　　　　　　　　《质数与合数》的教学片段

师：用若干个小正方形拼成一个长方形（正方形属于长方形），当小正方形的个数为多少个时只能拼成一个长方形？（学生独立思考，或借助小正方形拼摆，或在纸上画画；在个人独立思考的基础上进行小组讨论，再进行全班交流。）

生：我们发现当小正方形的个数为2、3、5、7、11、13时，只能拼成一个长方形。

师：请说说拼成的长方形的长和宽。

生：长方形的长和宽分别是2和1、3和1、5和1、7和1、11和1、13和1。

师：是不是只有当正方形的个数为2、3、5、7、11、13这些情况时，才能拼成一个长方形？

生：不，当正方形的个数为17、19、23时，也是只能拼成一个长方形。

师：2、3、5、7、11……这些数有着自身的特点，这种特点在刚才同学们拼摆长方形的过程中得到了体现，有这种特点的数叫作质数。想一想：什么叫作质数？

生：只能拼成一个长方形的正方形的个数叫作质数。

生：我发现这些数都有一个共同的特点，它们的约数只有两个。所以我认为只有两个约数的数叫作质数。

师：我们一起来检验，看这些数是否都有这一特点。（师生逐一观察它们的约数）

师：的确，这些数的约数只有1和它本身，我们把它们叫作质数。像4、6、8、9、10……这样的数叫作合数。想一想什么叫作合数?

生：我发现，这些数的约数的个数不止两个，所以我认为至少有三个约数的数叫作合数。

生：我认为，合数与质数的主要区别是合数的约数除了1和它本身外，还有别的约数。

师：结合学生回答，板书质数、合数的含义。

(2) 　　　　　　　　　《唯一的听众》教学片段

师：请大家谈谈这节课的收获，可以从不同的角度谈，比如"老人"的角度、"我"的角度……

生：老师，从"老人的角度"谈，我的收获是当别人失败时，我们应该给他鼓励，给他自信。

生：我想从"作者的角度"谈，对于别人的给予，我们应存感恩之心，但更应该把感恩化作行动，去努力实现自己的目标。

生：我认为对他人的感恩是做一个"给予"之人，当别人需要帮助时伸出热情之手。

师：在你们今后的人生道路中，是否能保证当自己遇到困难和挫折时，总有人给你支持和鼓励？

生（异口同声）：不能保证。

师：那到时候我们应该怎么办呢？

生：我们遇到困难和挫折时不要气馁，不要灰心，自己要给自己奋斗的勇气和信心。

（课堂上响起了雷鸣般的掌声，同学们纷纷表示赞同。）

师：在漫长的人生之路上，千万不要总把希望寄托在别人身上，我们最终依靠的还是自己，所以一定要学会爱自己，一定要学会自己给自己疗伤！

第八章　教师教育口语技能训练

【本章导学】

教师教育口语表达技能对塑造教师形象、营造良好师生关系具有十分重要的作用与意义。本章的学习，要求理解教育口语的特点和要求，掌握沟通、启迪、暗示、激励、评价等教育口语运用的基本技能，掌握对学生群体和学生个体进行教育谈话的基本技能，了解并初步掌握处理偶发事件的谈话策略和基本技能。

【任务导入】

1. 教师教育口语的特点是什么？
2. 如何把握和训练教师教育口语的基本技能？
3. 有一位中学老师接管了一个差班班主任工作，正好赶上学校安排各班级学生参加平整操场的劳动。这个班的学生躲在阴凉处谁也不肯干活，老师怎么说都不起作用。后来这个老师想到一个以退为进的办法，他问学生们："我知道你们并不是怕干活，而是都很怕热吧？"学生们谁也不愿说自己懒惰，便七嘴八舌说，确实是因为天气太热了。老师说："既然是这样，我们就等太阳下山再干活，现在我们可以痛痛快快地玩一玩。"学生一听就高兴了。老师为了使气氛更热烈一些，还买了几个雪糕让大家解暑。在说说笑笑的玩乐中，学生接受了老师的说服，不等太阳落山就开始愉快地劳动了。

试分析这位老师的谈话技巧。

教师口语是教师根据教育方针对学生进行思想品德行为规范教育的工作用语。它包括课堂教学过程中教育学生的谈话，班主任、少先队以及其他工作、其他场合中的教育性谈话。

第一节　教育口语的特点

教育口语是教师的专业用语，目的是对学生进行思想品德的教育。成功的教育口语有下列特点：

一、有的放矢

有的放矢的教育谈话，是教育的针对性原则和因材施教原则在教育口语中的具体运用。

它要求：

（一）因事施言

因事施言，要求在充分掌握有关事实情况、了解学生思想和行为表现的前提下，解剖事件矛盾，研究问题实质，有的放矢地进行谈话。

（二）因人施言

教师应针对不同教育对象的个性（包括个性心理和构成个性心理的客观因素如家庭环境、性别等）、认知水平（如知识、能力）、道德水平、态度等，施以相应的教育谈话。

（三）见"机"施言

教师应充分利用时机、环境（场合或地点）因素，择机或随机对学生进行教育谈话。教师要"见机行事"，掌握教育谈话的最佳"火候"，赢得思想教育的主动权。

人、事、环境等针对性教育因素并非孤立存在，而是紧密相关，互为联系的。因此，教师应当在综合考虑事件、对象、环境诸因素的前提下，确定相应的教育谈话内容和策略，选取恰当的口语表达方式，做到有的放矢。

二、重在诱导

教师进行教育谈话应做到循循善诱。"诱"就是开导，而"循循"则是遵循规律、环环相扣、步步推进的诱导过程。它要求：

①先考虑好施行教育时的口语表达步骤，说话要有逻辑性。
②精心选择教育口语内容，使话语具有较强的启发性。
③表达时，做到言辞委婉得体，语气平和恳切，语态真挚耐心。

三、以理服人

"理"指道理，对小学生进行品德教育，有赖于切合学生实际的说理分析。即使对犯了错误的学生进行批评告诫，也要摆事实讲道理，以理服人。教师要善于把握学生的心理，通过耐心诚恳的说理教育，使学生分清是非善恶、真假美丑，自觉地以道德规范指导自己的行为。

既然是以理服人，就要重视说理内容的选择和加工。对小学生说理要浅显易懂，做到观点鲜明、理由充足、论证有力。语言上，要求措辞准确、语速适度，留给学生思索的余地。

四、以情感人

以情感人就是教师以对学生的一片爱心、一片真诚感化学生，使学生产生与教师相应的情感体验，从而达到教育的目的。

教育口语的感化效果取决于教师情感的动力功能和信号功能的发挥程度。

（一）动力功能

教师积极的情感将带动学生，对学生的认识、情感、行动起着激发和促进的作用，反之则起作抑制和打消的作用。

（二）信号功能

通过口语和表情动作显现出某种情感信号，发挥感染作用。学生透过语言信号，产生对教师情绪的理解和感应。

【示例】

四年级某班数学期末考试成绩位居全年级最后一名，原因是一名刚从农村转学来的新同学拉了"后腿"。同学们非常激愤，声称要"赶走"这名新同学。老师知道后说：

"我们班是先进班，这回丢了先进，你们急，我也急；但是，这能光怪陈进同学吗？和同学们比起来，陈进的成绩是低了点，才考了68分。可是，同学们知道吗？插班考试时，他才得了42分。从42分到68分，他已经前进了一大步！你们中的哪一个，在这回期末考试中取得了这么大的进步？而他的进步，是他自己默默地刻苦钻研获得的，你们中的哪一个，又曾经帮助过他呢？

这回的先进红旗丢了，我是心服口服的。名副其实的先进班，不光学习好，还应该是一个团结友爱、互帮互助、共同进步的集体。把一个学习上暂时有困难的学生赶走，这难道是先进班的同学应该做的吗？

同学们都很热爱我们的班集体，我们一定要把先进红旗夺回来！请大家想一想，我们该怎么办呢？"

（"呼啦"一声，十几位同学举手发言，他们异口同声地说，要组织一个学习互助小组，一定要帮助陈进同学把成绩赶上去……）

【评析】

这一段话比较好地把握了教育口语的特点和要求。老师意在纠正学生的错误认识，以有理有据、旗帜鲜明的说理和既理解全体同学又真诚爱护"差生"的态度，层层深入地分析了学生们"激愤"的错误所在。前两段话庄重严肃且倾向性很明显，其中的诘问表明了老师对于"赶走"陈进的想法持反对态度；最后一段"要把先进红旗夺回来！"的坚定语气成功地使学生与老师产生了一致的思想共鸣。

在把握教育口语特点、运用教育口语的同时，还要注意教育口语的禁忌。教育口语有"十戒"：一戒秽语，二戒套话，三戒漫骂，四戒埋怨，五戒压制，六戒恐吓，七戒挖苦，八戒武断，九戒哀求，十戒利诱。

【口语综合实训】

1. 教育口语有哪些特点？试举例说明。
2. 教育口语有哪些要求？试举例说明。
3. 围绕教育口语的特点和要求，分析下列教育口语运用的错误并予以纠正。
   （1）"就算你替我加把劲吧，期末考试你只要拿91分，我们班就稳拿第一名了。到时候，老师出钱买奖品给你，行不行？"
   （2）"你真能啊，今天又玩新花样儿了！我可要告诉你：我的忍耐是有限度的！"
4. 细读下列教育语例，评析该语例的特点。揣摩老师说话时的语气神色，然后进行模拟表演。

"有人说咱们班是个乱班，劝我别当你们的班主任。我了解了一下咱们班'乱'在哪里。在我看来，咱们班是个生龙活虎的、很有希望的班级。有没有缺点错误呢？有！怎么来看待它呢？毛主席说过：世界上只有两种人不犯错误，一种是死人，一种是还没有生下来的人；是人就难免犯错误，真犯错误了，要勇于改正。我们要发扬活泼奋发的优点，克服自由散漫的缺点。我们的口号是：人人爱集体，个个为集体争光！今后，凡是对集体不利的事咱们坚决不做，同心协力建设好班集体，同学们有信心吗？"

第二节 常用教育口语基本技能训练

教育口语基本技能的训练，旨在能针对不同的教育目的、对象和场合，选择恰当的教育口语，自如地运用各项教育口语技能，对小学生进行有效的思想品德教育。

从教育口语的表达方式来看，可以把教育口语分为讲解、报告、说服、劝导、表扬、批评等常见类型。在各种类型的教育谈话中，经常用到的教育口语有沟通语、启迪语、暗示语、激励语、评价语，等等。

一、沟通语

教育口语中的沟通语是在教育情境中消除学生心理隔阂、取得心理认同的话语。教师空洞的说教、冷漠的态度、轻率的训斥以及谈话时的紧张气氛和不适宜的时间或地点等，都是不利于教育谈话的因素。要消除这些不利因素，就必须调整教育心理，掌握设计和运用沟通语的技能。

（一）了解和理解教育对象

了解教育对象是沟通思想认识的前提，只有了解学生才能知道他们的愿望、要求、个性、情绪，才能"对症下药"，把话说到对方的心坎上。了解是避免教育的主观性和盲目性的必经步骤，了解的目的是理解学生。理解包含师生感情上的沟通，也包含教师对学生心理活动及其发展规律的认识。热爱并熟悉学生，是理解的必要条件；真诚平等的态度，是理解的心理基础；有了理解，才能搭起师生间思想情感沟通的桥梁。这样的教育，才能是卓有成效的。

（二）缓和和化解紧张气氛

在有教师的场合，尤其是做错了事，想到事态后果，常常导致学生心态的紧张拘谨；一些性格倔强的学生闯了祸，甚至会先摆出对抗的态势，对老师的教育谈话采取戒备或抵制的态度。这些情况都不利于教育谈话的顺利进行。这样，缓和和化解紧张气氛就成为消除双方心理隔膜的首要步骤了。

说一句轻松幽默的或者亲近友好的话语，是驱散紧张气氛、沟通双方情感的常用方法。

（三）选用恰当的句式和语气

师生是否心理相容，与教师选用的句式和语气密切相关。导致心理不相容的可能是话语内容，但也可能仅仅是不恰当的句式、语气和语态。比如在学生情绪冲动时，疑问句就不如陈述句平和委婉，反问句就更加生硬。直问的语气，往往带有咄咄逼人的意味，会给学生造成太大的思想和心理压力，造成"没气生气""越听越气"的不良后果，成为妨碍沟通的障碍。

【示例】

某同学在走廊上踢球砸碎了玻璃窗，他被带到教导处。其时，教导主任恰巧不在。该同学既不敢走，又不敢坐，心里很害怕。几分钟后，教导主任来了。

主任：你就是那位不小心砸碎了玻璃窗的同学吧？

生：（心想，你已经知道了。不过他注意到教导主任的话里有"不小心"这三个字，他的紧张有了点缓解。）嗯。

主任：（对生稍加打量、和气地）坐吧，先坐下。

生：（心想，主任的笑脸不会是装的吧。）嗯。

主任：（给自己倒了一杯水，也给学生倒了一杯，递上，仍和颜悦色地）渴了吧？喝点水。

（生喝水，戒备心理消除了；教导主任开始问情况，进行教育谈话。）

【技能训练】

1. 评析上述沟通语例。

提示：教导主任的话语、表情和行动传达给学生怎样的信息？这些信息对沟通双方心理起什么作用？

2. 以班主任的身份，面对一位欺负了小同学的本班学生进行教育谈话，设计一段合适的沟通语。

二、启迪语

启迪语就是启发开导学生的话语。常用的启迪方法有提问、分析、举例（类比）、设譬等几种。

（一）提问

教育情境中的提问是根据谈话目的，有针对性地向学生提出问题，目的是引导他们对客观事物做出肯定或否定的评价，以促进道德情感的转化。提问具有"引起注意"和"调控话题指向"的作用。提问的方式很多，可以开门见山，直接提问；可以虚实结合，迂回提问；可以以退为进，归谬反问，等等。但要注意千万不可把提问变作责问、盘问、追问、逼问等。

【示例】

某三年级学生有随地吐痰的坏习气，老师找他个别谈话。谈话围绕下列四个问题展开：

你知道，看到地上有痰迹，人们是怎样想的吗？

我们能只图自己方便，而不管别人怎么想吗？

你还记得《小学生守则》第四条是怎么说的吗？和老师一起念一遍好吗？

老师给你一叠纸，用来接痰。这一个星期，我会随时问你，是不是还随地吐痰，你能给我满意的回答吗？

【评析】

老师谈话的主旨是启迪学生改正随地吐痰的不良卫生习惯。第一个问题从侧面提出，第二个问题反问，第三个问题直接点题，第四个问题其实"不成问题"——老师要求把认识转化为行动，提出纠正和督促的方法。这几个问题由谈话中心一以贯之，其导向性、启迪性、层次性都很强，对学生提高认识、改正不良习惯具有较好的开导作用。

（二）分析

分析是人们认识事物，特别是复杂事物的基本方法。限于认识水平和其他原因，小学生往往不能分清事物的主次、表里、本质与非本质等内容。教师常常通过分析来帮助学生提高认识。

【示例】

春游时，二（1）班许多同学都带了蛋糕、八宝粥、奶茶等好吃的东西。小珍只带了两个包子和一壶开水，同学们因此笑话她"寒碜"。小珍虽然觉得同学们不对，但又说不出道理，难过得哭了。老师批评了同学们，转而劝慰小珍：

"小珍是个好孩子，不挑吃，家长给什么就吃什么。你的爸妈也是好家长，对孩子不娇惯，让你从小就养成艰苦朴素的好习惯。以后，要是还有谁笑话你，你就告诉他：周恩来爷爷当了总理还穿打补丁的衣服，朱德爷爷当了大元帅还吃苦菜呢。这呀，这是革命前辈的好传统，最光荣了……"

生：（破涕为笑）

【评析】

对低年级学生分析事件的本质必须深入浅出。教师首先肯定"小珍是个好孩子"，从而否定了同学们的讥笑，理由很具体——"不挑吃"；然后用赞美的语气表扬小珍家长；再通过两则革命领袖的事例，揭示"艰苦朴素是革命前辈的好传统"这一抽象的道理。

(三) 举例（类比）

举例是说明事物、说清道理常用的方法之一。举例有使抽象变为具体、使模糊变为清晰的表达功能。通过举例，还可以比较出两种事物的异同。对于抽象思维水平不高的小学生，建立一种新的认识，举例是一种方便而有效的方法。

【示例】

某一年级班主任给学生讲解《小学生守则》第十条："诚实勇敢，不说谎话，有错就改。"首先解释"诚实"的概念内涵：

"诚实"是什么意思呢？心里想的、嘴里说的和行动上做的一个样儿，就叫诚实。比如不骗人，不说谎话，不拿人家的东西叫诚实；做了错事，敢于承认，也叫诚实。列宁爷爷小时候到姑妈家玩……（下略）

【评析】

老师先用通俗的儿童化口语解释"诚实"的意思，接着列举"不骗人，不说谎话"等例子做具体说明，再引用一则故事（也是举例）生动形象地表明诚实的小孩是怎么说、怎么做的。这样，使抽象的概念变得具体、鲜明。

(四) 设譬

设譬的作用与举例相同。作为一种方法，设譬往往用于事理的说明，要求学生有一定的想象能力与逻辑推断能力，因此设譬所阐释的道理比一般的举例深刻得多。小学语文教材编入大量哲理性很强的寓言故事，常常被教师作为学生品德教育设譬的语用材料。

【示例】

四年级学生小莉过生日，姑姑给她一整盒水彩笔。她喜欢极了，还带到学校向同学们炫耀，好些同学也真羡慕她。可是小莉不爱画画儿，也舍不得使用新的水彩笔，心想水彩笔用过了，同学们就不羡慕她了。老师知道后，给她讲了一个故事。老师说："古时候，有个人得到一支好箭，高兴极了。他把这支箭放在家里，天天要拿出来看看，就是舍不得射。没过多久,这支箭生锈了,成了一支没有用的箭了。你喜欢水彩笔,真喜欢就要用它画画儿,你说对不对?"小莉听后很不好意思。第二天,她就用彩笔学画画儿了。

【评析】

教师设譬配合说理分析,启迪小莉对自己行为动机进行深刻反思。设譬省去了许多理性的开导,使教育内容生动而富有吸引力,吻合儿童心理。

【技能训练】

按照下列情境,设计启迪谈话,注意方法运用并进行演练和评议。

奶奶为小娟(女、二年级)买了一件新衣服,才穿了两天,她就吵着要奶奶在新衣服上打上补丁,还说:"打上补丁,老师就会表扬我艰苦朴素了。"奶奶被缠得束手无策,只好"求救"于教师。第二天教师找小娟谈话。

提示:请用提问、分析、举例等方法启迪小娟认识什么叫艰苦朴素,为什么穿新衣服不是"不艰苦朴素",而在新衣服上打补丁并不是艰苦朴素。

三、暗示语

这里的暗示语指的是不直截了当地表示某个意思,而用含蓄的言语或态势语引导学生领会的教育口语。它启迪思维,让学生思而得之,有时比直言更易于为学生接受。暗示用于提醒、点破、批评、告诫等教育场合,是一种委婉的表意方式。由于学生的个性心理存在差异,有些话不必或不便明说,用暗示更好。

(一)顺向暗示

顺向暗示又叫正暗示,其特点是暗示信号与暗示目的一致。如离期末考试只有两个星期了,有些同学还没有进入紧张的复习迎考状态。教师说:"上学期末,有些同学开始复习功课太迟,结果……"在这里,教师用上学期一些同学的教训提醒其他同学不要重蹈覆辙,暗示信号与暗示目的一致。

另外,把某事物的意义委婉地说出来也是顺向暗示。例如某班主任开学时对班上同学做"回顾与奋进"的讲话。他说:"这个话题,我要重点讲'奋进'。我不再说上学期同学们的学习进步,不再说校运会取得了同年级总分第一,不再说我们在'艺术节'取得的美术、书法与文娱表演的各种奖励……"实际上,教师运用排除句式"不再说",正是暗示学生们回顾"辉煌业绩",其动机一目了然。

此外,讲一个故事、送一句格言、说一句笑话、打一个比方、举一个例子,甚至特定场合的一个短语,都可以成为顺向暗示的有效方式。

(二)逆向暗示

逆向暗示又叫反暗示,俗称激将法、说反语。其特点是暗示信号与暗示目的相反。如某学校六年级（1）班同学就要毕业了，他们照顾一位孤寡老人的任务要移交给一个新的班级。四（1）班的同学们知道了，想把这个任务接下来。班主任说："这个想法很好，我支持。可是，人家六（1）班干了3年，先进事迹还上过报呢。你们能干得像他们那样出色吗？我看，这不太容易。"同学们一听，决心更大了。

除了语言暗示之外，表情、身姿、手势在一定的情境下也可以起到暗示的作用。无论语言还是非语言暗示，都要以学生能够领会为原则，不能过于晦暗。

【示例】

一位教师走进教室，看见地面很脏，说：

"我们班真是物产丰富！五彩斑斓的纸屑撒满地面，还有瓜子壳点缀其间。我们生产了这么多垃圾，总得想办法出口啊！"

听了这话，同学们很不好意思，马上把教室打扫干净了。

【评析】

这位教师善用暗示语，故意把批评的话改用赞美的口吻说，几个加点的带褒义色彩的词用于描述脏乱现象成为幽默的笑话，使同学们很乐意接受批评。这样的正话反说的暗示比直接指责显然好得多。

【技能训练】

1. 一年级小学生常犯丢三落四的毛病。请结合《小猴掰玉米》的故事，设计一段教育谈话，暗示学生做事时应瞻前顾后。

2. "学如逆水行舟，不进则退"常常用于暗示学习松劲的同学要不懈努力，请以此设计一段教育口语。

3. 班上的"运动健将"在运动会上取得好成绩，常或多或少地表现出"个人英雄主义"。谈到这个问题，教师说："个人好比水滴，集体好比大海，一滴水汇进大海，才永远不会干涸。"用比喻来暗示个人必须依靠集体。

请以此设计一段教育口语，做尝试性讲述。

4. 低年级学生做了好事就希望能得到教师的表扬。教师说："雷锋叔叔做了那么多好事，他也希望受表扬吗？……"教师以榜样为例，暗示学生做好事的目的不在于受表扬。请以此设计一段教育口语。

5. 一位小学低年级教师有句口头禅"1分钟"。如："你们俩负责打扫教室和走廊，1分钟！""下课后，班委到我那儿开个会，1分钟。"请说说这位老师为什么总爱说"1分钟"？

四、激励语

激励语是对学生进行激发、鼓励的话语。它常用来激发学生积极向上的情绪和意志。激励语是使学生健康成长的强大推动力。

激励语的表述包括四个方面：

第一，提出要实现的切实可行的目标。

第二，阐述确立目标的理由，激发学生形成实现目标的内驱力。

第三，指明实现目标的方法、途径。

第四，勉励为实现目标而努力。

以上表述次序可称为激励语的顺序结构。为增强表达效果，使话语形式灵活多样，还可根据需要改变说话顺序，增加相关插叙内容。第二、第三方面是说话的重点，但仍应注意详略得当。

运用激励语的常见方法有：

（一）鼓动

鼓动就是教师运用口语激发热情，使他们积极行动起来。这类教育口语，多用于面对学生群体的讲话。

【示例】

班会谈话内容：为中华之崛起而读书。班主任先介绍了这句话的来历，谈了周总理青年时期是怎样树雄心、立大志、勤奋学习的。最后，他说：

"今天，我们重温周总理的教导，再看看我们伟大祖国正朝着四个现代化的宏伟目标大步前进，怎么能不感到责任的重大？我们新一代的青少年，应当牢记周总理的教导，为中华的崛起，为祖国的振兴，学习，学习，再学习！"

【评析】

在这段教育谈话中，教师借助革命前辈的榜样力量，实现理想目标的激励，并通过富有感染力的鼓动语表达出来。高亢的声调，强劲的语势，使学生为之感慨，起到了很好的激励作用。

（二）激发

激发就是用话刺激学生，激起他们奋发争先的情绪和意志。激发分正面、反面两种。正面激发时，刺激物（话语）与激发目的一致；反面激发也叫激将法、反语激发。

激发性的话语，一般用富有激情的语词、热情的语气、激昂慷慨的语调感染学生，调动学生的积极情绪，使学生增强信心。说激发性话语，语速要稍快，重音要明显，还需配以强有力的体态语，使说话更富有推动力和号召力。

【示例】

某校三年级某班，"做时间的主人"主题班会即将结束。

师：珍惜时间是一个人的美德，懂得珍惜时间的人，生命才有价值。大家都表示要做时间的主人，还拟订了"惜时公约"。对于公约规定的几条，有没有不赞成的？

生：没有!

师：既然大家一致通过，我们就应该说到做到。现在我们把"时光老人"赠送给我们的礼物——时钟挂在教室后面，让它来监督我们，好吗？

生：(热烈鼓掌) 好！

师：同学们注意！(稍停) 还有一件重要的事情别忘了，那就是一个月后，我们要进行一次"珍惜时间的小标兵"评比活动。同学们有没有信心当标兵啊？

生：(激动地) 有！

【评析】

这段话的教育力量，不是来自空洞的理论阐述，而是通过生动的内容、激扬的语调激发学生"做时间的主人"、争当"珍惜时间的小标兵"。教师三句话的末尾都用问句，可以起到很好的激励作用。

(三) 勉励

与鼓动、激发相比，勉励的话语显得平和、恳切。说勉励的话，重点不在引发学生激情，而在于提高学生的认识，让其产生积极向上的内趋力，使学生向一个更为高远的目标努力。

【示例】

某校二年级某班召开"做未来科学家"的主题班会，班主任先神秘地让小同学一个个轮流看一只盒子。老师说：里面装着"一张未来科学家的照片"。其实盒子里放的是一面镜子，每一位同学看到的都是自己的形象。班主任所说的"未来科学家"指的就是班上的每一位同学。小朋友们高兴起来了。这时候班主任说：

"是的，小朋友们，未来的科学家就是你们呀！你们是祖国的未来，祖国的社会主义建设需要你们去接班，祖国的科学事业需要你们去接班呀！但是，做科学的接班人可不是件容易的事，从小要勤奋学习，打好基础……让我们像窗外的小树一样，如饥似渴地吸取知识的养料，不断地增长自己的才干吧！"

【评析】

班主任的话语重心长，既给学生指出"做未来科学家""做祖国社会主义建设事业接班人"的高远目标，同时又指出实现目标的途径和要求。其表达特点为语速较慢，语调平缓有力，语态亲切感人。

【技能训练】

按照下列情境，设计激励谈话，并进行演练和评议。

请为校长代拟一篇"'三好生'表彰大会"讲话稿。

提示：本项练习重在掌握激励语格式并进行表达训练。演练时注意发声技巧，增强声音的响亮程度，语速稍慢，庄重并富有热情。激励语要有激情，倾注殷切期望并辅以手势。

五、评价语

评价语是对学生的思想行为做评估的话语。

（一）评价的原则

1. 调查研究，实事求是

教师要在充分了解情况的基础上对学生的思想行为进行实事求是的评价，不能凭主观臆想，不能凭成见推断。

2. 公平合理，是非分明

教师要以客观的尺度正确评价学生，要防止以主观偏见代替评价标准。

3. 着眼教育，注重效果

评价的立足点是激励学生发扬优点、改正缺点。评价要坚持以表扬为主的原则，反对把批评当作压制学生的手段。

4. 注重特点，讲究方式

对道德行为进行评价，应注意学生的个性特点，要能使全体学生信服。评价还要掌握"火候"，注意场合。

评价语的表述结构包括四个方面：

第一，某人具有某种品格表现或在某时某地做了一件什么事。说话时注意突出被评价的内容、细节。

第二，要反映出这件事所产生的客观反响。要实事求是地阐述事件的意义、作用或后果等。

第三，要表述出说话人对这件事的主观感受。注意在分析或述说时须入情入理，表扬或批评须恰如其分。

第四，勉励对方发扬优点或劝导对方改正缺点。

与激励语一样，评价语的组织也可变更结构、插叙相关内容。第二、三方面是说话的重点，有时可合并或只说其中一个方面。

（二）评价语的基本形式

1. 表扬

表扬是对学生个人或群体表现出的良好的思想行为给予肯定的评价。说表扬的话要热情、有感染力。一般情况下，语调昂扬一些、语速较快、措词褒义色彩鲜明，用重音强调值得表扬之处，并大多辅以点头、微笑等体态语。

【示例】

一天早操后，教师发现朱绍敏拖着鞋在队伍中别扭地走着。她估计朱绍敏不停下提鞋是为了保持队伍的整齐，觉得这正是集体主义教育的好材料。回到教室后，教师让朱绍敏说明不提鞋的原委，然后表扬说——

师：她的思想多好啊！她脑子里想到的是什么？

生：是集体！

师：对呀，她心里想到的是集体。为了队伍整齐，她硬是拖着鞋子走路；为了集体，她宁可自己走路不方便。她的心灵多美啊！她爱护集体的荣誉，让我们用热烈的掌声感谢她……

【评析】

这段话，教师表扬朱绍敏"思想好""爱集体""心灵美"，话语热情感人。其中感叹句的使用充满着赞美之情，不仅使当事人受到了鼓励，也使全班同学受到了感染和教育。

2．批评

批评是对学生错误思想和不良行为的否定评价。批评也是思想品德教育的必要手段。运用批评要讲究方式，要注意：

第一，所依据的材料要准确无误。

第二，既要严肃认真，又要热情诚恳。

第三，尽量做到批评一人，教育全体。

第四，批评学生不做全盘否定，要注意学生的承受程度，防止他们自暴自弃，并及时帮助他们树立信心、改正缺点。

说批评的话要语重心长，有感召力。一般情况下，语调沉缓一些，语速较慢，措辞准确而有分寸，要争取大多数同学的认同，内容和语句理性色彩可以浓一些，并大多辅以摇头、摇手等表示否定意义的态势语。此外，批评学生，还可运用下列技巧：

（1）直话曲说

直话曲说就是用委婉的方法进行批评。

【示例】

有位教师见一位学生不愿做操，赖在教室里"请"不出来，教师对此暂不做正面批评，而是说：

"你观察过动物起身后的动作吗？猫跳出窝，先把身子弓起来，然后胸腹贴地，它做的是'腹背运动'；鸭出笼，第一件事是张开翅膀猛力地扇，它做的是'扩胸运动'；小鸡出笼，连蹦带跳，一蹿老高，它做的是'跳跃运动'。看来，运动是生命的本能需要。难道我们人没有这个需要吗？我们有的人还不如那些小动物啊！"

【评析】

这种委婉的批评，含蓄而不失尖锐，寓说理于情趣之中，比严厉的斥责或命令高明多了。

(2) 明话暗说

明话暗说就是用暗示的方法进行批评。委婉须点明批评目的，暗示不点明批评目的。

【示例】

语文课，教学古诗《游园不值》。忽然，一位迟到的同学猛地撞开门进来，教师灵机一动：

师：诗歌说："小扣柴扉久不开。"为什么"小扣"而不"猛扣"呢？

生：诗人拜访朋友，恭恭敬敬，"小扣"才礼貌。

师：（走向迟到的那位同学，轻声地）你说呢？"小扣"好还是"猛扣"好？

生：（脸红起来）

【评析】

教师"就地取材"，因势利导，巧用教学内容启发学生提高认识，不说一句批评的话，但达到了很好的批评教育的效果。

(3) 硬话软说

硬话软说是缓解矛盾冲突，把批评的话说得柔中带刚。

【示例】

某生上课不专心听讲，偷偷画了一张一男一女拥抱接吻的画儿，画儿被传阅，课堂秩序乱了。终于，一个同学把画儿交给教师，教师找到了"罪魁祸首"。那个同学把心提到嗓子眼上，准备挨上一顿训斥。但是教师沉默了一会儿，不紧不慢地说：

"你们看，这位同学的头勾得很低。看起来，他是有点后悔了。我也觉得奇怪，他怎么会这样做呢？我们课后帮他找找原因吧！"

【评析】

教师软中有硬地批评那位同学的同时，稳定了教学秩序。这比当场大发雷霆训斥学生的做法高明得多。"硬话软说"的"软"并非无原则的迁就，而是审时度势的暂时"退却"，是"绵里藏针"的含蓄批评，暂时保全他的"面子"，也赢得了教育的主动。

(4) 正话反说

正话反说就是用说反话的方法进行批评。说得巧妙的反话，谑而不虐，含而不露，富有幽默感，可以推动联想，帮助领悟，在微妙的心理共鸣中达到批评目的。当然，正话反说并不伤害学生的自尊心，它与嘲讽、挖苦本质的不同在于说者的内心是善意的。

【示例】

几个学生躲着抽烟，班主任说：

"今天我想说说抽烟的好处。吸烟至少有四大好处：第一，可防小偷。因为吸烟会引起深夜剧咳，小偷怎敢上门？第二，节省衣料。咳的时间一长，最终成了驼背，衣服可以做短一些。第三，可演包公。从小就吸烟，长大后，脸色黄中带黑，演包公不用化装。第四，永远不老。据医学记载，吸烟的历史越长，寿命越短，当然永远也别想老了。"

【评析】

通篇讲话，听起来是讲吸烟的"好处"，其实是在列数吸烟的严重危害。教师寓庄于谐，似是一本正经地说笑话，却设置了一种心理相容的语境，对吸烟的学生进行了耐人寻味的严肃批评。在表达技巧方面，正话反说时，重音和曲折调的应用是必要的。如第一句，"好处""至少"等词须加重音，"怎敢上门"须用曲折调，由此加强幽默讽刺的表达效果。

（5）严话宽说

严话宽说就是把严厉的话说成宽容的话，并为被批评者创设自我纠正的条件。

【示例】

某教师发现有位女同学上自习课时低着头在小声吹口琴，就走了过去，轻声对她说："你大概是在准备文艺节目吧？上课练习就不妥当了，下课再练好吗？"

【评析】

这位教师本可直接批评该生，但反而替她找了一条违反纪律的合理"理由"，还同她商量："下课再练好吗？"这么宽容的批评充满温馨充满爱，学生受到的思想震撼比不留情面的批评要强烈得多。

表扬语和批评语在表达中的主要差异

差异类别	表 扬 语	批 评 语
语用策略	明确而有分寸感	经常运用委婉的方式
语　　气	热情、诚恳	冷静、恳切
语　　调	偏高、偏亮	偏低、偏暗
节　　奏	轻快、活泼	平实、沉稳
语用风格	有抒情色彩	理智、客观

【技能训练】

1. 选取"评价语"中的示例，分析其表述结构。然后改变另一结构，重说一遍，并比较两种不同结构的表达效果。

2. 按下列情境设计班主任的表扬性谈话，并进行试讲。

五（3）班10多位同学冒着倾盆大雨清理教室外排水沟中的淤泥和教室内的漏水，每一位同学都成了"落汤鸡""泥猴子"。素素和方方干完活就接连打起了"喷嚏"；平时常挨批评的"淘气大王"小虎和小根这回出了大力，他俩跳进水里，掏起一块块堵着排水口的砖头、石块，使积水顺利排出，避免了教室被淹的严重后果。第二天，班主任及时地表扬了这10多位同学。

3. 请按下列情境设计班主任的批评性谈话，并进行试讲。

亮亮很早就到学校了，他急着赶做昨晚因看电视而没来得及做完的作业。可是负责开教室门的值日生还没来，他等了一会儿，不耐烦了，就找了一块石块砸开门锁，进了教室。同学们知道了，有的批评亮亮不该砸锁，有的认为亮亮砸锁"是有原因的"。为了澄清同学们的认识，教师在班上对此事说了一段话。

在实际运用时，本节所述沟通、启迪、暗示、激励、评价等教育口语基本技能显然不是互相孤立而是交互兼用的。

【口语综合训练】

1. 教育口语设计。

（1）小杰长大后想当数学家，他学习数学非常努力，可学习语文就很不认真；小芳将来想当记者，学习语文认真，对学习数学却不感兴趣；小健的理想是当个运动员，只爱上体育课，而对语文、数学学习都不很重视。他们都是四年级学生，教师为此找他们"谈理想"。

要求：先用顺序，再用变序结构组织谈话内容。综合运用三种以上教育口语基本技能。谈话过程要针对年龄特征，讲究方法。

（2）小玲都二年级了，可什么事都得妈妈帮她做。不用说做饭洗衣服，就连洗脸扎小辫也要妈妈帮着。要是妈妈出差了，她就学爸爸的样子，把换下的脏衣服留着等妈妈回家洗；小辫儿呢，就得请同学给扎了，扎不好还憋气。教师看不过去，替小玲当了好几回"妈妈"。这次，小玲妈妈又出差了。大热天，小玲的连衣裙穿了3天还没换。下午放学后，教师留下小玲，一边教她洗裙子，一边同她谈"自己的事情自己做"。

要求：先用顺序，再用变序结构组织谈话内容。综合运用三种以上教育口语基本技能。女教师的谈话应生活化，充满"不是妈妈胜似妈妈"的情和爱。

2. 讨论：细读下列示例，分析并讨论教师对这个学生的谈话以什么为指导思想，运用了哪些教育口语技能。

开学第一天，新来的班主任把班上有名的后进同学找到办公室。教师打开抽屉，掏出厚厚的一叠检讨书、保证书，摊在学生面前，问："这都是你写的吗？"

学生的脸"唰"的一下红了，很快地蒙上了一层灰色。他不满地瞟了教师一眼，转过脸去，皱着眉，一言不发。

教师说："都拿回去烧掉吧，我不需要这些。"

学生惊讶地看着教师，不断地眨着眼睛，不敢相信教师的话是真的。

教师又说："真的，拿回去吧！"

过了好一会儿，学生才低声地、一字一顿地说："老师，等我真的改好了，再给我吧！"

但教师坚决让他拿回去，并说："我相信你一定能改好；不但自己能改好，而且还能带动一批同学进步！"

第三节 针对不同教育对象的教育口语训练

"不同教育对象"泛指不同年龄阶段和同一年龄阶段中的不同个体。教育口语应当遵从因材施教原则,对于不同教育对象,必须有的放矢,区别对待。

一、对不同道德水平学生的教育谈话

由于小学生的道德水平处于发展阶段且发展不平衡,加上知识、智力、性格、态度等方面的差异,他们对教师教育口语的感知、理解、认同的能力不可能处在同一层面。于是,对不同道德水平学生的教育谈话也必然存在层次的区分。

(一)对道德水平发展较低的学生说话

①态度要不厌其烦,耐心细致。
②诱导要由浅入深,缩小语意跳跃跨度。
③用语要浅显明白,多用说明、比较、举例等直白方式,以形象性强的口语,化抽象为具体。
④多加启发鼓励,切忌挖人痛处,以偏概全或者不恰当地同他人比较。

【示例】

某一年级学生,一次放学回家,又饿又渴,看到校门外水果摊上的苹果,就顺手拿了一只吃起来。摊主抓住他,把他带到教师那,说孩子"偷苹果"。这算不算偷呢?教师和孩子谈话后,才了解到他在家里从来就是自己拿东西吃,根本分不清"拿"和"偷"的区别。于是,班主任举了许多例子,帮助学生认识拿别人的东西和拿自己家里的东西不一样。最后,她说:

"别人的东西,要经过主人的允许才能拿;自己家里的东西,拿的时候也要和大人说一声。不经允许拿别人的东西就叫偷。当然,你过去不懂,这回不是有意的可以不算偷。现在知道了,就不能随便拿人家的东西了……"

【评析】

教师思考问题的出发点是学生的道德认识、道德行为评价的现有水平,并从实际出发施以教育谈话,既使学生认识到问题的严重性,又注意到不伤害学生,对事情性质把握准确。这样处理问题是得当的。

(二)对道德水平发展较高的学生说话

①适当增加教育用语理性成分,增强思辨的深度、广度。

②启发时点到为止，使之自悟其理。
③表扬不可言过其实，重在"快马加鞭"的勉励。
④避免说袒护缺点的话。在估计学生心理能够承受的前提下，不妨"重捶"，以激起学生强烈持久的心理体验，促其自省。

【示例】

五年级同学佟智斌学习好，平时表现也不错。他的爸爸给班里送了一批新的故事书，班主任交代管理员钱筱先给新书登记编号再出借。就在钱筱编书号的时候，佟智斌来了。他随手拿起一本书，回到自己的座位上看起来。其他同学见状，一拥而上把书全抢光了。钱筱急得和大家吵起来，责怪佟智斌"就是你带头抢的……"佟智斌神气地说："抢？书是我爸爸送的，我拿一本看看还叫抢？……"钱筱收不回书，只好找教师"告状"。教师来到班里，说：

"书是智斌爸爸送来的，让他先看，优惠优惠，是可以的。其他同学和佟智斌比什么？也想'先睹为快'吗？也请你们的家长送一批书来啊！钱筱坚决按老师交代的要求办事，为了使公共财产不受损失，敢于和坏人坏事做斗争……"

同学们听了很不服气，钱筱被表扬得浑身不自在，只有佟智斌暗自得意。

【评析】

教师对佟智斌偏袒护短，对钱筱的表扬夸大其辞，对其他同学则压制挖苦。教师未把握好针对不同道德水平学生的教育口语要则，导致处事不当。

【技能训练】

1. 把上述评析各要点作为提示，详细分析并讨论教师这段话有何不妥。
2. 按"不同道德水平学生的教育谈话"要求，重新设计班主任处理这件事的教育谈话并试说，注意把握好措词和语气分寸。

二、对不同性格学生的教育谈话

处于同水平而不同性格的人对于同一言语信号的感受强度、理解程度和回应形式是不同的。因此，教师对学生进行品德教育，要用与学生性格相适应的教育口语。

根据心理活动的不同倾向，可以把人的性格分为内倾型（内向型）和外倾型（外向型）两种。

（一）对内倾型学生谈话

内倾型学生的心理活动倾向于内心世界。他们接受言语信号的特点是：对负面评价语的感受特别敏感，容易形成自我否定的心理定式；听到正面评价时的愉悦体验，不溢于言表，并可能借此长时间地起着强化积极的内趋力的作用。他们对言语的理解一般较深较细，但往往偏执一端。他们的言语回应大多表现为内部的心理活动，不大喜欢口语交际。因此，对内倾型学生的教育谈话，要求做到：

①要耐心启发，热情诚恳地表扬激励，使学生建立自信，激发其主动争先、积极参与各种集体活动的热情。

②避免在公开场合批评，批评时多用暗示，不对他们说泄气失望的话。在指出错误的同时，要充分肯定优点，还要介绍改进的方法途径。

③避免涉及可以使学生产生疑虑的话题。

【示例】

小芹在班里比别人整整大了1岁半，个子也比别的同学高一截，学习却比别人差。她十分怕事，只要是抛头露脸的场合，她总设法推托躲避。以往学校举行以班为单位的歌咏比赛，她都不愿上场。这回又要比赛了，教师决定找她单独谈一谈。

师：（正在纸上画着什么）小芹，你来啦？过来，帮我参谋参谋。

芹：（怯怯地走近教师，发现教师要她"参谋"的是几幅图。）这是什么图？

师：这是歌咏会的队形设计图。瞧！这一幅叫"孔雀开屏"，这一幅叫"粉蝶展翅"，这一幅像翻开的书卷，这幅像涌动的波浪；当然，也还有女同学站前排、男同学站后排的"豆腐块"……

（两人同时大笑起来）

师：你看，哪一种队形好看？

芹：（仔细看，不敢确定，许久，发觉教师仍在等待，只好说）我喜欢"孔雀开屏"。

师：（热情、欣喜地）好！咱们想到一块儿了，就排"孔雀开屏"！你看——（用笔指着正中位置）这，就是你。这个位置最适合你，你个子高，穿上五彩的连衣裙，戴上金色的孔雀头饰，排成孔雀尾羽的同学们簇拥着你。喏——就这样（做了一个"孔雀望月"的动作），呵！太美了！你愿意为咱们班的集体荣誉出一把力吗？

芹：愿意。但是，我怕。

师：有我，有同学们呢。别怕！

芹：（激动地笑，点头）

【技能训练】

教师的话语和情绪对小芹有何启迪和感染作用？请对照内倾型学生接受言语信号的特点详加分析。

（二）对外倾型学生谈话

外倾型学生的心理活动倾向于外部世界。他们接受言语信号的特点是：不太介意负面评价，或者迅速对负面评价进行反冲性回应，而且不至于就此自我否定；对激励和鼓动性言语比较敏感，并往往为此冲动，转化为意志和决心；对于正面评价的愉悦体验溢于言表，但往往不能较久地保持由此激发的积极内趋力。他们对言语的理解一般较肤浅、较粗疏，但尚准确；对言语的回应敏捷而外露。因此，对外倾型学生的谈话，要求：

①在方法策略上，注意把握时机，以柔中带刚或刚柔相济的言语，以情激情或以冷制热、因势利导地进行教育。

②在态度和用语上，切忌火上浇油、激化矛盾的责骂训斥和讽刺挖苦，可适当增加口语中的说理性成分，让理智指导学生的行为。

【示例】

小钢是班里的"运动健将"，他参加哪项体育比赛，哪项准拿冠军。可是，学校规定运动会上每位同学只能参加两项比赛。他想为班里多争分，代替一些同学参加比赛。班主任知道了，立刻找小钢谈话。

师：小钢，祝贺你，为班里拿了两项冠军，功劳不小！

钢：让我代替建华跑400米吧，准拿第一！

师：不！这叫冒名顶替，是违反体育道德和竞赛纪律的行为，这样取得的成绩不光彩；何况，查出来了，是要挨处分的！我们的目标是比赛成绩和精神文明双丰收。你有比赛经验，给建华介绍介绍，然后，找一些同学给建华当"啦啦队"。这样做，同样是为班里做贡献，对吗？

钢：（点头，乐意地接受意见）好！

【技能训练】

教师在制止小钢冒名顶替的教育谈话中，在方法策略上、态度和用语上有何特点？请详细分析说明。

三、对不同态度学生的教育谈话

在进行品德、学业教育时，学生持有不同态度的原因是错综复杂的。如内在的意志、情感、兴趣、目的，外在的繁重的学习任务、枯燥的教学内容、不尽如人意的学习成绩等，都可能是造成学生对待思想品德教育持有不同态度的因素。反映在学生的行为心理上，是对社会公德、学校纪律和学习要求的认同的积极与否，即接受教育的内趋力的强劲与否。教师对不同态度的学生施以教育，首先必须了解学生，而后在因势利导或"对症下药"的原则规范下选用得当的教育方式和教育口语。

（一）对态度消极的学生谈话

对态度消极的学生，要找准他们消极态度的诱发、形成原因，努力排除其偏执、闭锁或情绪对抗的心理障碍。教育谈话时要力求做到：

①说平等友善的话，使学生解除戒备、闭锁心态。

②说耐心真诚的话，使学生为真情所动，不能不积极起来。

③说表扬激励的话，使学生树立成就感、自信心。

④说信任引导的话，使学生巩固每一点进步，逐步消除消极心态。
⑤尽量不说责备、鄙视、训斥、谩骂的话。

【示例】

某五年级学生一贯表现差、学习成绩不好。期中考试卷发下来以后，他在教室里大叫大嚷地揭发学习委员考试时有作弊行为。教师把他找去，劈头就说：

"先检点一下你自己吧！你还有资格揭发别人？你比得上人家的一只胳膊还是一条腿？她是学习委员，学习从来就好，用得着作弊吗？你是嫉妒吧？记住！要想管别人，先得管好自己！"

【评析】

在这段话里，教师对那位学习较差的同学和学习委员的判断都是错误的、主观武断的。教师未经调查，就袒护学习委员，却一口咬定学习差的同学的举报是出于"嫉妒"。连续几个反问充满了蔑视，严重挫伤了那位同学的自尊心。

【技能训练】

按照对学习或表现不好的学生进行教育谈话的规范要求，重新设计教师对这位平时表现不好的同学的谈话，请具体说明你的设计思路和依据。

（二）对态度积极的学生谈话

表扬忌溢美，批评防中伤。要让学生明白教师的表扬和批评都是为了帮助自己进步，从而保持稳定的积极心态。

【示例】

一位同学的作文写得好，常被教师当作范文读给大家听。这回又是作文讲评课，教师讲评过后，表扬这位同学说：

"××同学的作文真是写得好呀，不怕掉粉地说一句，在你们这个年纪的时候，我写不出这么好的作文；现在临近退休了，也还写不出这么好的作文。有人说：最好的学生是能超过老师的学生。现在××同学超过我了，我真为你高兴啊！不过，超过我还真不算什么，我更为高兴的还在于：我预见到15年之后，中国文坛上将升起一颗耀眼的新星！那个光华啊！好！"

教师陶醉得眯了眼，全班同学却迷惘得傻了眼。

【技能训练】

1. 这位教师的表扬虽谦虚而真诚，但对这位同学的成长却毫无好处，为什么？
2. 请为这位教师重新设计一段表扬语，试说后互相评议。

四、对其他差异学生的教育谈话

"其他差异"指学生的知识、智力、能力、性别、家庭条件、行为习惯等方面的差别。这都是教育口语中必须充分注意到的个性差异。如对低年级学生谈话,用语应儿童化,语气亲切和蔼,要多表扬少批评;对高年级女生说话,要照顾她们的羞涩心理和自尊,批评时多用暗示;对生活在不同家境中的学生,应一视同仁,要引导他们正确认识家庭与个人的关系,等等。

【示例】

小聪和小慧是一对双胞胎,他们同在一所学校、同在一个班里学习。可是,小聪的学习好,小慧学习差;小聪越来越爱学习,小慧越来越怕学习。一次,教师找小慧个别谈话。

师:你这是怎么回事?按说,一对双胞胎,家庭环境、社会环境、学校教育环境全都一样,怎么你就样样比小聪差?你比小聪早出生半小时,你还是姐姐呢!

【评析】

即使是"全都一样"的孪生姐妹,仍然存在能力方面的个性差异。小慧可能极不服气地在心里说:还说什么都一样!老师、爸爸、妈妈净表扬小聪,光批评我。干家务活,我比小聪强多了。哼!偏心……形成这种差异的诱因也许正是来自施教者厚此薄彼的态度和评价。这样的谈话不但不能收到教育促进的效果,反而使学生更加消沉。

【技能训练】

1. 小慧的老师在教育口语运用上有哪些不妥?
2. "大家都能做到,你也肯定能做到"这句话对吗?为什么?
3. 请重新设计教师的鼓励性谈话并试说。

必须说明,"不同教育对象"是从不同角度进行分类的,严格地说,这样的分类是不可能穷尽的,因为"没有两片完全相同的叶子",也不可能有完全相同的学生。遵循"有教之类"的原则,我们在教师口语运用实践中,应当综合考虑教育对象各方面的因素,特别要注意其个性心理的差异,恰当地组织教育语言。

【口语综合实训】

1. 请小学教师提供一些发生在某些个性突出的学生身上的事件,为解决这些事件设计教育谈话,然后向这位教师请教谈话设计是否吻合该生个性。
2. 林昁,男,五年级,性格外向,乐于交际,兴趣广泛,智力好,有一定的组织能力。缺点:夸夸其谈。因为父母都是高级干部,有优越感。一次,他对四五位同学吹嘘:星期天,司机张叔叔驾驶小车,带他去郊外某养鱼专业户的池塘里钓鱼。专业户招待了丰盛的午餐,还让他带回来一尾5斤重的大鱼。他邀请这四五位同学下星期天再去"潇洒走一回"。

请针对林晔个性、家庭环境和道德认识水平，就"钓鱼问题"设计一则对他的教育谈话。设计时，重点考虑谈话策略和口语技能的运用。设计完毕，做模拟谈话，并组织交流和评议。

3. 田招娣，女，四年级，性格内向，兴趣专一，智力一般，音乐感受和模仿能力强。缺点：固执、胸襟狭窄。因父母"超生"受到惩罚，生活较困难；而且，父母生气时怨过她"不会招弟"，成为蒙在她心上的阴影。有一回，她在小镇的商店里看到一把口琴，很想买，但是没钱，于是偷偷地把家里的一篮子鸡蛋给卖了。可是，口琴还没买，事情就被妈妈发现了，于是招娣卖鸡蛋的钱被"没收"，并被狠狠地揍了一顿。招娣又气又恨，离家出走。三天后，她被一好心人护送回家。这时候，招娣的父母都快急疯了。又过了几天，招娣情绪平静了，教师就上述一连串事情，找招娣谈心。

请针对田招娣的个性、家庭环境以及事件过程，设计教师的教育谈话。与田招娣具体交谈时，教师应持怎样的态度？应采取怎样的语气语调？设计完毕，用小品形式（一人扮招娣，一人扮教师）组织试讲并评议。

4. 观察与调查。

（1）参加小学教育、教学实践时，注意观察2～3个小学生的言行，判断该生在性格、兴趣、能力、道德水平等方面的个性特征，思考对这几位学生应用哪种形式的教育口语，如何因材施教。

（2）请被调查班级的班主任协助，了解该班突出学生的个性心理特征。请班主任举例介绍如何针对这些学生的个性进行思想品德或心理品质教育。之后，重点研究班主任的教育谈话在内容、表达和方法上有何特点。

第四节 针对学生群体谈话的技能训练

学校教育的目的性、计划性和组织形式决定了学校教育的特征之一是群体教育。不同场合谈话的目的、要求、内容、形式、方法既有相似之处，又各具特点。

一、群体谈话的共同要求

（一）目的明确

通过谈话，要说清什么道理、提出什么要求、达到什么目的，教师对此应有明确认识。对小学生谈话要内容集中，一次只谈一两个问题，通常情况下，一次谈话只集中解决一个问题。

（二）简短扼要

面向学生群体的教育谈话宜短不宜长，对中、低年级学生谈话以及户外列队谈话则更宜如此。小学生集中注意力的时间短，记忆、理解、概括能力都处在发展阶段，冗长的教育谈话不但使学生听了难以抓住要领，甚至连纪律也难以维持。

（三）面向全体

群体谈话应当在内容、形式和语体风格上尽可能适应学生的整体要求。特别是在全校性的讲话中，要尽量避免只适应高年级，不适应中、低年级学生的情况，要使全体学生都受到教育。

（四）具体生动

小学生以具体形象思维为主，因此，教育谈话要尽可能做到具体生动、带点趣味性、与小学生思维特点相吻合。这样，才能使小学生"听得进、记得牢"。

二、不同形式群体谈话训练

（一）晨会谈话

1. 升旗仪式上的讲话

升旗仪式的讲话是升旗仪式的组成部分，讲话的主要目的是对学生进行爱国主义教育和国情教育。国旗下的讲话一般要求语调昂扬、情感真诚、简洁有力。

2. 常规晨会讲话

常规晨会讲话指日常晨会活动中的教育讲话。这种讲话还可分为全校晨会、年级晨会、班级晨会等，一般安排在早操或课间操之后举行。全校性晨会讲话的内容视各校传统和具体要求的不同而各有差异。一般来说包含四个方面：第一，以"历史上的今天"为主线对学生进行爱国主义和传统教育；第二，以《小学生守则》《小学生日常行为规范》和学校的有关规章制度为依据，针对学生纪律、卫生、管理和不良现象等问题进行评述；第三，提出学习要求，布置或讲评学校重大活动的进展情况等；第四，结合小规模的表彰活动，对学生进行勉励教育，如授给"流动红旗"、各类竞赛颁奖等。

晨会讲话一般属即兴讲话，其用语的特点是：第一，多用说明、阐释、评述等表达方式，评述时结合批评、表扬；第二，用语通俗、鲜明具体、要言不烦；第三，语速、语调、音量随场地、人数和设备情况的不同而变化。

【示例】

早操后，三年级集中时的晨会讲话：

同学们，最近，值日老师反映，许多同学中午很早就来到学校。他们到校后，在操场上追来赶去，在教室里打打闹闹、大喊大叫，玩得很疲劳。等到上课，就撑不住，打瞌睡了。我们学校，还住着许多老师和他们的家属。中午在学校里吵闹的同学想过了吗？你们的大声喊叫，会不会影响他们的休息呢？《小学生日常行为规范》第五条要求我们："不打扰别人的工作、学习和休息。"希望同学们都想一想，做到了没有？

中午在校园里追逐打闹，对自己、对别人都不好。从今天起，要求大家不要过早到校。提早到校的同学，应当在教室里休息，自觉保持安静，同学们要互相督促……

【评析】

这段晨会讲话集中解决一个问题。指出了最近出现的不良现象，分析了不良后果，提出了改正要求和措施。话语简短而明确，批评有理有据而不过分，使同学们在明确行为准则的过程中得到了道德启示。

（二）班会谈话

班会是班集体成员的会议。班会的基本任务是讨论班集体的工作任务、讨论班集体成员共同关心的问题、开展批评和自我批评。班会有班务会、民主生活会和主题班会三种。

班会谈话应适合班会活动的目的、内容、形式和氛围。小学，特别是低年级班会谈话紧密伴随活动的过程，要求教师从教育目的出发，把握谈话时机，及时进行引导，使学生在活动中得到教育。

1. 主题班会的教育口语

小学主题班会课最具特色的教育口语是诱导语和小结语。诱导语要有步骤地引入主题、引导思路、启迪思考，做到环环相扣，步步深入。小结语要求具有概括性和确定性，表达时，重音要突出，顿歇要分明，语调随着感情的变化而变化。

【示例】

三年级班会课。主题：自觉抵制不良风气。

诱导："我们的校园花草树木长得郁郁葱葱、欣欣向荣。但是，你们是不是注意到，还有少量花木长着长着就枯了、折了。是什么原因呢？请大家都来当当'树医生'。"

操作：组织学生实地查找校园中花木长不好的原因并采集相关标本。

讨论："花木枯了"的原因。要求出示标本说明。归纳讨论结果并板书：生病、生虫、污染、损坏。

诱导："我们人的成长和花木的生长很相似。多数人长大了，成为建设社会主义祖国的栋梁；有的人却变坏了，甚至犯了罪，这又是为什么呢？"

讨论："人变坏了"的原因。要求举例说明。归纳讨论结果并板书：教坏了、学坏了、走歪路。

小结："同学们，今天的讨论太好了！最后，让我给同学们转述一段话，这段话是宋庆龄奶奶说的。她说：亲爱的孩子们，每当我看到你们，我的眼前就浮现出那些充满生机的小树苗。它们长啊长啊，有一天，终于长成了参天大树。可是，有一些小树也长歪了，生虫子了，枯死了，多可惜呀！……你们和小树苗一样，只要好好学习、天天向上，有一天，也会成为建设'四化'的有用人才，可千万要学好……"

【评析】

两段诱导语互相关联，以木喻人，通过类比启迪学生自觉抵制不良风习的侵蚀。小结时转述宋庆龄奶奶的话，内容贴切。将书面语转化为口语之后，言辞浅白而内涵丰富，进一步突出了班会的主题。

2. 班务会上的教育口语

班务会是班集体共同研究、讨论、评价班级工作和班风情况的会议。班务会教育口语涉及说服、诱导、讲解、表扬、批评等各种形式，总要求是：运用平等的商讨的语气、语态，对低年级可适当增加行为规范的指令成分。

【示例】

一年级班务会。内容：近期常规检查。

教师逐一提出迟到、早退、课堂秩序、做操纪律、佩戴红领巾、卫生习惯、值日生责任、作业等常规检查内容，发动学生开展批评与自我批评，逐一检查各项常规执行情况。最后教师小结：

"今天，我们对许多规定都做了检查，我们在不迟到、不早退、天天佩戴红领巾、按时交作业方面做得很好，应当表扬你们，在你们评比表的这些栏目上，全都贴上一面小红旗。但是，还有一些同学上课爱做小动作，回答问题时，一边站起来举手一边嚷嚷：'我来！我来！'积极回答问题是热爱学习的表现，当然很好；可是你嚷嚷、他叫唤，整个教室就变成菜市场了，乱糟糟的还怎么能上课呢？以后大家都应当记住：举手不出声。谁做得好，老师就请谁回答问题……"

【评析】

这段不完整的谈话记录已经较清楚地体现了班务会谈话的各项特点和要求。谈话包括表扬和批评两个方面。话语活泼，生动形象，符合一年级小学生特点。表扬语倾注了热情，批评语指出了不良现象，重在说服和诱导。表达技能方面主要运用了激励、分析、比喻等。

（三）少先队会上的谈话

少先队会是少先队活动的重要形式。与班会一样，少先队会也有明确的主题，形式也灵活多样，所不同的是：少先队会有出旗、报告人数、呼口号、收旗等程式化的固定仪式，再配以鼓点、队号和队列操练，使队会活动的场面气氛显得庄严、隆重、热烈。在这种氛围的渲染下，大队、中队辅导员的队会教育口语要求简洁明确、响亮干脆、精神饱满、坚定有力，并带有军旅集会上训导谈话的刚劲色彩。

【示例】

四年级某中队会。前奏仪式礼毕，中队长请中队辅导员讲话。辅导员健步上前：

"同学们，今天，我们中队活动的主题是'学雷锋，见行动'。先请同学们响亮地齐唱

《学习雷锋好榜样》。"（起调、指挥；气氛热烈）

"是的，雷锋叔叔是我们学习的好榜样。那么，我们向他学习什么呢？我们怎样向他学习呢？我相信，你们在中队会中一定会找到答案！我预祝中队会成功！"

【评析】

辅导员开门见山，揭示活动主题，接着指挥唱歌，激发情绪，烘托气氛，然后用极肯定的"是的"作为全部谈话的前提，以"学习什么""怎样学习"作为中队活动的指导纲要，简练明了，推动了中队会特定气氛的形成。

（四）干部会上的谈话

干部会的每一与会成员都具"干部"身份，肩负一定的责任。一般来说，虽然他们是学生带头人，有一定的思想觉悟，但他们毕竟还是小学生，各个方面都还显得幼稚。他们承担着比一般同学更重的"领导责任"，老师对他们既要爱护，也要提出更高更严的要求。对班干部的工作成绩要充分肯定，但也不能掩饰他们的缺点；对工作中存在的问题，班主任要主动承担责任，帮助干部们分析问题产生的原因，研究改进的方法，使他们通过工作锻炼得到提高。

干部是教师的助手，在干部会上的谈话，更要体现平等亲近原则。表扬批评要中肯。

【示例】

五年级某班委会，研究"怎样夺回'文明班级'流动红旗"。教师最后做总结性发言：

"同学们刚才分析了失去流动红旗的原因，都说得很好，说明各位班干部十分关心、十分了解我们的班集体。在分析中，许多同学还做了批评和自我批评，并为夺回红旗提出了许多宝贵意见。这说明我们的班委会是团结一致的、奋发向上的。班干部们日常还是做了很多工作，我都看在眼里，特别是卫生委员小倩同学，每周大扫除、提水、擦窗户、洗黑板……最脏最累的活抢着干；一些同学忘了扫地，她发现了，也总是自己不声不响地给扫了。但是，偏偏这回卫生方面问题出得多，什么原因呢？首先，是我的工作做得不细，过问得太少；其次，班委会其他干部对卫生工作的支持也还不够，个别班委甚至还违反班级卫生公约，比如随地吐痰。小倩呢，也向你提一条意见：对那些违反卫生公约而又不听劝告的同学，既要当面向他们提出批评，又要向班委和老师反映，要争取大家的支持，不能听之任之……"

【评析】

这段谈话，内容分为三层。第一层概括会议情况，肯定班委会良好的精神状态，增强班干部继续做好工作的信心；第二层表扬全体干部，重在为卫生委员鼓气；第三层分析"卫生方面问题出得多"的原因。教师首先做自我批评，承担主要责任，减轻班委特别是卫生委员的心理压力；其次，不点名地批评了个别班委，用暗示法提出"班级工作要互相支持"的要求；最后，教给卫生委员工作方法。教师对全体干部既充分肯定，又严格要求。说话时采取亲近恳切与严肃相结合的态势，不紧不慢，娓娓而谈，看似平淡，其实教育性很强。

【技能训练】

1. 见习并模拟小学的下列活动：

（1）升旗仪式。

（2）晨会讲话。（全校或年级谈话）

（3）班会活动（着重运用诱导语、小结语）

（4）少先队中队或大队活动。（重点设计辅导员的教育谈话内容）

以上每个单项活动都以抽查方式由1~2位同学进行再现性模拟表演，全班同学参加评议，提出改进意见。

2. 设计并模拟下列群体谈话：

（1）晨会讲话训练。

以××小学四年级学生×××追逐打闹、不慎失足、跌伤住院为讲话引子，结合四年级学生常见的不注意安全的行为，设计一篇对四年级学生进行安全教育的年级晨会讲话。设计完毕，进行演练并组织评议。

（2）班会谈话训练。

针对三年级小朋友迷恋看电视、打游戏机影响学习和休息的问题，设计一则班会活动方案。班主任教育谈话应详写，并参照如下过程进行训练操作：小组讨论，初拟班会活动程序，重点讨论班主任谈话内容与表达要求。依此每人编写一份教案，交由教师评选，确定优秀教案2~3份。请优秀教案作者主持模拟班会，全班配合并对模拟情况加以评议。

（3）少先队会谈话训练。

以"清明节"参加烈士陵园或纪念碑扫墓活动为主题，设计一份大队辅导员教育谈话。

（4）干部会上的教育谈话。

针对同学们劳动观念淡薄，部分班委成员不能以身作则（学习委员甚至还说"快毕业了，还劳动啊"），召开班委会，对班委们进行教育。注意分析问题时要辩证合理，说服批评时要和风细雨。

三、处理偶发事件的谈话技巧

偶发事件是指在教育教学活动中不曾预期而突然发生的事件。偶发事件对教育教学活动无疑是一种强烈冲击，处理不当将加剧事态的发展，而如果处理得当，则对学生是一种良好的教育。巧妙处理偶发事件的重要前提是教师的个性修养和教育机智。

处理偶发事件的技巧有：

（一）"冷处理"

"冷处理"是暂时避开矛盾冲突，另外寻找时机进行教育的办法。教师在很不尽如人意的情况面前，要克制自己，不说出训斥、责骂的话，而换一种语调、换一种方式冷静地说。

【示例】

某教师脸长，某生嘲笑他，在黑板上画了一个驴头。该教师来上课，看到这幅漫画，摇摇头，撇嘴说："没画好！"随即拿起彩色粉笔修改漫画。他以娴熟的简笔画法，三下五下就勾勒出了一匹活泼可爱的小毛驴，问："我画的这驴怎么样？比刚才那画儿强吧？"同学们有的鼓掌，有的赞许说"强多了"。教师也以得意的神情笑了笑，宣布上课。一些同学把眼光投向那位搞恶作剧的同学，教师循着眼光发现了"他"，仍不动声色。第三天，在"他"的作业本中发现了一张纸条："老师，我错了，您批评我吧。"

【评析】

"冷处理"的支柱是宽容、冷静和耐心。教师在学生的恶作剧面前，文明与愚顽、高雅与粗俗的精神品位的差距，学生是能够凭"良知"而感受到的。"冷处理"避开了矛盾冲突的发生和激化，维护了教学秩序，同时又成为思想教育的一种手段。

【技能训练】

该教师如何与这位学生进行谈话，设计谈话的方式和内容。

（二）幽默处理

幽默处理是说一句或一小段幽默的话，淡化矛盾冲突，使事态缓和平静之后再进行教育的方法。

（三）单刀直入

单刀直入是直接指出学生错误实质所在并进行批评教育。成功运用这个办法的关键是敏锐地找准事件要害，批评语紧随其后，切中要害。

【示例】

某农村小学一年级下学期思想品德课，学习目的：前途理想教育。

师：同学们，今天，我们品德课的内容叫"谈理想"。什么叫"理想"呢？理想就是我们长大以后很想要做的事，比如……现在，谁来说说你长大以后想做什么，也就是说你的理想是什么？

生（数人连续）：我长大以后当科学家、当工程师、当……

莹莹：（极羞涩怕事，举手要求发言。）

师：好！请莹莹说说她的理想是什么？

莹莹：我、我长大以后，嗯……当……嗯……

金金：（男，留级生）老师，她长大以后要当人家的老婆。嘻……

师：（控制、果断地）不！金金，你错了，你肯定错了！她长大了要做什么，只有她自己才清楚。莹莹，你别慌，慢慢说，你长大以后当什么？

莹莹：当老师。

师：说得真好，以后我们一起当老师。金金，我说你错了，是不是？同学们，金金错在哪里呢？错在没弄清"理想"是什么意思……

【评析】

教师突遇偶发事件，先果断地制止事态的负面效应，而后一针见血地指出学生错误之所在。鲜明的态度、准确的判断、果断的话语，很快就重新控制了局面。

（四）以退求进

有时，教师不恰当的语言信号引起了学生的误解，学生由此做出错误的回答，于是滋生出"偶发事件"。这时，最好的处理方法就是教师先退一步，以退求进，用高姿态达到解决问题的目的。教师纠错的话不宜过多，点到为止。

【示例】

一年级数学课。

师：妈妈买回一篮子苹果，一共18个，伟伟拿去5个，结果怎样？

生：伟伟肯定被爸爸揍一顿。

（哄堂大笑）

师：（愣了数秒、微笑说）噢，也许是老师问得不好，让你们误会了。应当说："伟伟拿去5个，还剩多少个？"看来呀，我们说话要很准确，才能让人家听懂。但是，没听懂以前要有耐心，不可以乱打岔。

【评析】

教师发觉口误之后，主动认错，又用"看来呀……"引申出"说话要很准确"的道理，变被动为主动，较好地处理了因提问不严密导致学生误解而产生的偶发事件。

（五）"舆论教育"

教师利用课堂舆论使学生认识自己的行为不受欢迎，形成"众叛亲离"的效果，只要运用恰当，可以使学生在集体舆论的督促下获得教育。

【示例】

五年级练习课，全班鸦雀无声。突然，一位同学难耐寂寞，一边"啊——"地怪声怪调打"哈欠"，一边伸了个懒腰。他仰身往后一靠，碰翻了后排蓉蓉的文具盒。稀里哗啦的响声和蓉蓉的愤怒责备打破了教室的宁静。有些同学笑起来，"肇事者"似乎有点得意。

师：（帮忙拾起散落在地的文具，先安定"受害者"，然后对"肇事者"）你累啦？太累了吗？（转对其他同学，一一问去）你累了吗？你累吗？你呢？（被问同学一一摇头，表示"不累"）（再对"肇事者"）大家都不累，就你一个累得又是打哈欠，又是伸懒腰。蓉蓉同学的文具盒被打翻了，全班同学每人被耽误了5分钟，还要5分钟才能重新进入注意力集中的状态。要知道，同学们对这种骚扰是有意见的。

（肇事学生感到了同学们责备眼光的压力。）

【评析】

教师在教育谈话中适当有意强调"大家""同学们""全班"等复数全称代词，有意引起同学们对错误行为的不满，让肇事同学感到"众怒难犯"，受到压力，从而达到使学生受到教育的目的。

【技能训练】

1. 三年级下学期数学公开课，课题"平均数"。教师带来两根毛线，边演示边诱导。

师：这两根毛线的长度有什么不同？

生：一根长，一根短。

师：我们用什么办法，能使这两根毛线一样长？

生：把两根毛线的一头连起来打个结，对折一下，拉直了，两根毛线就一样长了。

师：真聪明！看老师做给你们看。（演示）现在两根本来长短不一样的毛线一样长了。谁能说说，连接而且对折以后，这两根毛线之间有什么关系？

某生：（嬉皮笑脸地）夫妻关系。

学生把"连接"和"结婚"牵强地联系在一起，而教师的最后一句问话，表意也有欠妥之处。在公开课的场合，学生的恶作剧犹如"一石激起千重浪"，全场哗然。教师不能回避，但又不能长时间纠缠，只能三言两语、巧做处理。请选择某种处理偶发事件的谈话技巧，机智地解决这一课堂"危机"。

2. 冬天，门窗紧闭，正在安静地上课。突然，不知从谁的书桌里飞出一只小鸟，同学们欢叫起来。惊慌的小鸟左冲右突想逃跑，兴奋的学生前追后堵要捉它，教室里乱成一锅粥。很快，小鸟被重新逮住。教师皱着眉头说："放了它，让它回归大自然！"丁丁心疼地说："不，老师，天这么冷，它会冻死的。"偶发事件又演化为师生观点冲突。

请设计处理这一事件的教育谈话。

【口语综合实训】

1. 你刚到某学校任教，报到这天，推开校长办公室的门，里面正在开会，教研组长、副组长、骨干教师正在讨论新学期的教学计划。校长请你进去并热情地邀请你向大家做自我介绍。请设计并演示一段自我介绍。

2. 上课铃响了，李老师开始上课，可他发现一位男同学还在对课间休息时所讲的电影大片想入非非。为了提醒这位男生集中注意力，同时又不影响其他同学听课，李老师说道……

请你设计并演示一段教师教育口语。

3. 一天，老师正在讲台上高声朗读课文，突然从教室的窗户飞进来一个网球，有三位男同学立即放下课本离开座位跑过去抢夺网球,其他同学兴奋地指手画脚。请你设计一段教师教育口语,指出这三位男同学的问题。

4. 一天,你正在讲台上一边讲解教学内容一边书写板书,忽然有个同学大声地说道:"老师,你写错别字了!"你停下来一看,果然写错了一个字。请你设计并演示一段教师交际和教育教学口语。

5. 实习第一天,班主任要你跟同学讲话。为了与学生建立良好的师生关系,为接下来的教学创设和谐的情境,请你设计并演示一段教师教育口语。

6. 假设你到某中学参加某门课程教师的应聘面试,考官要求你先做一个自我介绍,然后说明应聘的理由。请你设计并演示一段话语。

7. 有一个各科成绩一般、不求上进的学生,一次在班上说:"别看我现在不怎么样,说不定将来还能拿诺贝尔奖呢!"同学们哄堂大笑,班主任得知此话后及时在班上公开表扬了他……请你设计并演示一段教师教育口语。

8. 一个男生在左耳上带了一个耳环,不少老师要他摘下来,他就是不听。你是他的班主任,你把他带到办公室和他谈心。请你设计并演示一段教师教育口语。

附录1 现代汉语常用字表

国家语言文字工作委员会、国家教育委员会关于发布
《现代汉语常用字表》的联合通知
（1988年1月26日）

为了适应语文教学及其他方面的需要，特制订《现代汉语常用字表》，现予发布。《现代汉语常用字表》分常用字（2 500字）和次常用字（1 000字）两个部分。

经计算机抽样检测，常用字在语料中的覆盖率达到99.48%，掌握了常用字就达到了利用汉语的基本要求。

常用字（2 500字）

笔画顺序表

一画（共2字）
一 乙

二画（共17字）
二 十 丁 厂 七 卜 人 入 八 九 几 儿 了 力 乃 刀 又

三画（共50字）
三 于 干 亏 士 工 土 才 寸 下 大 丈 与 万 上 小 口 巾 山 千
乞 川 亿 个 勺 久 凡 及 夕 丸 么 广 亡 门 义 之 尸 弓 己 已
子 卫 也 女 飞 刃 习 叉 马 乡

四画（共105字）
丰 王 井 开 夫 天 无 元 专 云 扎 艺 木 五 支 厅 不 太 犬 区
历 尤 友 匹 车 巨 牙 屯 比 互 切 瓦 止 少 日 中 冈 贝 内 水
见 午 牛 手 毛 气 升 长 仁 什 片 仆 化 仇 币 仍 仅 斤 爪 反
介 父 从 今 凶 分 乏 公 仓 月 氏 勿 欠 风 丹 匀 乌 凤 勾 文
六 方 火 为 斗 忆 订 计 户 认 心 尺 引 丑 巴 孔 队 办 以 允
予 劝 双 书 幻

五画（共137字）
玉 刊 示 末 未 击 打 巧 正 扑 扒 功 扔 去 甘 世 古 节 本 术
可 丙 左 厉 右 石 布 龙 平 灭 轧 东 卡 北 占 业 旧 帅 归 且
旦 目 叶 甲 申 叮 电 号 田 由 史 只 央 兄 叱 叫 另 叨 叹 四
生 失 禾 丘 付 仗 代 仙 们 仪 白 仔 他 斥 瓜 乎 丛 令 用 甩
印 乐 句 匆 册 犯 外 处 冬 鸟 务 包 饥 主 市 立 闪 兰 半 汁
汇 头 汉 宁 穴 它 讨 写 让 礼 训 必 议 讯 记 永 司 尼 民 出
辽 奶 奴 加 召 皮 边 发 孕 圣 对 台 矛 纠 母 幼 丝

六画（共216字）

式刑动扛寺吉扣考托老执巩圾扩扫地扬场耳共
芒亚芝朽朴机权过臣再协西压厌在有百存而页
匠夸夺灰达列死成夹轨邪划迈毕至此贞师尘尖
劣光当早吐吓虫曲团同吊吃因吸吗屿帆岁回岂
刚则肉网年朱先丢舌竹迁乔伟传乒乓休伍伏优
伐延件任伤价份华仰仿伙伪自血向似后行舟全
会杀合兆企众爷伞创肌朵杂危旬旨负各名多争
色壮冲冰庄庆亦刘齐交次衣产决充妄闭问闯羊
并关米灯州汗污江池汤忙兴宇守宅字安讲军许
论农讽设访寻那迅尽导异孙阵阳收阶阴防奸如
妇好她妈戏羽观欢买红纤级约纪驰巡

七画（共264字）

寿弄麦形进戒吞远违运扶抚坛技坏扰拒找批扯
址走抄坝贡攻赤折抓扮抢孝均抛投坟抗坑坊抖
护壳志扭块声把报却劫芽花芹芬苍芳严芦劳克
苏杆杠杜材村杏极李杨求更束豆两丽医辰励否
还歼来连步坚旱盯呈时吴助县里呆园旷围呀吨
足邮男困吵串员听吩吹呜吧吼别岗帐财针钉告
我乱利秃秀私每兵估体何但伸作伯伶佣低你住
位伴身皂佛近彻役返余希坐谷妥含邻岔肝肚肠
龟免狂犹角删条卵岛迎饭饮系言冻状亩况床库
疗应冷这序辛弃冶忘闲间闷判灶灿弟汪沙汽沃
泛沟没沈沉怀忧快完宋宏牢究穷灾良证启评补
初社识诉诊词译君灵即层尿尾迟局改张忌际陆
阿陈阻附妙妖妨努忍劲鸡驱纯纱纳纲驳纵纷纸
纹纺驴纽

八画（共310字）

奉玩环武青责现表规抹拢拔拣担坦押抽拐拖拍
者顶拆拥抵拘势抱垃拉拦拌幸招坡披拨择抬其
取苦若茂苹苗英范直茄茎茅林枝杯柜析板松枪
构杰述枕衷或画卧事刺枣雨卖矿码厕奔奇奋态
欧垄妻轰项转斩轮软到非叔肯齿些虎虏肾贤尚
旺具果味昆国昌畅明易昂典固忠咐呼鸣咏呢岸
岩帖罗帜岭凯败贩购图钓制知垂牧物乖刮秆和
季委佳侍供使例版侄侦侧凭侨佩货依的迫质欣
征往爬彼径所舍金命斧爸采受乳贪念贫肤肺肢

肿 胀 朋 股 肥 服 胁 周 昏 鱼 兔 狐 忽 狗 备 饰 饱 饲 变 京
享 店 夜 庙 府 底 剂 郊 废 净 盲 放 刻 育 闸 闹 郑 券 卷 单
炒 炊 烷 炎 炉 沫 浅 法 泄 河 沾 泪 油 泊 沿 泡 注 泻 泳 泥
沸 波 泼 泽 治 怖 性 怕 怜 怪 学 宝 宗 定 宜 审 宙 官 空 帘
实 试 郎 诗 肩 房 诚 衬 衫 视 话 诞 询 该 详 建 肃 录 隶 居
届 刷 屈 弦 承 孟 孤 陕 降 限 妹 姑 姐 姓 始 驾 参 艰 线 练
组 细 驶 织 终 驻 驼 绍 经 贯

九画（共316字）

奏 春 帮 珍 玻 毒 型 挂 封 持 项 垮 挎 城 挠 政 赴 赵 挡 挺
括 拴 拾 挑 指 垫 挣 挤 拼 挖 按 挥 挪 某 甚 革 荐 巷 带 草
茧 茶 荒 茫 荡 荣 故 胡 南 药 标 枯 柄 栋 相 查 柏 柳 柱 柿
栏 树 要 咸 威 歪 研 砖 厘 厚 砌 砍 面 耐 耍 牵 残 殃 轻 鸦
皆 背 战 点 临 览 竖 省 削 尝 是 盼 眨 哄 显 哑 冒 映 星 昨
畏 趴 胃 贵 界 虹 虾 蚁 思 蚂 虽 品 咽 骂 哗 咱 响 哈 咬 咳
哪 炭 峡 罚 贱 贴 骨 钞 钟 钢 钥 钩 卸 缸 拜 看 矩 怎 牲 选
适 秒 香 种 秋 科 重 复 竿 段 便 俩 贷 顺 修 保 促 侮 俭 俗
俘 信 皇 泉 鬼 侵 追 俊 盾 待 律 很 须 叙 剑 逃 食 盆 胆 胜
胞 胖 脉 勉 狭 狮 独 狡 狱 狠 贸 怨 急 饶 蚀 饺 饼 弯 将 奖
哀 亭 亮 度 迹 庭 疮 疯 疫 疤 姿 亲 音 帝 施 闻 阀 阁 差 养
美 姜 叛 送 类 迷 前 首 逆 总 炼 炸 炮 烂 剃 洁 洪 洒 浇 浊
洞 测 洗 活 派 洽 染 济 洋 洲 浑 浓 津 恒 恢 恰 恼 恨 举 觉
宣 室 宫 宪 突 穿 窃 客 冠 语 扁 袄 祖 神 祝 误 诱 说 诵 垦
退 既 屋 昼 费 陡 眉 孩 除 险 院 娃 姥 姨 姻 娇 怒 架 贺 盈
勇 怠 柔 垒 绑 绒 结 绕 骄 绘 给 络 骆 绝 绞 统

十画（共284字）

耕 耗 艳 泰 珠 班 素 蚕 顽 盏 匪 捞 栽 捕 振 载 赶 起 盐 捎
捏 埋 捉 捆 捐 损 都 哲 逝 捡 换 挽 热 恐 壶 挨 耻 耽 恭 莲
莫 荷 获 晋 恶 真 框 桂 档 桐 株 桥 桃 格 校 核 样 根 索 哥
速 逗 栗 配 翅 辱 唇 夏 础 破 原 套 逐 烈 殊 顾 轿 较 顿 毙
致 柴 桌 虑 监 紧 党 晒 眠 晓 鸭 晃 晌 晕 蚊 哨 哭 恩 唤 啊
唉 罢 峰 圆 贼 贿 钱 钳 钻 铁 铃 铅 缺 氧 特 牺 造 乘 敌 秤
租 积 秧 秩 称 秘 透 笔 笑 笋 债 借 值 倚 倾 倒 倘 俱 倡 候
俯 倍 倦 健 臭 射 躬 息 徒 徐 舰 舱 般 航 途 拿 爹 爱 颂 翁
脆 脂 胸 胳 脏 胶 脑 狸 狼 逢 留 皱 饿 恋 桨 浆 衰 高 席 准
座 脊 症 病 疾 疼 疲 效 离 唐 资 凉 剖 竞 部 旁 旅 畜 阅 羞
瓶 拳 粉 料 益 兼 烤 烘 烦 烧 烛 烟 递 涛 涝 酒 涉 消
浩 海 涂 浴 浮 流 润 浪 漫 涨 烫 涌 悟 悄 悔 悦 害 宽 家 宵

 附录1 现代汉语常用字表 253

宴 宾 窄 容 宰 案 请 朗 诸 读 扇 袜 袖 袍 被 祥 课 谁 调 冤
谅 谈 谊 剥 恳 展 剧 屑 弱 陵 陶 陷 陪 娱 娘 通 能 难 预 桑
绢 绣 验 继

十一画（共209字）

球 理 捧 堵 描 域 掩 捷 排 掉 堆 推 掀 授 教 掏 掠 培 接 控
探 据 掘 职 基 著 勒 黄 萌 萝 菌 菜 萄 菊 萍 菠 营 械 梦 梢
梅 检 梳 梯 桶 救 副 票 戚 爽 聋 袭 盛 雪 辅 辆 虚 雀 堂 常
匙 晨 睁 眯 眼 悬 野 啦 晚 啄 距 跃 略 蛇 累 唱 患 唯 崖 崭
崇 圈 铜 铲 银 甜 梨 犁 移 笨 笼 笛 符 第 敏 做 袋 悠 偿 偶
偷 您 售 停 偏 假 得 衔 盘 船 斜 盒 鸽 悉 欲 彩 领 脚 脖 脸
脱 象 够 猜 猪 猎 猫 猛 馅 馆 凑 减 毫 麻 痒 痕 廊 康 庸 鹿
盗 章 竟 商 族 旋 望 率 着 盖 粘 粗 粒 断 剪 兽 清 添 淋 淹
渠 渐 混 渔 淘 液 淡 深 婆 梁 渗 情 惜 惭 悼 惧 惕 惊 惨 惯
寇 寄 宿 窑 密 谋 谎 祸 谜 逮 敢 屠 弹 随 蛋 隆 隐 婚 婶 颈
绩 绪 续 骑 绳 维 绵 绸 绿

十二画（共214字）

琴 斑 替 款 堪 搭 塔 越 趁 趋 超 提 堤 博 揭 喜 插 揪 搜 煮
援 裁 搁 搂 搅 握 揉 斯 期 欺 联 散 惹 葬 葛 董 葡 敬 葱 落
朝 辜 葵 棒 棋 植 森 椅 椒 棵 棍 棉 棚 棕 惠 惑 逼 厨 厦 硬
确 雁 殖 裂 雄 暂 雅 辈 悲 紫 辉 敞 赏 掌 晴 暑 最 量 喷 晶
喇 遇 喊 景 践 跌 跑 遗 蛙 蛛 蜓 喝 喂 喘 喉 幅 帽 赌 赔 黑
铸 铺 链 销 锁 锄 锅 锈 锋 锐 短 智 毯 鹅 剩 稍 程 稀 税 筐
等 筑 策 筛 筒 答 筋 筝 傲 傅 牌 堡 集 焦 傍 储 奥 街 惩 御
循 艇 舒 番 释 禽 腊 脾 腔 鲁 猬 猴 然 馋 装 蛮 就 痛 童 阔
善 美 普 粪 尊 道 曾 焰 港 湖 渣 湿 温 渴 滑 湾 渡 游 滋 溉
愤 慌 惰 愧 愉 慨 割 寒 富 窜 窝 窗 遍 裕 裤 裙 谢 谣 谦 属
屡 强 粥 疏 隔 隙 絮 嫂 登 缎 缓 编 骗 缘

十三画（共143字）

瑞 魂 肆 摄 摸 填 搏 塌 鼓 摆 携 搬 摇 搞 塘 摊 蒜 勤 鹊 蓝
墓 幕 蓬 蓄 蒙 蒸 献 禁 楚 想 槐 榆 楼 概 赖 酬 感 碍 碑 碎
碰 碗 碌 雷 零 雾 雹 输 督 龄 鉴 睛 睡 睬 鄙 愚 暖 盟 歇 暗
照 跨 跳 跪 路 跟 遣 蛾 蜂 嗓 置 罪 罩 错 锡 锣 锤 锦 键 锯
矮 辞 稠 愁 筹 签 简 毁 舅 鼠 催 傻 像 躲 微 愈 遥 腰 腥 腹
腾 腿 触 解 酱 痰 廉 新 韵 意 粮 数 煎 塑 慈 煤 煌 满 漠 源
滤 滥 滔 溪 溜 滚 滨 梁 滩 慎 誉 塞 谨 福 群 殿 辟 障 嫌 嫁
叠 缝 缠

十四画（共88字）

静 碧 璃 墙 撇 嘉 摧 截 誓 境 摘 摔 聚 蔽 慕 暮 蔑 模 榴 榜
榨 歌 遭 酷 酿 酸 磁 愿 需 弊 裳 颗 嗽 蜻 蜡 蝇 蜘 赚 锹 锻
舞 稳 算 箩 管 僚 鼻 魄 貌 膜 膊 膀 鲜 疑 馒 裹 敲 豪 膏 遮
腐 瘦 辣 竭 端 旗 精 歉 熄 熔 漆 漂 漫 滴 演 漏 慢 寒 赛 察
蜜 谱 嫩 翠 熊 凳 骡 缩

十五画（共64字）

慧 撕 撒 趣 趟 撑 播 撞 撤 增 聪 鞋 蕉 蔬 横 槽 樱 橡 飘 醋
醉 震 霉 瞒 题 暴 瞎 影 踢 踏 踩 踪 蝶 蝴 嘱 墨 镇 靠 稻 黎
稿 稼 箱 箭 篇 僵 躺 僻 德 艘 膝 膛 熟 摩 颜 毅 糊 遵 潜 潮
懂 额 慰 劈

十六画（共36字）

操 燕 薯 薪 薄 颠 橘 整 融 醒 餐 嘴 蹄 器 赠 默 镜 赞 篮 邀
衡 膨 雕 磨 凝 辨 辩 糖 糕 燃 澡 激 懒 壁 避 缴

十七画（共19字）

戴 擦 鞠 藏 霜 霞 瞧 蹈 螺 穗 繁 辫 赢 糟 糠 燥 臂 翼 骤

十八画（共6字）

鞭 覆 蹦 镰 翻 鹰

十九画（共7字）

警 攀 蹲 颤 瓣 爆 疆

二十画（共8字）

壤 耀 躁 嚼 嚷 籍 魔 灌

二十一画（共3字）

蠢 霸 露

二十二画（共1字）

囊

二十三画（共1字）

罐

次常用字（1 000字）

笔画顺序表

二画（共2字）

匕 刁

四画（共8字）

丐 歹 戈 夭 仑 讥 冗 邓

五画（共14字）

艾 夯 凸 卢 叭 叽 皿 凹 囚 矢 乍 尔 冯 玄

六画（共34字）

邦 迂 邢 芋 芍 吏 夷 吁 吕 吆 屹 廷 迄 白 仲 伦 伊 肋 旭 匈
兔 妆 亥 汛 讳 讦 讹 讼 诀 弛 阶 驮 驯 纫

七画（共77字）

玖 玛 韧 抠 扼 汞 扳 抢 坎 坞 抑 拟 抒 芙 芜 苇 芥 芯 芭 杖
杉 巫 权 甫 匣 轩 卤 肖 吱 吠 呕 呐 吟 呛 吻 吭 邑 囤 吮 岖
牡 佑 佃 伺 囱 肛 肘 甸 狈 鸠 彤 灸 刨 庇 吝 庐 闰 兑 灼 沐
沛 汰 沥 沦 汹 沧 沪 忱 诅 诈 罕 屁 坠 妓 姊 妒 纬

八画（共97字）

玫 卦 坷 坯 拓 坪 坤 拄 拧 拂 拙 拇 拗 茉 昔 苛 苫 苟 苞 茁
苔 枉 枢 枚 枫 杭 郁 砚 奈 奄 殴 歧 卓 昙 哎 咕 呵 咙 呻 咒
咆 咖 帕 账 贬 贮 氛 秉 岳 侠 侥 侣 侈 卑 剑 刹 肴 觅 忿 瓮
肮 肪 狞 庞 疟 疙 疚 卒 氓 炬 沽 沮 泣 泞 泌 沼 怔 怯 宠 宛
衩 祈 诡 帚 屉 弧 弥 陋 陌 函 姆 虱 叁 绅 驹 绊 绎

九画（共99字）

契 贰 玷 玲 珊 拭 拷 拱 挟 垢 垛 拯 荆 茸 茬 荚 茵 茴 荞 荠
荤 荧 荔 栈 柑 栅 柠 柳 勃 柬 砂 泵 砚 鸥 轴 韭 虐 昧 眈 咧
昵 昭 蛊 勋 哆 咪 哟 幽 钙 钝 钠 钦 钧 钮 毡 秕 俏 俄 俐
侯 徊 衍 胚 胧 胎 狰 饵 峦 奕 咨 飒 闺 闽 籽 娄 烁 炫 洼 柒
涎 洛 恃 恍 恬 恤 宣 诚 诬 祠 诲 屏 屎 逊 陨 姚 娜 蚤 骁

十画（共107字）

耘 耙 秦 匪 埂 捂 捍 袁 捌 挫 挚 捣 捅 埃 耿 聂 荸 莽 莱 莉
莹 莺 梆 栖 桦 栓 桅 桩 贾 酌 砸 砰 砾 殉 逞 哮 唠 哺 剔 蚌
蚜 畔 蚣 蚪 蚓 哩 圃 鸯 唁 哼 唆 峭 唧 峻 赂 赃 钾 铆 氨 秣
笆 俺 赁 倔 殷 舀 豺 豹 颁 胯 胰 脐 脓 逛 卿 鸵 鸳 馁 凌
凄 衷 郭 斋 疹 紊 瓷 羔 烙 浦 涡 涣 涤 涧 涕 涩 悍 悯 窍 诺
诽 袒 谆 祟 恕 娩 骏

十一画（共142字）

琐 麸 琉 琅 措 捺 捶 赦 埠 捻 掐 掂 披 掷 掸 掺 勘 聊 娶 菱
菲 萎 菩 萤 乾 萧 萨 菇 彬 梗 梧 梭 曹 酝 酗 厢 硅 硕 奢 盔
匾 颅 彪 眶 晤 曼 晦 冕 啡 畦 趾 啃 蛆 蚯 蛉 蛙 唬 啰 唾 啤
啥 啸 崎 逻 崖 崩 婴 赊 铐 铛 铝 铡 铣 铭 矫 秸 秽 笙 笤 偎
傀 躯 兜 衅 徘 舶 舷 舵 敛 翎 脯 逸 凰 猖 祭 烹 庶 庵 痊
阎 阐 眷 焊 焕 鸿 涯 淑 淌 淮 淆 渊 淫 淳 淤 淀 涮 涵 惦 悴
惋 寂 窒 谍 谐 裆 袱 祷 谒 谓 谚 尉 堕 隅 婉 颇 绰 绷 综 绽
缀 巢

十二画（共106字）

琳 琢 琼 揍 堰 揩 揽 揖 彭 揣 搀 搓 壹 搔 葫 募 蒋 蒂 韩 棱

椰 焚 椎 棺 榔 椭 粟 棘 酣 酥 硝 硫 颊 雳 翘 凿 棠 晰 鼎 喳
遏 晾 畴 跋 跛 蛔 蜒 蛤 鹃 喻 啼 喧 嵌 赋 赎 赐 锉 锌 甥 掰
氮 氯 黍 筏 牍 粤 逾 腌 腋 腕 猩 猾 惫 敦 痘 痢 痪 竣 翔 奠
遂 焙 滞 湘 渤 渺 溃 溅 湃 愕 惶 寓 窖 窘 雇 谤 犀 隘 媒 媚
婿 缅 缆 缔 缕 骚

十三画（共89字）

瑟 鹉 瑰 搪 聘 斟 靴 靶 蓖 蒿 蒲 蓉 楔 椿 楷 榄 楞 楣 酪 碘
硼 碉 辐 辑 频 睹 睦 瞄 嗜 嗦 嗫 畸 跷 跺 蜈 蜗 蜕 蛹 嗅 嗡
嗤 署 蜀 幌 锚 锥 锨 锭 锰 稚 颓 筷 魁 衙 腻 腮 腺 鹏 肄 猿
颖 煞 雏 馍 馏 禀 痹 廓 痴 靖 誊 漓 溢 溯 溶 滓 溺 寞 窥 窟
寝 褂 裸 谬 媳 嫉 缚 缤 剿

十四画（共32字）

赘 熬 赫 蔫 摹 蔓 蔗 蔼 熙 蔚 兢 榛 榕 酵 碟 碴 碱 碳 辕 辖
雌 墅 嘁 踊 蝉 嘀 嘛 镀 舔 熏 箍 箕 箫 舆 僧 孵 瘩 瘟 彰 粹
漱 漩 漾 慷 寡 寥 谭 褐 褪 隧 嫡 缨

十五画（共62字）

撵 撩 撮 撬 擒 墩 撰 鞍 蕊 蕴 樊 樟 橄 敷 豌 醇 磋 磅 碾 憋
嘶 嘲 嘹 蝠 蝎 蝌 蝗 蝙 嘿 幢 镊 镐 稽 篓 膘 鲤 鲫 褒 瘪 瘤
瘫 凛 澎 潭 潦 澳 潘 澈 澜 澄 憔 懊 憎 翩 褥 谴 鹤 憨 履 嬉
豫 缭

十六画（共42字）

撼 擂 擅 蕾 薛 薇 擎 翰 噩 橱 橙 瓢 磺 霍 霎 辙 冀 踱 踹 蹂
螃 蟆 噪 鹦 黔 穆 篡 篷 篙 篱 儒 膳 鲸 瘾 瘸 糙 燎 濒 憾 懈
窿 缰

十七画（共32字）

壕 藐 檬 檐 檩 檀 礁 磷 瞭 瞬 瞳 瞪 曙 蹋 蟋 蟀 嚎 赡 镣 魏
簇 儡 徽 爵 朦 臊 鳄 糜 癌 臑 豁 臀

十八画（共10字）

藕 藤 瞻 嚣 鳍 癫 瀑 襟 璧 戳

十九画（共13字）

攒 孽 蘑 藻 鳖 蹭 蹬 簸 簿 蟹 靡 癣 羹

二十画（共7字）

瓣 攘 蠕 巍 鳞 糯 譬

二十一画（共3字）

霹 蹦 髓

二十二画（共3字）

蘸 镶 瓤

二十四画（共1字）

矗

《现代汉语常用字表1988年版》（3 500字）
与《通用规范汉字表2009年征求意见稿》（一级字表3 500字）比较

仅1988年版中存在的字（103字）：

苞 焙 荸 秕 蓖 膘 杈 碴 衩 嗤 锉 掸 裆 嫡 碉 锭 牍 樊 麸 凫
篙 箍 剑 蒿 壕 磺 茴 蛔 枷 荚 阱 鸠 胯 傀 癞 潦 偻 楞 燎 镣
檩 翎 蛉 慢 铆 楣 糜 娩 冕 螟 昵 锲 呛 硼 喊 畦 荠 荞 蛆 攘
飒 苫 膳 芍 赊 虱 秫 黍 昙 祖 搪 笤 桅 坞 晤 嬉 铣 锨 涎
舷 楔 邢 漩 蚜 腌 蔫 奄 披 谒 揖 奕 肆 缨 蛹 辕 攒 铡 蘸 榛
盅 淬 诅

仅2009年稿中存在的字（103字）：

黯 镑 鲍 悖 斌 蔡 禅 瞅 迪 滇 巅 迭 咄 娥 峨 鄂 妃 弗 尬 尴
赣 庚 癸 皓 弘 簧 卉 缂 槛 跤 睫 藉 桔 娟 崛 亢 叩 馈 睐 婪
磊 愣 拎 羚 聆 浏 禄 嘛 卯 魅 冥 瑙 妮 哦 啪 曝 沁 冉 壬 戎
汝 鲨 煽 巴 祀 隋 邋 豚 哇 皖 帷 惟 吾 戌 嘻 潇 霄 馨 戍 墟
绚 渲 丫 焉 尧 怡 贻 矣 荫 寅 酉 渝 禹 苑 曰 哉 咋 辗 肇 瞩
拽 兹 佐

附录 2　普通话异读词审音表

简介

该表是由国家语委、国家教委和广电部于 1985 年 12 月发布的。到目前为止，它是关于异读词读音规范的最新的法定标准，是我们规范异读字读音的主要依据。

普通话异读词审音表及其说明

A

阿　（一）ā　~訇　~罗汉　~木林　~姨
　　（二）ē　~谀　~附　~胶　~弥陀佛
挨　（一）āi　~个　~近
　　（二）ái　~打　~说
癌 ái（统读）
霭 ǎi（统读）
蔼 ǎi（统读）
隘 ài（统读）
谙 ān（统读）
埯 ǎn（统读）
昂 áng（统读）
凹 āo（统读）
拗　（一）ào　~口
　　（二）niù　执~　脾气很~
坳 ào（统读）

B

拔 bá（统读）
把 bà　印~子
白 bái（统读）
膀 bǎng　翅~
蚌　（一）bàng　蛤~
　　（二）bèng　~埠
傍 bàng（统读）
磅 bàng　过~
鲍 bāo（统读）

胞 bāo（统读）

薄 （一）báo（语）常单用，如"纸很~"。
　　（二）bó（文）多用于复音词。~弱 稀~ 淡~ 尖嘴~舌 单~ 厚~

堡 （一）bǎo 碉~ ~垒
　　（二）bǔ ~子 吴~ 瓦窑~ 柴沟~
　　（三）pù 十里~

暴 （一）bào ~露
　　（二）pù 一~（曝）十寒

爆 bào（统读）

焙 bèi（统读）

惫 bèi（统读）

背 bèi ~脊 ~静

鄙 bǐ（统读）

俾 bǐ（统读）

笔 bǐ（统读）

比 bǐ（统读）

臂 （一）bì 手~ ~膀
　　（二）bei 胳~

庇 bì（统读）

髀 bì（统读）

避 bì（统读）

辟 bì 复~

裨 bì ~补 ~益

埤 bì（统读）

痹 bì（统读）

壁 bì（统读）

蝙 biān（统读）

遍 biàn（统读）

骠 （一）biāo 黄~马
　　（二）piào ~骑 ~勇

傧 bīn（统读）

缤 bīn（统读）

濒 bīn（统读）

殡 bìn（统读）

屏 （一）bǐng ~除 ~弃 ~气 ~息
　　（二）píng ~藩 ~风

柄 bǐng（统读）

波 bō（统读）

播 bō（统读）

菠 bō（统读）

剥 （一）bō（文）~削

　　（二）bāo（语）

泊 （一）bó 淡~ 飘~ 停~

　　（二）pō 湖~ 血~

帛 bó（统读）

勃 bó（统读）

铂 bó（统读）

伯 （一）bó ~~（bo）老~

　　（二）bǎi 大~子（丈夫的哥哥）

箔 bó（统读）

簸 （一）bǒ 颠~

　　（二）bò ~箕

脖 bo 胳~

卜 bo 萝~

醭 bú（统读）

哺 bǔ（统读）

捕 bǔ（统读）

鹑 bǔ（统读）

埠 bù（统读）

C

残 cán（统读）

惭 cán（统读）

灿 càn（统读）

藏 （一）cáng 矿~

　　（二）zàng 宝~

糙 cāo（统读）

嘈 cáo（统读）

螬 cáo（统读）

厕 cè（统读）

岑 cén（统读）

差 （一）chā（文）不~ 累黍不~ 什么偏~ 色~ ~别 视~ 误~ 电势~ 一念之~ ~池 ~错 言~语错 一~二错 阴错阳~ ~等 ~额 ~价 ~强人意 ~数 ~异

　　（二）chà（语）~不多 ~不离 ~点儿

(三) cī 参~

猹 chá（统读）

搽 chá（统读）

阐 chǎn（统读）

羼 chàn（统读）

颤 (一) chàn ~动 发~

　　(二) zhàn ~栗（战栗）打~（打战）

冁 chàn（统读）

伥 chāng（统读）

场 (一) chǎng ~合 ~所 冷~ 捧~

　　(二) cháng 外~ 圩~ ~院 一~雨

　　(三) chang 排~

钞 chāo（统读）

巢 cháo（统读）

嘲 cháo ~讽 ~骂 ~笑

耖 chào（统读）

车 (一) chē 安步当~ 杯水~薪 闭门造~ 螳臂当~

　　(二) jū（象棋棋子名称）

晨 chén（统读）

称 chèn ~心 ~意 ~职 对~ 相~

撑 chēng（统读）

乘（动作义，念 chéng）包~ 制~ ~便 ~风破浪 ~客 ~势 ~兴

橙 chéng（统读）

惩 chéng（统读）

澄 (一) chéng（文）~清（如"~清混乱""~清问题"）

　　(二) dèng（语）单用，如"把水~清了"。

痴 chī（统读）

吃 chī（统读）

弛 chí（统读）

褫 chǐ（统读）

尺 chǐ ~寸 ~头

豉 chǐ（统读）

侈 chǐ（统读）

炽 chì（统读）

春 chōng（统读）

冲 chòng ~床 ~模

臭 (一) chòu 遗~万年

（二）xiù 乳~ 铜~

储 chǔ（统读）

处 chǔ（动作义）~罚 ~分 ~决 ~理 ~女 ~置

畜（一）chù（名物义）~力 家~ ~牲 幼~

（二）xù（动作义）~产 ~牧 ~养

触 chù（统读）

搐 chù（统读）

绌 chù（统读）

黜 chù（统读）

闯 chuǎng（统读）

创（一）chuàng 草~ ~举 首~ ~造 ~作

（二）chuāng ~伤 重~

绰（一）chuò ~~有余

（二）chuo 宽~

疵 cī（统读）

雌 cí（统读）

赐 cì（统读）

伺 cì ~候

枞（一）cōng ~树

（二）zōng ~阳〔地名〕

从 cóng（统读）

丛 cóng（统读）

攒 cuán 万头~动 万箭~心

脆 cuì（统读）

撮（一）cuō ~儿 一~盐 一~儿匪帮

（二）zuǒ 一~儿毛

措 cuò（统读）

D

搭 dā（统读）

答（一）dá 报~ ~复

（二）dā ~理 ~应

打 dá 苏~ 一~（十二个）

大（一）dà ~夫（古官名）~王（如爆破~王、钢铁~王）

（二）dài ~夫（医生）~黄 ~王（如山~王）~城〔地名〕

呆 dāi（统读）

傣 dǎi（统读）

逮（一）dài（文）如"~捕"。
　　（二）dǎi（语）单用，如"~蚊子"、"~特务"。
当（一）dāng ~地 ~间儿 ~年（指过去）~日（指过去）~天（指过去）~时（指过去）螳臂~车
　　（二）dàng 一个~ 俩 安步~车 适~ ~年（同一年）~日（同一时候）~天（同一天）
档 dàng（统读）
蹈 dǎo（统读）
导 dǎo（统读）
倒（一）dǎo 颠~ 颠~是非 颠~黑白 颠三~四 倾箱~箧 排山~海 ~板 ~嚼 ~仓 ~嗓 ~戈 潦~
　　（二）dào ~粪（把粪弄碎）
悼 dào（统读）
纛 dào（统读）
凳 dèng（统读）
羝 dī（统读）
氐 dī〔古民族名〕
堤 dī（统读）
提 dī ~防
的 dí ~当 ~确
抵 dǐ（统读）
蒂 dì（统读）
缔 dì（统读）
谛 dì（统读）
点 dian 打~（收拾、贿赂）
跌 diē（统读）
蝶 dié（统读）
订 dìng（统读）
都（一）dōu ~来了
　　（二）dū ~市 首~ 大~（大多）
堆 duī（统读）
吨 dūn（统读）
盾 dùn（统读）
多 duō（统读）
咄 duō（统读）
掇（一）duō（"拾取、采取"义）
　　（二）duo 撺~ 掇~
裰 duō（统读）

踱 duó（统读）

度 duó 忖~ ~德量力

E

婀 ē（统读）

F

伐 fá（统读）
阀 fá（统读）
砝 fǎ（统读）
法 fǎ（统读）
发 fà 理~ 脱~ 结~
帆 fān（统读）
藩 fān（统读）
梵 fàn（统读）
坊（一）fāng 牌~ ~巷
　　（二）fáng 粉~ 磨~ 碾~ 染~ 油~ 谷~
妨 fáng（统读）
防 fáng（统读）
肪 fáng（统读）
沸 fèi（统读）
汾 fén（统读）
讽 fěng（统读）
肤 fū（统读）
敷 fū（统读）
俘 fú（统读）
浮 fú（统读）
服 fú ~毒 ~药
拂 fú（统读）
辐 fú（统读）
幅 fú（统读）
甫 fǔ（统读）
复 fù（统读）
缚 fù（统读）

G

噶 gá（统读）

冈 gāng（统读）
刚 gāng（统读）
岗 gǎng ~楼 ~哨 ~子 门~ 站~ 山~子
港 gǎng（统读）
葛 （一）gé ~藤 ~布 瓜~
　　（二）gě〔姓〕（包括单、复姓）
隔 gé（统读）
革 gé ~命 ~新 改~
合 gě（一升的十分之一）
给 （一）gěi（语）单用。
　　（二）jǐ（文）补~ 供~ 供~制 ~予 配~ 自~ 自~自足
亘 gèn（统读）
更 gēng 五~ ~生
颈 gěng 脖~子
供 （一）gōng ~给 提~ ~销
　　（二）gòng 口~ 翻~ 上~
佝 gōu（统读）
枸 gǒu ~杞
勾 gòu ~当
估（除"~衣"读gù外，都读gū）
骨（除"~碌""~朵"读gū外，都读gǔ）
谷 gǔ ~雨
梏 gù（统读）
冠 （一）guān（名物义）~心病
　　（二）guàn（动作义）沐猴而~ ~军
犷 guǎng（统读）
庋 guǐ（统读）
桧 （一）guì〔树名〕
　　（二）huì〔人名〕"秦~"。
刽 guì（统读）
聒 guō（统读）
蝈 guō（统读）
过（除姓氏读guō外，都读guò）

H

虾 há ~蟆
哈 （一）hǎ ~达

（二）hà ~什蚂

汗 hán 可~

巷 hàng ~道

号 háo 寒~虫

和（一）hè 唱~ 附~ 曲高~寡

　　（二）huo 搀~ 搅~ 暖~ 热~ 软~

貉（一）hé（文）一丘之~

　　（二）háo（语）~绒 ~子

壑 hè（统读）

褐 hè（统读）

喝 hè ~采 ~道 ~令 ~止 呼幺~六

鹤 hè（统读）

黑 hēi（统读）

亨 hēng（统读）

横（一）héng ~肉 ~行霸道

　　（二）hèng 蛮~ ~财

訇 hōng（统读）

虹（一）hóng（文）~彩 ~吸

　　（二）jiàng（语）单说。

讧 hòng（统读）

囫 hú（统读）

瑚 hú（统读）

蝴 hú（统读）

桦 huà（统读）

徊 huái（统读）

踝 huái（统读）

浣 huàn（统读）

黄 huáng（统读）

荒 huang 饥~（指经济困难）

诲 huì（统读）

贿 huì（统读）

会 huì 一~儿 多~儿 ~厌（生理名词）

混 hùn ~合 ~乱 ~凝土 ~淆 ~血儿 ~杂

蠖 huò（统读）

霍 huò（统读）

豁 huò ~亮

获 huò（统读）

J

羁 jī（统读）

击 jī（统读）

奇 jī ~数

芨 jī（统读）

缉 （一）jī 通~ 侦~

　　（二）qī ~鞋口

几 jī 茶~ 条~

圾 jī（统读）

戢 jí（统读）

疾 jí（统读）

汲 jí（统读）

棘 jí（统读）

藉 jí 狼~（籍）

嫉 jí（统读）

脊 jǐ（统读）

纪 （一）jǐ〔姓〕

　　（二）jì ~念 ~律 纲~ ~元

偈 jì ~语

绩 jì（统读）

迹 jì（统读）

寂 jì（统读）

箕 ji 簸~

辑 ji 逻~

茄 jiā 雪~

夹 jiā ~带 藏掖 ~道儿 ~攻 ~棍 ~生 ~杂 ~竹桃 ~注

浃 jiā（统读）

甲 jiǎ（统读）

歼 jiān（统读）

鞯 jiān（统读）

间 （一）jiān ~不容发 中~

　　（二）jiàn 中~儿 ~道 ~谍 ~断 ~或 ~接 ~距 ~隙 ~续 ~阻 ~作 挑拨离~

趼 jiǎn（统读）

俭 jiǎn（统读）

缰 jiāng（统读）

膙 jiǎng（统读）

嚼（一）jiáo（语）味同~蜡 咬文~字
（二）jué（文）咀~ 过屠门而大~
（三）jiào 倒~（倒嚼）

侥 jiǎo ~幸

角（一）jiǎo 八~（大茴香）~落 独~戏 ~膜 ~度 ~儿（犄~）~楼 勾心斗~ 号~ 口~（嘴~）鹿~菜头~

（二）jué ~斗 ~儿（脚色）口~（吵嘴）主~儿 配~儿 ~力 捧~儿

脚（一）jiǎo 根~

（二）jué ~儿（也作"角儿"，脚色）

剿（一）jiǎo 围~

（二）chāo ~说 ~袭

校 jiào ~勘 ~样 ~正

较 jiào（统读）

酵 jiào（统读）

嗟 jiē（统读）

疖 jiē（统读）

结（除"~了个果子""开花~果""~巴""~实"念 jiē 之外，其他都念 jié）

睫 jié（统读）

芥（一）jiè ~菜（一般的芥菜）~末

（二）gài ~菜（也作"盖菜"）~蓝菜

矜 jīn ~持 自~ ~怜

仅 jǐn ~~ 绝无~有

谨 jǐn（统读）

觐 jìn（统读）

浸 jìn（统读）

斤 jīn 千~（起重的工具）

茎 jīng（统读）

粳 jīng（统读）

鲸 jīng（统读）

境 jìng（统读）

痉 jìng（统读）

劲 jìng 刚~

窘 jiǒng（统读）

究 jiū（统读）

纠 jiū（统读）

鞠 jū（统读）

鞫 jū（统读）

掬 jū（统读）

苴 jū（统读）

咀 jǔ ～嚼

矩（一）jǔ ～形
　　（二）ju 规～

俱 jù（统读）

龟 jūn ～裂（也作"皲裂"）

菌（一）jūn 细～ 病～ 杆～ 霉～
　　（二）jùn 香～ ～子

俊 jùn（统读）

K

卡（一）kǎ ～宾枪 ～车 ～介苗 ～片 ～通
　　（二）qiǎ ～子 关～

揩 kāi（统读）

慨 kǎi（统读）

忾 kài（统读）

勘 kān（统读）

看 kān ～管 ～护 ～守

慷 kāng（统读）

拷 kǎo（统读）

坷 kē ～拉（垃）

疴 kē（统读）

壳（一）ké（语）～儿 贝～儿 脑～ 驳～ 枪～
　　（二）qiào（文）地～ 甲～ 躯～

可（一）kě ～～儿的
　　（二）kè ～汗

恪 kè（统读）

刻 kè（统读）

克 kè ～扣

空（一）kōng ～心砖 ～城计
　　（二）kòng ～心吃药

眍 kōu（统读）

矻 kū（统读）

酷 kù（统读）

框 kuàng（统读）

矿 kuàng（统读）

傀 kuǐ（统读）
溃 （一）kuì ~烂
　　（二）huì ~脓
篑 kuì（统读）
括 kuò（统读）

L

垃 lā（统读）
邋 lā（统读）
罱 lǎn（统读）
缆 lǎn（统读）
蓝 lan 苤~
琅 láng（统读）
捞 lāo（统读）
劳 láo（统读）
醪 láo（统读）
烙 （一）lào ~印 ~铁 ~饼
　　（二）luò 炮~（古酷刑）
勒 （一）lè（文）~逼 ~令 ~派 ~索 悬崖~马
　　（二）lēi（语）多单用。
擂（除"~台""打~"读 lèi 外，都读 léi）
礌 léi（统读）
羸 léi（统读）
蕾 lěi（统读）
累 （一）lèi（辛劳义，如"受~"〔受劳~〕）
　　（二）léi（如"~赘"）
　　（三）lěi（牵连义，如"带~""~及""连~""赔~""牵~""受~"〔受牵~〕）
蠡 （一）lí 管窥~测
　　（二）lǐ ~县 范~
喱 lí（统读）
连 lián（统读）
敛 liǎn（统读）
恋 liàn（统读）
量 （一）liàng ~入为出 忖~
　　（二）liang 打~ 掂~
踉 liàng ~跄
潦 liáo ~草 ~倒

劣 liè（统读）

捩 liè（统读）

趔 liè（统读）

拎 līn（统读）

邻 lín（统读）

淋（一）lín ~浴 ~漓 ~巴

（二）lìn ~硝 ~盐 ~病

蛉 líng（统读）

榴 liú（统读）

馏（一）liú（文）如"干~""蒸~"。

（二）liù（语）如"~馒头"。

熘 liú ~金

碌 liù ~碡

笼（一）lóng（名物义）~子牢~

（二）lǒng（动作义）~络 ~括 ~统 ~罩

偻（一）lóu 佝~

（二）lǚ 伛~

瘘 lou 眍~

虏 lǔ（统读）

掳 lǔ（统读）

露（一）lù（文）赤身~体 ~天 ~骨 ~头角 藏头~尾 抛头~面 ~头（矿）

（二）lòu（语）~富 ~苗 ~光 ~相 ~马脚 ~头

橹 lǔ（统读）

捋（一）lǚ ~胡子

（二）luō ~袖子

绿（一）lǜ（语）

（二）lù（文）~林 鸭~江

孪 luán（统读）

挛 luán（统读）

掠 lüè（统读）

囵 lún（统读）

络 luò ~腮胡子

落（一）luò（文）~膘 ~花生 ~魄 涨~ ~槽 着~

（二）lào（语）~架 ~色 ~炕 ~枕 ~儿 ~子（一种曲艺）

（三）là（语），遗落义。丢三~四 ~在后面

M

脉（除"~~"念 mòmò 外，一律念 mài）

漫 màn（统读）
蔓（一）màn（文）~延 不~不支
　　（二）wàn（语）瓜~ 压~
牤 māng（统读）
氓 máng 流~
芒 máng（统读）
铆 mǎo（统读）
瑁 mào（统读）
虻 méng（统读）
盟 méng（统读）
祢 mí（统读）
眯（一）mí ~了眼（灰尘等入目，也作"迷"）
　　（二）mī ~了一会儿（小睡）~缝着眼（微微合目）
靡（一）mí ~费
　　（二）mǐ 风~ 委~ 披~
秘（除"~鲁"读 bì 外，都读 mì）
泌（一）mì（语）分~
　　（二）bì（文）~阳〔地名〕
娩 miǎn（统读）
缈 miǎo（统读）
皿 mǐn（统读）
闽 mǐn（统读）
茗 míng（统读）
酩 mǐng（统读）
谬 miù（统读）
摸 mō（统读）
模（一）mó ~范 ~式 ~型 ~糊 ~特儿 ~棱两可
　　（二）mú ~子 ~具 ~样
膜 mó（统读）
摩 mó 按~ 抚~
嬷 mó（统读）
墨 mò（统读）
糢 mò（统读）
沫 mò（统读）
缪 móu 绸~

N

难（一）nán 困~（或变轻声）~兄~弟（难得的兄弟，现多用作贬义）

（二）nàn 排~ 解纷 发~ 刁~ 责~ ~兄~弟（共患难或同受苦难的人）

蝻 nǎn（统读）

硇 náo（统读）

讷 nè（统读）

馁 něi（统读）

嫩 nèn（统读）

恁 nèn（统读）

妮 nī（统读）

拈 niān（统读）

鲇 nián（统读）

酿 niàng（统读）

尿（一）niào 糖~症

（二）suī（只用于口语名词）尿（niào）~ ~脬

嗫 niè（统读）

宁（一）níng 安~

（二）nìng ~可 无~〔姓〕

忸 niǔ（统读）

脓 nóng（统读）

弄（一）nòng 玩~

（二）lòng ~堂

暖 nuǎn（统读）

衄 nǜ（统读）

疟（一）nüè（文）~疾

（二）yào（语）发~子

娜（一）nuó 婀~ 袅~

（二）nà（人名）

O

殴 ōu（统读）

呕 ǒu（统读）

P

杷 pá（统读）

琶 pá（统读）

牌 pái（统读）

排 pǎi ~子车

迫 pǎi ~击炮

湃 pài（统读）

爿 pán（统读）

胖 pán 心广体~（~为安舒貌）

蹒 pán（统读）

畔 pàn（统读）

乓 pāng（统读）

滂 pāng（统读）

脬 pāo（统读）

胚 pēi（统读）

喷 （一）pēn ~嚏

　　（二）pèn ~香

　　（三）pen 嚏~

澎 péng（统读）

坯 pī（统读）

披 pī（统读）

匹 pǐ（统读）

僻 pì（统读）

譬 pì（统读）

片 （一）piàn ~子 唱~ 画~ 相~ 影~ ~儿会

　　（二）piān（口语一部分词）~子 ~儿 唱~儿 画~儿 相~儿 影~儿

剽 piāo（统读）

缥 piāo ~缈（飘渺）

撇 piē ~弃

聘 pìn（统读）

乒 pīng（统读）

颇 pō（统读）

剖 pōu（统读）

仆 （一）pū 前~后继

　　（二）pú ~从

扑 pū（统读）

朴 （一）pǔ 俭~ ~素 ~质

　　（二）pō ~刀

　　（三）pò ~硝 厚~

蹼 pǔ（统读）

瀑 pù ~布

曝 （一）pù 一~十寒

　　（二）bào ~光（摄影术语）

Q

栖 qī 两～

戚 qī（统读）

漆 qī（统读）

期 qī（统读）

蹊 qī ～跷

蛴 qí（统读）

畦 qí（统读）

萁 qí（统读）

骑 qí（统读）

企 qǐ（统读）

绮 qǐ（统读）

杞 qǐ（统读）

槭 qì（统读）

洽 qià（统读）

签 qiān（统读）

潜 qián（统读）

荨 （一）qián（文）～麻
　　（二）xún（语）～麻疹

嵌 qiàn（统读）

欠 qian 打哈～

戕 qiāng（统读）

镪 qiāng ～水

强 （一）qiáng ～渡 ～取豪夺 ～制 博闻～识
　　（二）qiǎng 勉～ 牵～ ～词夺理 迫～ ～颜为笑
　　（三）jiàng 倔～

襁 qiǎng（统读）

跄 qiàng（统读）

悄 （一）qiāo ～～儿的
　　（二）qiǎo ～默声儿的

橇 qiāo（统读）

翘 （一）qiào（语）～尾巴
　　（二）qiáo（文）～首 ～楚连～

怯 qiè（统读）

挈 qiè（统读）

趄 qie 趔～

侵 qīn（统读）
衾 qīn（统读）
噙 qín（统读）
倾 qīng（统读）
亲 qìng ~家
穹 qióng（统读）
黢 qū（统读）
曲（麯）qū 大~ 红~ 神~
渠 qú（统读）
瞿 qú（统读）
蠼 qú（统读）
苣 qǔ ~荬菜
龋 qǔ（统读）
趣 qù（统读）
雀 què ~斑 ~盲症

R

髯 rán（统读）
攘 rǎng（统读）
桡 ráo（统读）
绕 rào（统读）
任 rén〔姓，地名〕
妊 rèn（统读）
扔 rēng（统读）
容 róng（统读）
糅 róu（统读）
茹 rú（统读）
孺 rú（统读）
蠕 rú（统读）
辱 rǔ（统读）
挼 ruó（统读）

S

靸 sǎ（统读）
噻 sāi（统读）
散（一）sǎn 懒~ 零零~~ ~漫
（二）sàn 零~

丧 sāng 哭~着脸
扫（一）sǎo ~兴
　　（二）sào ~帚
埽 sào（统读）
色（一）sè（文）
　　（二）shǎi（语）
塞（一）sè（文）动作义
　　（二）sāi（语）名物义，如："活~""瓶~"；动作义，如："把洞~住"。
森 sēn（统读）
煞（一）shā ~尾 收~
　　（二）shà ~白
啥 shá（统读）
厦（一）shà（语）
　　（二）xià（文）~门 噶~
杉（一）shān（文）紫~ 红~ 水~
　　（二）shā（语）~篙 ~木
衫 shān（统读）
姗 shān（统读）
苫（一）shàn（动作义，如"~布"）
　　（二）shān（名物义，如"草~子"）
墒 shāng（统读）
猞 shē（统读）
舍 shè 宿~
慑 shè（统读）
摄 shè（统读）
射 shè（统读）
谁 shéi，又音 shuí
娠 shēn（统读）
什（甚）shén ~么
蜃 shèn（统读）
葚（一）shèn（文）桑~
　　（二）rèn（语）桑~儿
胜 shèng（统读）
识 shí 常~ ~货 ~字
　　似 shì ~的
室 shì（统读）
螫（一）shì（文）

（二）zhē（语）

匙 shi 钥~

殊 shū（统读）

蔬 shū（统读）

疏 shū（统读）

叔 shū（统读）

淑 shū（统读）

菽 shū（统读）

熟（一）shú（文）
　　（二）shóu（语）

署 shǔ（统读）

曙 shǔ（统读）

漱 shù（统读）

戍 shù（统读）

蟀 shuài（统读）

孀 shuāng（统读）

说 shuì 游~

数 shuò ~见不鲜

硕 shuò（统读）

蒴 shuò（统读）

艘 sōu（统读）

嗾 sǒu（统读）

速 sù（统读）

塑 sù（统读）

虽 suī（统读）

绥 suí（统读）

髓 suǐ（统读）

遂（一）suì 不~ 毛~自荐
　　（二）suí 半身不~

隧 suì（统读）

隼 sǔn（统读）

莎 suō ~草

缩（一）suō 收~
　　（二）sù ~砂密（一种植物）

挲 suō（统读）

索 suǒ（统读）

T

趿 tā（统读）

鳎 tǎ（统读）

獭 tǎ（统读）

沓 （一）tà 重~

（二）ta 疲~

（三）dá 一~纸

苔 （一）tái（文）

（二）tāi（语）

探 tàn（统读）

涛 tāo（统读）

悌 tì（统读）

佻 tiāo（统读）

调 tiáo ~皮

帖 （一）tiē 妥~ 伏伏~~ 俯首~耳

（二）tiě 请~ 字~儿

（三）tiè 字~ 碑~

听 tīng（统读）

庭 tíng（统读）

骰 tóu（统读）

凸 tū（统读）

突 tū（统读）

颓 tuí（统读）

蜕 tuì（统读）

臀 tún（统读）

唾 tuò（统读）

W

娲 wā（统读）

挖 wā（统读）

瓦 wà ~刀

喎 wāi（统读）

蜿 wān（统读）

玩 wán（统读）

惋 wǎn（统读）

脘 wǎn（统读）

往 wǎng（统读）
忘 wàng（统读）
微 wēi（统读）
巍 wēi（统读）
薇 wēi（统读）
危 wēi（统读）
韦 wéi（统读）
违 wéi（统读）
唯 wéi（统读）
圩（一）wéi ~子
　（二）xū ~（墟）场
纬 wěi（统读）
委 wěi ~靡
伪 wěi（统读）
萎 wěi（统读）
尾（一）wěi ~巴
　（二）yǐ 马~儿
尉 wèi ~官
文 wén（统读）
闻 wén（统读）
紊 wěn（统读）
喔 wō（统读）
蜗 wō（统读）
硪 wò（统读）
诬 wū（统读）
梧 wú（统读）
牾 wǔ（统读）
乌 wù ~拉（也作"靰鞡"）~拉草
杌 wù（统读）
鹜 wù（统读）

X

夕 xī（统读）
汐 xī（统读）
晰 xī（统读）
析 xī（统读）
皙 xī（统读）

昔 xī（统读）

溪 xī（统读）

悉 xī（统读）

熄 xī（统读）

蜥 xī（统读）

螅 xī（统读）

惜 xī（统读）

锡 xī（统读）

樨 xī（统读）

袭 xí（统读）

檄 xí（统读）

峡 xiá（统读）

暇 xiá（统读）

吓 xià 杀鸡~猴

鲜 xiǎn 屡见不~ 数见不~

锨 xiān（统读）

纤 xiān ~维

涎 xián（统读）

弦 xián（统读）

陷 xiàn（统读）

霰 xiàn（统读）

向 xiàng（统读）

相 xiàng ~机行事

淆 xiáo（统读）

哮 xiào（统读）

些 xiē（统读）

颉 xié ~颃

携 xié（统读）

偕 xié（统读）

挟 xié（统读）

械 xiè（统读）

馨 xīn（统读）

囟 xìn（统读）

行 xíng 操~ 德~ 发~ 品~

省 xǐng 内~ 反~ ~亲 不~人事

芎 xiōng（统读）

朽 xiǔ（统读）

宿 xiù 星～ 二十八～

煦 xù（统读）

蓿 xu 苜～

癣 xuǎn（统读）

削 （一）xuē（文）剥～ ～减瘦～

（二）xiāo（语）切～ ～铅笔 ～球

穴 xué（统读）

学 xué（统读）

雪 xuě（统读）

血 （一）xuè（文）用于复音词及成语，如"贫～""心～""呕心沥～""～泪史""狗～喷头"等。

（二）xiě（语）口语多单用，如"流了点儿～"及几个口语常用词，如："鸡～""～晕""～块子"等。

谑 xuè（统读）

寻 xún（统读）

驯 xùn（统读）

逊 xùn（统读）

熏 xùn 煤气～着了

徇 xùn（统读）

殉 xùn（统读）

蕈 xùn（统读）

Y

押 yā（统读）

崖 yá（统读）

哑 yǎ ～然失笑

亚 yà（统读）

殷 yān ～红

芫 yán ～荽

筵 yán（统读）

沿 yán（统读）

焰 yàn（统读）

夭 yāo（统读）

肴 yáo（统读）

杳 yǎo（统读）

舀 yǎo（统读）

钥 （一）yào（语）～匙

（二）yuè（文）锁～

曜 yào（统读）

耀 yào（统读）

椰 yē（统读）

噎 yē（统读）

叶 yè ～公好龙

曳 yè 弃甲～兵 摇～ ～光弹

屹 yì（统读）

轶 yì（统读）

谊 yì（统读）

懿 yì（统读）

诣 yì（统读）

艾 yì 自怨自～

荫 yìn（统读）（"树～""林～道"应作"树阴""林阴道"）

应（一）yīng ～届 ～名儿 ～许 提出的条件他都～了 是我～下来的任务

　　（二）yìng ～承 ～付 ～声 ～时 ～验 ～邀 ～用 ～运 ～征 里～外合

萦 yíng（统读）

映 yìng（统读）

佣 yōng ～工

庸 yōng（统读）

臃 yōng（统读）

雍 yōng（统读）

拥 yōng（统读）

踊 yǒng（统读）

咏 yǒng（统读）

泳 yǒng（统读）

莠 yǒu（统读）

愚 yú（统读）

娱 yú（统读）

愉 yú（统读）

伛 yǔ（统读）

屿 yǔ（统读）

吁 yù 呼～

跃 yuè（统读）

晕（一）yūn ～倒 头～

　　（二）yùn 月～ 血～ ～车

酝 yùn（统读）

Z

匝 zā（统读）

杂 zá（统读）

载 （一）zǎi 登～ 记～

（二）zài 搭～ 怨声～道 重～ 装～ ～歌～舞

簪 zān（统读）

咱 zán（统读）

暂 zàn（统读）

凿 záo（统读）

择 （一）zé 选～

（二）zhái ～不开 ～菜 ～席

贼 zéi（统读）

憎 zēng（统读）

甑 zèng（统读）

喳 zhā 喳喳～～

轧（除"～钢""～辊"念 zhá 外，其他都念 yà）（gá 为方言，不审）

摘 zhāi（统读）

粘 zhān ～贴

涨 zhǎng ～落 高～

着 （一）zháo ～慌 ～急 ～家 ～凉 ～忙 ～迷 ～水 ～雨

（二）zhuó ～落 ～手 ～眼 ～意 ～重 不～边际

（三）zhāo 失～

沼 zhǎo（统读）

召 zhào（统读）

遮 zhē（统读）

蛰 zhé（统读）

辙 zhé（统读）

贞 zhēn（统读）

侦 zhēn（统读）

帧 zhēn（统读）

胗 zhēn（统读）

枕 zhěn（统读）

诊 zhěn（统读）

振 zhèn（统读）

知 zhī（统读）

织 zhī（统读）

脂 zhī（统读）

植 zhí（统读）

殖 （一）zhí 繁~ 生~ ~民
　　（二）shi 骨~

指 zhǐ（统读）

掷 zhì（统读）

质 zhì（统读）

蛭 zhì（统读）

秩 zhì（统读）

栉 zhì（统读）

炙 zhì（统读）

中 zhōng 人~（人口上唇当中处）

种 zhòng 点~（义同"点播"。动宾结构念 diǎnzhǒng，义为点播种子）

诌 zhōu（统读）

骤 zhòu（统读）

轴 zhòu 大~子 戏 压~子

碡 zhou 碌~

烛 zhú（统读）

逐 zhú（统读）

属 zhǔ ~望

筑 zhù（统读）

著 zhù 土~

转 zhuǎn 运~

撞 zhuàng（统读）

幢 （一）zhuàng 一~楼房
　　（二）chuáng 经~（佛教所设刻有经咒的石柱）

拙 zhuō（统读）

茁 zhuó（统读）

灼 zhuó（统读）

卓 zhuó（统读）

综 zōng ~合

纵 zòng（统读）

粽 zòng（统读）

镞 zú（统读）

组 zǔ（统读）

钻 （一）zuān ~探 ~孔
　　（二）zuàn ~床 ~杆 ~具

佐 zuǒ（统读）

唑 zuò（统读）

柞 （一）zuò ～蚕 ～绸

（二）zhà ～水（在陕西）

做 zuò 统读）

作（除"～坊"读 zuō 外，其余都读 zuò）

说明

一、本表所审，主要是普通话有异读的词和有异读的作为"语素"的字。不列出多音多义字的全部读音和全部义项，与字典、词典形式不同，例如："和"字有多种义项和读音，而本表仅列出原有异读的八条词语，分列于 hè 和 huo 两种读音之下（有多种读音，较常见的在前。下同）；其余无异读的音、义均不涉及。

二、在字后注明"统读"的，表示此字不论用于任何词语中只读一音（轻声变读不受此限），本表不再举出词例。例如："阀"字注明"fá（统读）"，原表"军阀""学阀""财阀"条和原表所无的"阀门"等词均不再举。

三、在字后不注"统读"的，表示此字有几种读音，本表只审订其中有异读的词语的读音。例如"艾"字本有 ài 和 yì 两音，本表只举"自怨自艾"一词，注明此处读 yì 音；至于 ài 音及其义项，并无异读，不再赘列。

四、有些字有文白二读，本表以"文"和"语"作注。前者一般用于书面语言，用于复音词和文言成语中；后者多用于口语中的单音词及少数日常生活事物的复音词中。这种情况在必要时各举词语为例。例如："杉"字下注"（一）shān（文）：紫～、红～、水～；（二）shā（语）：～篙、～木"。

五、有些字除附举词例之外，酌加简单说明，以便读者分辨。说明或按具体字义，或按"动作义""名物义"等区分，例如："畜"字下注"（一）chù（名物义）：～力、家～、牲～、幼～；（二）xù（动作义）：～产、～牧、～养"。

六、有些字的几种读音中某音用处较窄，另音用处甚宽，则注"除××（较少的词）念乙音外，其他都念甲音"，以避免列举词条繁而未尽、挂一漏万的缺点。例如："结"字下注"除'～了个果子''开花～果''～巴''～实'念 jiē 之外，其他都念 jié"。

七、由于轻声问题比较复杂，除《初稿》涉及的部分轻声词之外，本表一般不予审订，并删去部分原审的轻声词，例如"麻刀（dao）""容易（yi）"等。

八、本表酌增少量有异读的字或词，作了审订。

九、除因第二、六、七各条说明中所举原因而删略的词条之外，本表又删汰了部分词条。主要原因是：

1. 现已无异读（如"队伍""理会"）；

2. 罕用词语（如"表分""仔密"）；

3. 方言土音（如"归里包堆〔zuī〕""告送〔song〕"）；

4. 不常用的文言词语（如"刍荛""氍毹"）；
5. 音变现象（如"胡里八涂〔tū〕""毛毛腾腾〔tēngtēng〕)"；
6. 重复累赘（如原表"色"字的有关词语分列达23条之多）。删汰条目不再编入。

十、人名、地名的异读审订，除原表已涉及的少量词条外，留待以后再审。

参 考 文 献

[1] 王筱欢. 教师口语训练教程 [M]. 北京：中国传媒大学出版社，2014.

[2] 李莉主编. 普通话口语训练教程 [M]. 北京：北京师范大学出版社，2011.

[3] 段晓平. 普通话水平测试训练教程 [M]. 杭州：浙江大学出版社，2010.

[4] 程培元. 教师口语教程 [M]. 北京：高等教育出版社，2004.

[5] 陈国安，等. 新编教师口语表达与训练 [M]. 上海：华东师范大学出版社，2007.

[6] 康青，舒磊. 教师口语训练教程 [M]. 南昌：江西高校出版社，2008.

[7] 赵林森. 教师口语 [M]. 开封：河南大学出版社，2004.

[8] 刘伯奎. 教师口语训练教程 [M]. 北京：中国人民大学出版社，2000.

[9] 罗明东. 教师口语技能训练教程 [M]. 昆明：云南大学出版社，2007.

[10] 卢志鹏，康青. 普通话学习训练与测试教程 [M]. 北京：北京理工大学出版社，2009.

[11] 虞国庆. 说好普通话 用好规范字 [M]. 南昌：江西高校出版社，2011.

[12] 吴弘毅. 实用播音教程 [M]. 北京：中国传媒大学出版社，2002.

[13] 段汴霞. 普通话语音与发声 [M]. 郑州：郑州大学出版社，2008.

[14]. 伍新春，管琳. 合作学习与课堂教学 [M]. 北京：人民教育出版社，2010.